동북공정 이후
중국의 고구려사 연구 동향
분석과 비판 2007~2015

동북공정 이후
중국의 고구려사 연구 동향
분석과 비판 2007~2015

초판 1쇄 인쇄 2017년 12월 10일
초판 1쇄 발행 2017년 12월 15일

지은이 김현숙 · 조영광 · 안정준 · 이준성 · 이정빈 · 정동민 · 이승호

펴낸이 주혜숙
펴낸곳 역사공간
등 록 2003년 7월 22일 제6-510호
주 소 서울시 마포구 양화로 11길 18 원오빌딩 4층
전 화 02 - 725 - 8806, 070 - 7825 - 9900
팩 스 02 - 725 - 8801
E-mail jhs8807@hanmail.net

© 동북아역사재단, 2017

ISBN 979 - 11 - 5707 - 147 - 0 93910

동북공정 이후

중국의 고구려사
연구 동향

분석과 비판 2007~2015

김현숙·조영광·안정준·이준성
이정빈·정동민·이승호 지음

우리나라와 중국은 다른 어떤 나라보다 역사적으로 깊은 관계를 맺어 왔습니다. 역사를 공유해 온 시간이 길었던 만큼, 한·중 두 나라는 갈등을 겪었던 시기도 있었습니다. 그러나 전체적으로 보면 우호적인 관계를 맺고 있던 시기가 훨씬 더 길었습니다.

한·중 간에 역사갈등이 일어난 것은 이른바 동북공정에서 비롯되었습니다. 동북공정은 중국사회과학원 산하 중국변강사지연구소의 주도 아래 요령성·길림성·흑룡강성 등 동북 3성의 사회과학원이 참여하여, 2002년 2월부터 5년간 실시한 '동북 변강의 역사와 현상을 연구하는 사업'을 약칭한 것입니다.

동북공정 사업은 형식적으로 2007년에 이미 종료되었습니다. 그러나 2007년 이후에도 중국의 한국사 왜곡은 계속되고 있어서, 우리나라 언론이나 방송계, 그리고 사회 일반에서는 이를 모두 '동북공정'으로 통칭하고 있습니다. 그래서 동북공정은 지금도 끝나지 않았고 여전히 계속되고 있다고 할 수 있습니다.

학문적인 측면에서 보아도 이는 틀리지 않은 진단입니다. 비록 연구사업으로서의 '동북공정'은 종료되었지만, 통일적 다민족국가론에 의거하여 자민족 중심으로 역사를 해석하는 '동북공정식 역사인식'은 여전히 계속되고 있기 때문입니다. 이로 인해 중국과 역사공간을 공유하는 주변국 역사를 왜곡하는 일도 지속되고 있습니다.

    더 우려스러운 점은 이러한 동북공정식 역사인식이 중국 일반인들에게까지 잘못된 역사인식을 심어 주고 있다는 것입니다. 최근 중국에서는 자국의 역사를 다듬는 작업을 거의 완성해 가고 있습니다. 그리고 그 결과물을 일반 국민들에게 전파하는 작업에 힘을 돌리고 있습니다.

    역사 전문가들의 손을 떠나 일반인들에게 확산된 동북공정식 역사인식은 비학문적·비상식적인 방향으로 변화할 가능성이 높습니다. 그리고 학문 분야에서의 내용 전개에 관계없이 자기분열을 일으키며 중국인들에게 잘못된 한국사관·동아시아역사관·세계사관을 고착시킬 수 있습니다. 이런 상황을 최소화하기 위해 노력할 필요가 있습니다.

    동북공정으로 야기된 역사 갈등 문제는 학술적으로 해결할 수밖에 없습니다. 자의적인 역사해석을 과학적으로 분석하고 논리적으로 비판함으로써 오류를 시정해 나가는 작업을 지속해야 합니다. 그리고 그 성과물들이 학계 내외에 전파되어 올바른 역사인식이 정착될 수 있도록 해야 합니다.

    동북아시아의 평화와 공동발전을 위해 한·중 두 나라는 상호 존중하고 배려하면서 협력을 더욱 강화해 갈 필요가 있습니다. 우리 동북아역사재단이 2006년 설립된 이래 한·중 간의 역사갈등을 학문적 차원에서 해결하기 위해 연구와 조사사업을 활발히 진행해 온 것도 바로 그 때문입니다.

　　그 노력의 일환으로 이번에 2007년부터 2015년까지 중국 학계에서 나온 고구려사 연구 동향을 분석한 기획연구서를 출판하게 되었습니다. 이른바 동북공정 사업이 종료된 2007년 이후 2015년까지 나온 중국 학계의 연구물들을 분석하여 중국 학계의 고구려사 인식과 논리가 어떻게 변화되었는지 파악한 결과물을 묶은 것이 이 책입니다.

　　이 책이 발간될 수 있도록 여러 분들이 애써 주셨습니다. 양적으로 만만찮은 중국 논문들을 분석하느라 고생한 필자들과 출판 관계자들께 감사드리며, 이 연구를 총괄 기획한 김현숙 연구위원에게도 고맙다는 인사를 전합니다. 필자들 모두 이를 계기로 학문적으로 더욱 발전하시길 기원합니다.

2017. 11

동북아역사재단 이사장

현재 우리나라와 역사갈등을 겪고 있는 나라는 역사적 경험을 가장 많이 공유하고 있는 일본과 중국이다. 한·일 역사갈등은 오랫동안 논의가 되어 왔으나, 한·중 역사갈등은 2000년대 들어와 새롭게 부각되었다. 한·중 역사갈등은 한·일 역사갈등보다 사실 훨씬 더 심각한 사안이다. 일본과의 역사 문제는 개별 사안들을 대상으로 하지만, 중국과의 역사 문제는 그보다 훨씬 광범위하기 때문이다. 특히 한국사의 기반이 되는 한국고대사에 대해 중국이 자국 중심으로 자의적인 해석을 하면서 한국사의 정체성마저 흔들고 있어 더욱 심각한 문제라고 할 수 있다.

한·중 역사갈등은 2002년 중국에서 '동북변강역사여현상계열연구공정(東北邊疆歷史與現狀系列研究工程, 약칭 동북공정)'이란 역사프로젝트를 진행함으로써 불거졌다. 하지만 역사갈등으로 가는 길은 그 이전에 이미 닦여 있었다. 청 말 민국 초 반제구국을 위해 양계초(梁啓超)가 전통적 중화주의와 민족주의를 결합하여, 한족(漢族)에 의한 제 종족의 동화 과정, 그를 통한 중화민족의 확대 과정으로서 민족사를 서술하는 '중화민족론(中華民族論)'을 제시했다. 이때 고구려와 발해를 동호족(東胡族)에 포함시키고, "오늘날 이미 중화민족의 일부분이 되었다"고 주장했다. 고구려를 중화민족의 구성분자로 규정함으로써 고구려사가 중국사의 일부로 인식될 수 있는 논리를 만들었던 것이다.

또 1954년 헌법에 중화인민공화국이 '통일적 다민족국가'라는 인식을 반영함으로써 이후 지금까지 중국 정부가 민족관계를 처리하는 기본 틀이 되어 왔다. 통일적 다민족국가란 한족이나 중원 왕조와는 구별되는 역사적 경험을 가진 소수민족들을 신중국의 구성원으로 포섭하기 위해 개발된 정치적 논리였다. 중국은 수많은 민족으로 구성된 통일적 다민족 국가이기 때문에 현재 중국을 구성하고 있는 수많은 민족의 역사, 나아가 현재 중국 영토 안에서 이루어진 소수민족의 역사는 모두 중국사의 범주로 설정할 수 있다는 논리이다. 1954년 헌법은 "대민족주의와 지방민족주의를 반대하는 기초 위에 우리나라의 민족단결을 계속 강화해 나갈 것"이라고 하여, 신중국이 추구하는 통일적 다민족국가의 관념에 위배되는 대민족주의(혹은 대한족주의)와 지방민족주의에 대한 반대를 명시하였다. 그리고 1960년대 초반에는 변강소수민족, 특히 국경을 가로질러 존재하는 과계민족(跨界民族)의 분리주의적 움직임을 통제하려는 이데올로기적 차원에서 통일적 다민족국가론의 대략적인 틀을 만들었다.

이에 대해 손조민(孫祚民)을 비롯한 학자들은 "통일적 다민족국가론을 무한정 소급시키는 것은 역사 발전의 시간 개념을 모호하게 한다"고 비판했다. 하지만 1979년 두영곤(杜榮坤) 등이 "중국은 자고 이래 2,000여 년 전부터 통일적 다민족국가를 형성하였기 때문에 주변 소수민족은 항상 다민족국가의 구성원으로서 중국 역사 발전에 공헌해 왔다. 민족 상호간의 우호관계가 중국 역사 발전의 주류(主流)이고, 투쟁이나

전쟁은 지류(支流)다"라고 하면서 소수민족에 대한 연구는 민족 단결과 조국통일이라는 현재적 과제와 연계하여 수행되어야 한다고 강조했다. 이런 주장에 대해 손조민 등은 "통일적 다민족국가는 역사 발전의 결과물이지, '자고 이래' 존재한 것은 아니"라고 비판하였다. 하지만 1985년까지 세 차례에 걸친 중국민족관계사 학술대회를 거치면서 1980년대 후반에는 "중국은 진한 이래 통일적 다민족국가였다"는 전제 아래 민족관계사를 파악하는 관점이 점차 일반화되기에 이르렀다.

따라서 이때부터 이미 중국의 한국고대사 인식 방향이 정해졌다고 할 수 있다. 동북공정은 그러한 역사관을 본격화·표면화·체계화·조직화한 것이라고 할 수 있다. 중화민족론과 통일적 다민족국가론은 실제 역사상과 맞지 않는 점이 많고, 현재 시각과 상황에 맞춰 과거 역사를 해석하는 영토 중심 사관이므로, 필연적으로 역사 사실을 왜곡하는 결과를 낳을 수밖에 없다. 이 이론에 따르면 동북 3성 지역을 무대로 전개되었던 고조선·고구려·부여·발해는 현재 중국 영토에 속하므로 그 역사가 중국사에 귀속된다는 결론에 이르게 된다. 이는 한국고대사의 근간을 흔드는 중대한 문제이고 역사의 실상과도 배치되는 것이다. 이처럼 중국의 역사인식 자체에 한국과의 갈등요소가 내재되어 있었고, 그것이 동북공정을 계기로 표출되어 한·중 간 역사 갈등이 고조되었던 것이다.

동북공정은 중국사회과학원(中國社會科學院) 소속 중국변강사지연구중심(中國邊疆史地研究中心)이 주도하고, 요령성(遼寧省)·길림성(吉林省)·흑룡강성(黑龍江省) 등 동북 3성 사회과학원이 참여하여, 2002년부터 2007년까지 5년간 동북 3성 지역의 역사·지리·민족·국경 등 여러 문제를 집중 연구한 국가주도 사업이다. 이 지역의 과거 역사와 현재, 그리고 여기에서 파생하는 미래를 모두 연구 대상으로 삼았다. 따라서 연구 대상은 한국고대사에만 한정되지 않는다. 현대사와 중국과 러시아, 중국과 북한의 국경 문제까지 포함된다. 그러나 지금까지 가장 중점적으로 진행한 연구는 한국고대사 관련 분야였다.

중국에서의 한국고대사 연구의 결론은 사실 이미 정해져 있다고 해도 과언이 아니다. 통일적 다민족국가론에 따라 현재의 중국 영토 안에서 전개된 고조선·고구려·부여·발해의 역사는 중국사에 속한다는 것이다. 동북공정이 진행되던 기간에도 그러했고, 그 이후에도 기본적인 인식에는 변함이 없다. 다만 동북공정 진행 초기 제기되었던 선언적 주장들에 대해 한국학계의 논리적 비판이 제기되고, 역사 문제로 인해 양국 간 갈등이 고조되자, '지방정권' 같은 용어를 직접적으로 사용하지는 않게 되었다. 이런 점에서 동북공정은 2007년에 5년간의 사업을 마무리하면서 끝이 났지만, 동북공정식 역사인식은 계속 유지되고 있다는 것이다.

동북공정 진행 당시 가장 집중적으로 연구되었던 고구려사 분야도 마찬가지이다. 동북공정 종료 이후에도 동북공정식 고구려사 인식은 계속

유지되고 있으며, 이전보다 논리적으로 더 보강되고 다듬어지고 있다. 우리 학계에서는 동북공정 기간 동안 중국 학계의 연구 내용과 그 근거에 대해 논리적으로 분석과 비판을 하는 한편, 사료에 입각한 논증적 연구를 계속해 왔다. 중국 학계의 선언적 주장들이 학계에서 많이 쇠퇴한 것도 한국 학계의 이러한 연구 활동 때문이었다. 그러나 역사 문제는 단번에 해결될 수 있는 것이 아닌 만큼, 앞으로도 관련 연구 작업을 계속해 나갈 수밖에 없다. 동북공정이 종료된 이후 중국 학계의 고구려사 연구를 전반적으로 검토·분석한 연구는 지금까지 많이 이루어지지 않았다. 고구려사 연구의 방향을 학술적 차원에서 정립하고 발전을 도모하기 위해서는 중국 학계의 기본 논리와 논의 구조가 어떻게 변화되고 있는지 계속 짚어 볼 필요가 있다.

2016년에 이런 필요성에 공감한 필자와 신진학자 6인이 연구팀을 구성하였고, 동북공정이 종료된 2007년 이후 중국 학계의 고구려사 연구가 어떻게 진행되어 왔는지, 동북공정 당시 논란이 되었던 주제들에 대한 논지 변화는 있는지 등에 대해 분석해 보기로 했다. 1년간 중국 학계의 연구물들을 수집하고 각 주제별로 나누어 분석 작업을 진행했다. 2007년부터 2015년까지 중국에서 출간된 저서와 논문을 분석 대상으로 삼아 한 달에 한 번 모여 정리한 내용을 발표하고 토론하는 과정을 통해 전체적인 연구 동향을 공유했고, 그를 바탕으로 각자 맡은 분야의 내용을 정리했다.

주제 선정은 동북공정 당시 연구가 집중되었던 분야들 가운데 해당 기간 동안 연구량이 많았던 주제를 중심으로 했다. 고구려 초기 정치사 연구, 대외관계사 연구, 문헌사료 연구, 유민 연구, 전쟁사 연구, 종교·사상사 연구 등 총 여섯 주제를 정하고, 전체적인 연구 경향을 통계적으로 분석하는 작업을 포함, 모두 일곱 편의 논문을 분담하여 작성했다.

정리한 내용을 간략히 소개하면, 먼저 김현숙은 '동북공정 후 중국의 고구려사 연구'란 제목으로 해당 기간 동안 나온 고구려 연구물의 전체 양, 주요 내용, 석·박사 논문, 수록 학술지 등을 대상으로 통계 분석을 했다. 이를 바탕으로 고구려사 연구를 주도하는 중심 연구기관과 연구자의 변화, 연구 분야 및 내용 변화 등을 검토함으로써, 동북공정식 고구려사 인식의 지속성 여부를 점검해 보고, 현재 연구 경향 및 문제점을 짚어 보았다. 그리고 중국 학계의 고구려 연구에서 포착되는 변화상을 토대로 향후 전개 방향을 전망해 보았다.

다음으로 조영광은 초기사 연구 동향을 정리했다. 이 글에서는 고구려 종족 기원 문제와 정치·사회체제에 대해 많은 연구들이 이루어졌는데, 이 주제에 대한 중국 학계 연구의 질적 수준은 동북공정 단계만 하더라도 중국 정부의 정치적 목적에 영합하는 극히 초보적인 수준에 머물렀지만, 최근 젊은 연구자를 중심으로 실증성을 강화하고, 사론(史論)과 방

법론 측면에서 새로운 연구 성과를 생산하고 있다는 점을 지적했다. 구체적으로 이와 관련한 주요 연구 성과를 소개하고 그 문제점에 대해 생각해 보았다.

안정준은 유민(遺民) 연구 동향을 정리했다. 고구려사 귀속 문제와 관련한 유민 연구는 중국과 한국 학계의 이념적·사상적 한계를 드러내는 주제인데, 이 글에서는 최근 중국 학계에서 고구려 유민을 가리키는 새로운 개념으로서 '고구려 이민(移民)'이라는 용어를 사용하게 된 배경과 그 문제점을 검토하였다. 또한 중국 학계의 고구려 유민에 대한 연구에서 주로 '귀속과 한화'라는 주제가 반복되고 있음을 비판하고, 향후 이 자료들에 대한 새로운 연구 방법론이 정립될 필요가 있음을 언급하였다.

이준성은 대외관계사 연구 동향에 대해 살폈다. 이 글에서는 2007년 이후 나온 중국 학계의 고구려 대외관계사 논문이 동북공정 기간 정리된 '번속체제'의 영향을 크게 받았다는 특징을 지닌다고 분석했다. 대다수의 연구는 고구려와 중국 왕조의 관계가 '일국관계'임을 전제로 진행된 것이지만, 조공·책봉제도의 성격과 관련하여 그것을 고대 동아시아 지역질서로 파악하는 연구들도 일부 있다고 한다. 그러나 이 경우에도 동아시아 세계의 성립과 발전을 오직 한화(漢化)라는 입장으로만 설명하여, 중국 중심 사관에서 벗어나지 못하는 모습을 보이고 있다고 한다. 그리고 돌궐이나 유연 등 북방민족과의 관계와 관련된 연구는 여전히 미흡하다는 점

역시 중국 학계의 인식이 여전히 중원 왕조 중심의 관계 해명에 치중되어 있음을 방증한다고 보고, 이는 동아시아 세계가 중국 중심의 일원적 국제질서가 아닌 복수의 국제질서로 구성되어 있었다는 점을 시야에 넣지 못한 한계라고 지적했다.

이정빈은 문헌사 및 사학사 방면을 검토했다. 최근 중국학계의 고구려사 관련 문헌사료 연구는 전거자료와 계통까지 추적하고 있는데, 이와 같은 연구 방법은 중국 학계의 연구가 질적인 성장을 거듭하고 있음을 말해 준다고 보았다. 중국 학계의 연구는 주로 중국문헌과 『삼국사기』 고구려본기를 비교해 고구려본기의 사료적 가치를 낮게 평가하는 경향이 있는데, 이는 『삼국사기』를 통해 제시된 한국고대사 체계를 부정하려는 의도를 담고 있는 것으로 분석했다.

정동민의 전쟁사 연구 동향에서는, 중국 학계는 고구려와 중원왕조 사이에 일어난 전쟁 원인에 대해 번속체제론과 책봉체제론 등 중국 중심의 천하 질서 구현에서 찾음으로써 고구려가 중원 왕조의 지방 정권임을 주장한다는 점을 지적했다. 이러한 동향은 군사 관련 연구에서도 그대로 보여주고 있는데, 고구려의 군사적 역량을 크게 부각시키지 않고 고구려가 건국부터 멸망에 이르기까지 중원 왕조보다 항상 군사적 열세에 놓여 있었다고 강조하면서 중원 왕조의 통제를 받았던 지방정권임을 주장하고 있다는 것이다.

이승호는 종교·사상사 연구 동향에 대해 정리했다. 이 글에서는 고구려를 중국 중앙 왕조의 지방정권·소수민족정권으로 간주하고 고구려사를 중국사의 일부분으로 서술하는 경향이 고구려의 종교·사상 관련 연구에서도 그대로 나타난다고 지적했다. 즉 해당 주제에 대한 치밀한 학술적 분석보다는 고구려의 신화나 종교·사상의 기원이 중국에 닿아 있고, 국가 성립 이후에도 지속적으로 중국 문화의 직접적인 영향 아래 놓여 있었다는 주장이 큰 흐름으로 전개되고 있다는 것이다. 그런 한편 최근 고구려 종교·사상에 대한 중국 학계의 연구는 양적으로 확대되고 있을 뿐만 아니라, 다양한 주제로 연구 범위의 확장이 이루어지고 있다고 분석했다. 이와 함께 관련 분야에 대한 한국·일본 학계의 연구 성과를 충분히 반영하지 않고 있으며, 비슷한 연구 주제와 주장을 저자만 달리하여 반복적으로 제기하고 있다는 점을 한계점으로 짚었다.

이러한 각 주제별 연구 동향을 통해 동북공정 이후 중국 학계의 고구려 연구는 방법론의 발전과 연구자의 세대교체, 연구 분야의 확대라는 발전적인 면을 보이면서도 여전히 동북공정식 역사인식을 기본바탕에 두고 연구를 진행하고 있음을 확인할 수 있었다. 이러한 한계에 대한 비판은 사실 동시기에 나온 우리 학계의 고구려 연구 성과도 냉철하게 분석한 후, 그 결과를 가지고 상호 비교하면서 진행하는 것이 바람직하다고 본다. 이런 점에서 이 책의 출간은 후속 연구를 전제로 한 연구라고 할 수 있다.

　또한 이 책은 중국 학계의 연구물 가운데 다루지 못한 분야가 있다는
한계가 있다. 고분벽화·광개토왕비·집안고구려비에 대한 연구, 산성과
고분 등 고고학 성과가 그 대표적인 예다. 이 가운데 중국 학계의 광개토
왕비 연구에 대해서는 조우연이 전 시기를 대상으로 총 정리한 「중국 학
계의 광개토왕비 연구 성과 검토」(『동북아역사논총』 49, 2015)를 본 분석 작
업이 진행되는 중에 발표했으므로, 미진한 부분을 메울 수 있게 되었다.

　그렇지만 최근 중국에서 진행하고 있는 한국고대사 편년 작업을 비롯
한 다른 주제에 대한 연구물도 차후 더 분석하여 보완할 필요가 있다. 단
순히 동북공정의 문제를 넘어 중국 학계의 연구를 통해서 우리 학계의 고
구려사 연구가 갖는 문제점 및 지향점 등에 대해서도 비교·검토할 수 있
기 때문이다. 특히 이 기획연구팀에서 다루지 못한 2016년 이후 생산된
연구물들에 지속적인 관심을 가질 필요가 있다. 최근 다종족으로 이루어
진 고구려의 국가적 성격에 주목하여 고조선·부여·옥저·예·읍루·물
길·말갈·발해와 같은 주변 정치세력과의 관계에 주목한 연구도 나오고
있는데, 그러한 연구들이 국내 학계의 연구 인식 전환에도 일정한 도움
을 줄 수 있을 것으로 기대된다.

　동북공정으로 인해 한·중 학계는 고구려사 문제를 둘러싸고 갈등을
빚었지만, 그로 인해 고구려 역사와 문화에 대한 연구가 더 활발해졌다

는 긍정적인 면도 나타났다. 물론 이 책에서 검토한 내용들을 통해 알 수 있듯이 아직도 객관적이고 과학적인 분석보다는 자국 중심 역사인식에 따른 자의적 해석에 치우친 연구물들도 많다. 하지만 같은 주제를 두고 한·중 학계에서 치열하게 분석하고 비판하는 연구를 진행함으로써 고구려 연구의 폭을 더 넓히고 심화시키는 작용도 했다. 그리고 그 과정에서 서로의 역사인식과 연구 방법론이 갖고 있는 문제점에 대해 스스로 인식하고 수정·발전시키는 노력도 이루어지고 있다. 이는 향후 고구려사의 복원에 도움이 될 것이다. 한·중 두 나라의 학자들이 같은 주제로 공동 연구를 진행하는 등 학술교류를 활발히 진행한다면 고구려사 연구 발전에 더욱 긍정적인 역할을 할 수 있을 것이다.

2017. 11

필자들을 대표하여 김 현 숙

차례

1장

동북공정 후
중국의 고구려사 연구

김현숙

머리말

　잘 알려져 있듯이 동북공정(東北工程)은 중국사회과학원(中國社會科學院)에 소속된 변강사지연구중심(邊疆史地研究中心)에서 2002년 2월부터 2007년까지 5년간 실시한 연구사업이다. 원래 명칭은 '동북변강역사여현상계열연구공정(東北邊疆歷史與現狀系列研究工程)'인데, 줄여서 동북공정이라고 불렀다. 이것은 중국 동북 3성 지역의 역사·지리·민족에 관련된 여러 문제들을 집중적으로 연구한 국가적인 사업이다. 여기서 동북 3성이란 중국 영토의 동북지역에 해당하는 요령성(遼寧省)·길림성(吉林省)·흑룡강성(黑龍江省)의 3성(省)을 가리킨다. 곧 동북공정이란 이 지역에서 일어났던 과거의 역사와 앞으로 일어날 수 있는 일에 대해 체계적으로 연구하려고 실시한 사업이다.

　동북 3성 지역을 무대로 한 왕조로는 고조선·부여·고구려·발해·요(遼)·금(金)·청(淸) 등이 있다. 이 땅에서 일어났던 과거 역사에 대해 연구하는 것이므로 이 왕조들의 역사가 모두 동북공정의 연구 대상이었다. 또이 역사와 연계되어 일어난 현대사나 앞으로 일어날 미래사도 대상이 되

※　이 글은 『동북아역사논총』 53호(2016년 9월)에 실린 「동북공정 종료 후 중국의 고구려사 연구 동향과 전망」을 보완한 논문이다.

었다. 한반도의 정세가 동북 3성 지역에 사는 조선족에게 미치는 영향이나, 남북한이 통일할 경우 중국에 미칠 영향 등도 연구 범위에 속했다. 러시아와 중국, 북한과 중국 사이의 국경이 어떻게 만들어졌는지, 거기에 문제는 없는지, 앞으로는 어떻게 될 것인지, 통일 한국이 성립할 경우 간도 땅을 둘러싼 문제는 어떻게 되는지 하는 지점들도 연구 대상이다. 즉 동북 3성 지역의 고대사부터 시작해서 현대사, 그리고 미래사까지 모두 연구 범위에 포괄한 것이 동북공정이었다.

그런데 우리나라에는 동북공정보다는 '중국의 고구려사 빼앗기 공작' 또는 '중국의 고구려사 왜곡 사건'이라는 이름으로 더 널리 알려졌다. 동북공정 사업 초창기에 가장 집중적으로 연구한 것이 고구려사였기 때문이다. 사업 진행 도중 고구려사를 둘러싸고 한·중 간 갈등이 격화되었고, 그것을 완화하기 위해 두 나라 정부에서 직접 간여했기 때문에 이 프로젝트는 처음 기획했던 대로 순조롭게 진행되지는 못했다.

그럼에도 사업은 5년간 진행되었다. 하지만 이때 표출되어 문제가 되었던 중국의 한국 고대사 인식은 여전히 지속되고 있다는 점에서 흔히 동북공정은 끝나지 않았다고 표현하곤 한다. 그렇지만 동북공정은 분명 종료된 프로젝트이므로, 이후 나오는 중국의 자국 중심주의적 역사관에 의한 한국사 왜곡 문제는 '동북공정식 역사인식' 혹은 '한·중 역사갈등 문제' 또는 다른 적절한 용어로 지칭하는 것이 옳다.[1] 이에 이 글에서는 편의상 프로젝트 이름은 동북공정, 중국의 자국 중심적 한국사관은 '동북공

---

1 이에 대해서는 김현숙, 2012, 「2007년 이후 한·중 언론의 동북공정 관련 보도 양상」, 『중국의 동북공정과 한국고대사』(한국고대사 연구총서 3), 주류성에서도 지적한 바 있다.

정식 역사인식'으로 구분하여 칭하기로 한다.

현재 동북공정은 종료되었으나, 여전히 박물관 설명문, 유적지 표지판 등 내용에 내포되어 있는 '동북공정식 역사인식'이 일반인에게 확산·재생산되고 있다.[2] 일반 중국인들은 역사적 근거와 관계없이 '고구려사는 중국사'라는 입장을 고수하면서 한국 학계의 주장을 무조건 비난하는 양상을 보이고 있다. 역사 전문가들의 손을 떠나 일반인들에게 확산된 동북공정식 역사인식은 비학문적·비상식적인 방향으로 변모할 가능성이 높다. 그리고 학문 분야에서의 내용 전개에 관계없이 자기 분열을 일으키며 중국인들에게 잘못된 한국사관·동아시아역사관·세계사관을 고착시킬 수 있다. 이것은 역사가들 사이의 논쟁보다 더 심각한 문제를 야기할 수 있다. 비단 중국인들에게만 해당되는 사안이 아니다. 한국 국민들에게도 동일한 결과가 나타날 수 있다.

그런데 문제는 동북공정식 역사인식 자체가 2002년 동북공정 개시와 함께 발생한 것이 아니라는 점이다. "현재 중국 영토 안에 속하는 모든 지역의 과거사와 그 지역에 사는 모든 사람들의 과거사는 모두 중국사"라고 보는 통일적 다민족국가론에 의한 역사인식은 이미 현 중국 정부가 수립되기 이전부터 논의되기 시작했다. 또한 이는 중국 헌법에 명기된 내용이기도 하다. 동북공정식 역사인식은 통일적 다민족국가론에 입각해서

---

2 고구려·발해 역사 유적을 공원화하거나 풍치지구로 지정하여 일반인들이 쉽게 접근할 수 있도록 하고 있으며, 동시에 각 지역에 다양한 규모의 박물관을 건립하여 '애국교육기지(愛國教育基地)'로 지정하고 현장학습에 활용하고 있다. 이때 유적 표지석, 전시장 패널, 전시 유물 설명문, 지도 표기 등에 동북공정식 역사 해석의 성과를 활용하고 있다. 그리고 동북공정으로 인해 한·중 간 갈등이 빚어졌을 때 인터넷을 통해 관련 내용들이 네티즌들에게 퍼져 나가 고구려에 대해 전혀 모르던 중국인들도 고구려를 둘러싼 갈등에 대해 알게 되었다.

과거 역사를 해석하는 것이다. 현재의 목적과 시각에 따라 과거 역사를 보는 연구 방법을 기반으로 하기 때문에, 동북공정 사업은 필경 국경을 접하고 역사 영역을 공유하는 주변 국가의 역사를 자국의 이해관계에 따라 왜곡하게 될 소지를 처음부터 갖고 있었던 것이다.

역사 연구의 목적이 과거를 통해 현재의 삶을 규명하여 바람직한 미래를 건설하는 데 있다고 본다면, 한·중 간 역사갈등은 두 나라 모두에 도움이 되지 않는다. 역사 문제로 인한 갈등은 역사학계 안에서 학술적으로 해결하는 것이 가장 바람직하다. 다시 말해 동북공정이 학문 외적인 배경과 목적을 갖고 시작된 것이라 하더라도 문제 해결은 결국 학문적인 차원에서 이루어지도록 해야 한다는 것이다. 한·중 학계 모두 갈등을 빚고 있는 문제에 대해 더 적극적으로 전문적인 연구를 진행하여 학술적 차원에서 인식의 차이를 좁힐 수 있어야 일반인들 사이에서 빚어지는 감정적인 충돌을 줄일 수 있다. 그런 점에서 관련 연구의 활성화 및 한·중 간 학술교류의 필요성과 중요성이 제기된다.

동북공정 진행 시 가장 중점적으로 연구되었던 고구려사 분야도 마찬가지다. 한·중 학계의 치열한 연구와 상호 토론을 통한 고구려사 이해 증진이 필요하다. 이를 위해서는 우선 중국 학계의 고구려사 연구 현황을 정확하게 파악할 필요가 있다.[3] 이에 이 글에서는 먼저 동북공정 사업

---

3 2012년까지의 연구 동향은 조영광, 2012, 「동북공정 이후 중국의 고구려사 연구 동향」, 『중국의 동북공정과 한국고대사』, 주류성; 정호섭, 2013, 「중국의 POST 東北工程과 고구려사 관련 동향 분석」, 『한국사학보』 51호에서 정리한 바 있다. 이 글은 이 두 선행 논문과 최광식, 2008, 「동북공정 이후 중국 연구서에 보이는 고구려·발해인식」, 『先史와 古代』 29호; 송기호, 2012, 「중국의 동북공정, 그 후」, 『한국사론』 57호; 임기환 외 지음, 한국고대사학회·동북아역사재단 편, 2012, 『중국의 동북공정과 한국고대사』 등을 참고하여 정리했다.

이 공식 종료된 2007년 이후 중국 학계에서 출간된 고구려사 연구 논저들에 대해 살펴보았다. 다음으로 고구려사 연구를 주도하는 중심 연구기관과 연구자의 변화, 연구 분야 및 내용 변화 등을 검토함으로써, 동북공정식 고구려사 인식의 지속성 여부를 점검해 보고, 현재 연구 동향의 문제점을 짚어 보았다. 이어서 중국 학계의 고구려 연구에서 포착되는 변화상을 토대로 향후 전개 방향을 전망해 보았다. 2007년부터 2015년까지 중국의 고구려 관련 연구물들 가운데 분석 대상에서 누락된 것이 있을 수 있어, 100% 정확성을 보장할 수 없다는 한계가 있다. 그러나 이 분석을 통해 연구의 대체적인 경향성과 방향성을 파악할 수 있다는 점에서 의의가 있다. 부족한 점에 대해서는 차후 보완할 예정이다.

2007~2015년 중국 학계의 고구려사 연구 논저

동북공정 연구기간 종료 이후의 상황을 논할 때 흔히 '포스트(POST) 동북공정'이란 용어를 사용한다. 이 글에서는 포스트 동북공정기인 2007년 2월 이후부터 2015년까지 발표된 중국 학계의 고구려 역사·문화 관련 연구 논저들을 종합적으로 살펴보았다.

이 기간에 나온 중국 학계의 고구려사 연구 논저는 모두 512편이다. 이는 단행본과 박사학위논문, 석사학위논문, 그리고 여러 학술지에 수록된 고구려 관련 논문 편수를 각각 1편으로 잡아 헤아린 숫자이다.[4] 논문

---

4 李大龍, 2013, 『《三國史記·高句麗本紀》研究』, 黑龍江教育出版社과 李大龍, 2009, 『《三國史記·高句麗本紀》研究』, 中央民族大學 博士學位論文은 동일하지

1편과 저서 1권을 동일한 단위로 계산했으므로 연구 성과의 양적 측면을 정확하게 반영한다고 할 수는 없다. 그러나 대체적인 경향성을 파악하는 데는 문제가 없다고 보아 단순 계산법을 채택했다.

512편 가운데 단행본은 모두 27권이고, 박사학위논문은 14편, 석사학위논문은 44편이다. 그리고 학술지에 수록된 논문은 427편에 달한다. 연도별로 보면 2007년에는 39건, 2008년에는 66건, 2009년에는 56건, 2010년에는 49건, 2011년에는 44건, 2012년에는 55건, 2013년에는 65건, 2014년에는 61건, 2015년에는 72건 생산되었다.

단행본의 경우 2007년 3권,[5] 2008년에 10권,[6] 2009년에 3권,[7]

만, 학위논문 제출 후 4년 뒤 단행본으로 발간했으므로 내용상 보완이 있을 수 있어 각각 1권으로 계산했다.

5 張福有, 2007, 『高句麗王陵統監』, 香港亞洲出版社; 張福有・孫仁傑・遲勇, 2007, 『高句麗王陵通考』, 香港亞洲出版社; 孫仁傑・遲勇, 2007, 『集安高句麗墓葬』, 香港亞洲出版社.

6 姜維公, 2008, 『高句麗歷史論文提要』, 吉林文史出版社; 耿鐵華, 2008, 『高句麗古墳壁畵研究』, 吉林大學出版社; 耿鐵華・李樂營, 2008, 『高句麗與東北民族研究』, 吉林大學出版社; 孫玉良・孫文範, 2008, 『簡明高句麗史』, 吉林人民出版社; 耿鐵華・崔明, 2008, 『中國高句麗王城王陵及貴族墓葬』, 吉林文史出版社; 劉炬・付百臣 等, 2008, 『高句麗政治制度研究』, 香港亞洲出版社; 李德山, 2008, 『隋唐時期東北邊疆民族與中原王朝關係史研究』, 香港亞洲出版社; 王禹浪・王文軼, 2008, 『遼東半島地區的高句麗山城』, 哈爾浜出版社; 王雲剛, 2008, 『高句麗王城王陵及貴族墓葬』, 上海世界圖書出版公司; 張曉晶・張葛, 2008, 『高句麗設計美學研究』, 吉林人民出版社.

2010년에 3권,[8] 2011년[9]과 2012년[10]에 각 2권, 2013년에 2권,[11] 2014년에 2권[12]으로 모두 27권 출판되었다. 2008년에 출간된 단행본이 다른 해보다 압도적으로 많은 것은 2007년 동북공정이 종료된 후 그 결과물을 다음 해에 가장 많이 출판했기 때문으로 보인다. 2011년 이후에는 단행본 출판 권수가 감소되는 경향을 보인다. 동북공정 결과물 및 관련 저서가 마무리되면서 잠시 소강상태에 있는 것으로 볼 수 있다.

주목되는 점은 박사학위논문과 석사학위논문도 2008년에 각 3편과 12편으로 가장 많이 나왔다는 것이다. 특히 석사학위논문은 다른 해에 비해 압도적으로 많이 나왔는데, 이것은 동북공정 기간 동안 신진 연구자의 숫자가 대거 증가했다는 것을 보여준다. 경철화(耿鐵華)는 2008년[13]과 2009년[14]에 개혁개방 이후 중국 학계의 고구려사 연구 현황을 정리한 논문을 발표했다. 이 글에서 경철화는 이른바 1990년 중반 이후 동북공정 기간 동안 이전과 비교할 수 없을 만큼 많은 연구 성과가 나왔지만, 연구

7　付百臣, 2009, 『高句麗硏究文集』, 香港亞洲出版社; 馬彦·華陽, 2009, 『國內外高句麗硏究論文論著目錄』, 香港亞洲出版社; 吉林省文物考古硏究所, 2009, 『吉林集安高句麗墓葬報告集』, 科學出版社.

8　吉林省文物考古硏究所·集安市博物館, 2010, 『集安出土高句麗文物集粹』, 科學出版社; 楊秀祖, 2010, 『高句麗軍隊與戰爭硏究』, 吉林大學出版社; 張福有·孫仁傑·遲勇, 2010, 『高句麗千里長城』, 吉林人民出版社.

9　苗威, 2011, 『高句麗移民硏究』, 吉林大學出版社; 張曉晶·張葛, 2011, 『高句麗藝術設計文化硏究』, 吉林人民出版社.

10　耿鐵華·李樂營, 2012, 『高句麗硏究史』, 吉林大學出版社; 耿鐵華, 2012, 『高句麗好太王碑』, 吉林大學出版社.

11　耿鐵華·李樂營, 2013, 『高句麗硏究文獻目錄』, 吉林大學出版社; 李大龍, 2013 『《三國史記·高句麗本紀》硏究』, 黑龍江敎育出版社.

12　楊軍·姜維東·高福順, 2014, 『高句麗官制硏究』, 吉林大學出版社; 譚紅梅, 2014, 『國內外高句麗硏究論著目錄』, 吉林文史出版社.

자들의 지역적 범위도 넓지 않고, 소수의 기존 학자들이 연구 성과를 왕성하게 발표한 경우가 많을 뿐 새로운 연구자는 많이 배출되지 않고 있다고 유감을 표명했다. 실제 석·박사학위논문의 경우 2008년을 절정으로 2009년부터 2011년까지는 감소세를 보였다.

그러나 경철화의 염려와 달리 2012년 이후에는 새로운 연구자들이 많이 배출되고 있다. 2007년부터 2015년까지 나온 박사학위논문 14편 가운데 6편이 2012년 이후 생산되었다. 석사학위논문의 경우에도 2012년에 8편이 나왔고 그 이후 2015년까지 3년간 12편이 나왔다. 즉 신진 학자들의 숫자가 증가세를 보이고 있다는 의미다. 학술지에 수록된 고구려 관련 논문의 발간 편수에서도 같은 양상이 발견된다. 2007년에 31편, 2008년에 41편, 2009년에 50편, 2010년에 43편, 2011년에 37편, 2012년에 43편, 2013년에 57편, 2014년에 55편, 2015년에 70편으로 2010~2011년에 조금 줄어드는 경향을 보였으나 2013년 이후 다시 증가세를 보였고, 2015년에는 70편이나 나왔다. 즉 동북공정 종료 이후 중국 학계에서의 고구려사 연구는 결코 정체되거나 감소된 것이 아니라 오

---

13 耿鐵華는 「高句麗硏究與中朝中韓關係」(2008, 大連大學 中國東北史硏究中心, 『遼東史地』 2008-7)에서 고구려 역사와 유물·유적의 객관적 정황, 중국·북한·한국 학자의 고구려 연구 현황, 고구려 연구가 한·중, 북·중관계에 미치는 영향 등에 대해 서술했다. 특히 동북공정으로 인한 한·중 간의 갈등에 대해 비중 있게 서술했다. 한국에서의 비학술적 대응으로 인해 모처럼 발전기를 맞이한 중국의 고구려 연구가 또다시 침체기로 들어서게 되었다며 매우 강한 논조로 불만을 토로한 점이 주목된다.

14 耿鐵華는 「改革開放三十年高句麗硏究成果統計與說明」(2009, 『東北史地』 2009-5)에서 30년 동안의 중국의 고구려 연구 성과 현황을 지난 30년 동안의 고구려 관련 출판 현황, 지난 30년 동안의 고구려 관련 연구 논문 발표 현황, 몇 가지 설명의 순으로 정리했다. 이 글에 따르면 2008년까지 중국에서 발간된 고구려 관련 저서는 모두 77권이고, 논문은 무려 1,169편에 이른다고 한다.

[표 1] 2007~2015년에 출간된 중국 학계의 고구려사 연구 논저

연도	단행본	박사학위논문	석사학위논문	학술지 수록 논문
2007	3	1	4	31
2008	10	3	12	41
2009	3	2	2	50
2010	3	1	2	43
2011	2	1	4	37
2012	2	2	8	43
2013	2	2	6	57
2014	2	2	4	55
2015	–	–	2	70
총계	27	14	44	427

히려 계속 증가하고 있음을 지금까지 학술지에 수록된 논문 편수를 통해 확인할 수 있다. 2007~2015년에 출간된 중국 학계의 고구려사 연구 논저 수는 [표 1]로 정리했다.

중국 학계의 최근 연구물들은 기본적으로 동북공정 실시 초기에 제시했던 주장을 변함없이 견지하면서 보완·심화하는 단계로 나아가고 있다. 논문의 구성이나 내용, 자료 분석 과정 등이 다소 엉성한 편이었던 이전과 달리 최근에는 차분히 논증하고 분석한 글들이 나오는 추세다. 연구자의 지역적 외연도 넓어졌고, 신진 연구자들도 늘어났다. 이전 연구에서는 우리나라를 비롯한 외국의 연구 성과를 거의 보지 않았고, 『삼국사기』 같은 우리 측 사서를 참고하지도 않았다. 하지만 최근에는 이에 대해 비판을 가하기도 하고 사료 해석과 분석 작업도 진행하면서 논문을 작성하고 있다. 즉 동북공정을 계기로 고구려사를 비롯한 동북 3성 지역사에 대한 연구물의 양적 팽창, 신진 연구자의 확대, 연구물의 질적 수준 향상

이 이루어진 것이다.[15]

경철화 등의 우려와 달리 동북공정 종료 후에도 고구려 연구는 쇠퇴하지 않고 오히려 발전하고 있다. 그 배경으로는 동북공정 이후에도 역사 관련 사업이 지속되었다는 것과 이전부터 있던 국가사회과학기금에서 인문사회과학 분야 연구비가 확대된 것을 들 수 있다. 중국사회과학원의 제11차 5개년계획(2006~2010)에도 역사·영토 관련 연구사업이 포함되어 있다. 또한 길림성사회과학원에서도 관련 프로젝트를 진행하며 고구려사·발해 관련 연구비를 조성했다. 2011년 12월 21일 길림성 고구려연구중심(高句麗研究中心)이 주관한 '길림성고구려발해문제연토회(吉林省高句麗渤海問題研討會)'가 40여 명의 전문가들이 참가한 가운데 장춘(長春)에서 열렸는데, 여기에서는 고구려·발해 연구자 상호 간의 학술교류 기회 및 연구 프로젝트의 확대를 위해 노력할 것이라는 결언이 있었다.[16]

---

15 진반(陳潘)은 「高句麗史研究綜述」(2012, 『哈爾濱學院學報』 2012-2, 96~102쪽)에서 2005년부터 2010년까지 고구려사 연구 성과를 간략히 정리했다. 그런 후 이 시기의 연구 특징과 전망에 대해 "① 연구 영역 및 주안점에서 보았을 때 현재의 고구려사 연구는 정밀화·전문화·체계화하는 방향으로 발전하고 있으며, 그 연구 영역도 정치·경제·군사·종교·문화·교육·사회생활 등 다방면을 다루고 있다. ② 연구 주체에서 보았을 때 현재 일단의 고구려사 연구자와 일련의 고정적인 학술간행물과 일단의 전문 연구기관이 형성되었다. 다만 현재 후속 연구 인력이 부족한 위기에 처해 있다. ③ 연구 방법에서 보았을 때 고구려 연구는 전통적 문헌 등 연구 방법을 돌파하여 새로운 시야와 방법을 연구에 도입했고, 학과 교차연구를 통해 새로운 바람을 불어넣었다"고 평가했다.

16 王旭, 2012, 「吉林省高句麗渤海問題研討會綜述」, 『東北史地』 2012-1, 95~96쪽. 이 학술회의에서는 당시까지의 연구 성과와 신규 저서 소개(張福有-『高句麗古城考鑒』; 劉炬-『唐征高句麗史』; 苗威-『高句麗移民史研究』) 및 연구 방향 등에 대한 발표와 토론이 진행되었다. 강유동은 당(唐)의 고구려 정복 노선과 부여성의 4차에 걸친 이동이 가지는 의미에 대해 발표했다. 이어 유관대학(길림대학·동북사범대학·연변대학), 연구 단체(길림성고구려연구중심·길림성사회과학원·민족연구소·길림대학 동북변강고고소) 및 잡지(『동북사지』·『사회과학전선』) 관련 연구자들의 연구프로젝트 진행 상황 및 향후

고구려 관련 연구는 국가사회과학기금에서 연구비를 많이 수여하면서 다시 증가했다.[17] 2010년 이후 동북지역 연구자들이 이 연구기금을 많이 수령했고, 그 결과물들이 이후 완성되어 나오고 있다. 2013년도 국가사회과학기금 청년연구과제에 선정되었던 흑룡강성사회과학원 역사연구소 장방(張芳)의『고구려 민족기원 사료 연구(高句麗民族起源史料硏究)』가 2014년 12월에 마무리되어 출간된 것 등을 그 예로 들 수 있다.[18] 중국 국가사회과학기금 홈페이지에 따르면 이 기금은 이전에는 연구비 규모가 큰 편이 아니었으나 최근에 크게 확대되었다. 특히 인문사회과학 분야

과제 등을 소개했다. 민족 민속학의 관점에서 고대의 동북 민족의 역사 변화를 새롭게 인식해야 하는 점을 강조(朱立春)한 발표와 고구려와 발해 연구자들의 합작과 교류를 촉구하는(楊雨舒) 발표도 있었다. 이 학술회의에서 참가자들은 대부분 고구려 및 발해 연구의 중요성이 동북지역의 역사·민족·문화 연구에서 계속적으로 열기를 높여 가고 있으며, 고구려·발해 유적의 고찰과 답사는 점진적인 효과를 얻어 사회에 깊은 영향을 주고 있다는 점을 인정했다. 그리고 고구려연구중심 부주임 부백신(付百臣)은 회의 내용을 결산하는 발언을 통해 고구려·발해 연구자 상호 간의 학술교류 기회와 연구 프로젝트의 확대를 위해 노력할 것임을 밝혔다.

17 국가사회과학기금 출연 연구비는 1996년 손진기(孫進己)가『高句麗史硏究』로, 2005년에 양군이『高句麗官制硏究』, 2006년에 정나나(程妮娜)가『古代中國東北民族朝貢制度硏究』로 수령했다. 그런데 2010년 이후 동북 3성 지역에서 이 연구비를 수령하는 연구자가 많아졌다. 2010년에 길림대학의 위존성(魏存城)이『高句麗渤海文化發展及其關係硏究』, 장복귀(張福貴)가『東北地域文化硏究』로, 2011년에는 조준걸(趙俊傑)이『朝鮮境內高句麗壁畵墓的發現與硏究』로, 이덕산(李德山, 東北師範大學)이『漢文化東傳與古代東北社會變遷硏究』로 연구비를 받았다. 그리고 2012년에는 강유공(姜維公, 장춘사범학원)이『中國東北少數民族文獻整理與硏究』로, 2014년에는 윤현철(尹鉉哲, 연변대학)이『高句麗渤海問題的文獻資料收集, 整理與硏究』, 송경(宋卿, 길림대학)이『唐代營州邊疆管理與東北亞區域劃定硏究』로, 손홍(孫泓, 중국사회과학원)이『古代中朝移民史硏究』로 국가사회과학기금을 받아 연구를 진행했다. 발해사도 2014년에 유효동(劉曉東, 흑룡강성박물관)이『渤海國歷史文化硏究』, 이동휘(李東輝, 연변대학)가『渤海與新羅的歷史關係』란 연구과제를 수행하게 되었다.

18 흑룡강성사회과학원의 2014년 12월 23일자 공지사항, 2014年我院靑年課題結項名單 참조. http://www.hlass.com/xwjj/byyw/2014/12/13536.htm

연구비는 이전에 비해 눈에 띄게 증가했다. 이번 조사에서 확인하지 못한 연구비 수령 과제도 많을 것이다. 이처럼 연구비 공급이 확대되면 연구의 활성화에 따른 심화연구가 이루어지게 되고 신진 연구자도 증가하게 된다. 따라서 앞으로도 고구려·발해사·고조선사 등 한국사 분야 연구를 많이 진행할 것으로 추정할 수 있다.

고구려 연구의 변화상

중심 연구기관 및 연구자의 변화

동북공정 종료 후 중국의 고구려 연구 및 프로젝트 관련 동향을 파악해 보고자 2007년부터 2015년까지 제출된 중국 학계의 고구려 연구 성과물을 대상으로 연구 기관과 연구자, 연구 내용, 출판 기관, 연구자와 학술지의 지역 분포 등에 대해 정리해 보았다.

먼저 고구려 연구 중심기관에 대해 살펴보았다. 동북공정 종료 후 동북 3성 지역에는 고구려를 비롯한 한국고대사 관련 연구소가 신설되거나 기존 연구소가 확대·개편되면서 동북공정 기간 못지않게 관련 연구가 활발히 진행되고 있다. 따라서 동북공정 분야 연구는 중국변강사지연구 중심에서 동북지역의 여러 대학 및 연구소로 옮겨가 지속되고 있다고 보았다.[19] 분석을 통해 대체적인 방향이 그러함을 재확인할 수 있었지만, 최

---

19 김승일, 2010, 「동북공정 이후 중국 학계의 한국사 연구 동향」, 『한국근현대사연구』 5호, 277~281쪽; 임기환, 2012, 「동북공정과 그 이후, 동향과 평가」, 『중국의 동북

근의 연구 현황을 분석해 본 결과 약간 다른 면도 발견되었다.

고구려 연구는 동북 3성 가운데 길림성에서 가장 많이 수행하고 있다. 특히 길림성사회과학원이 주도적인 역할을 하여 연구기금을 관리하고 학술회의를 주최하면서 고구려사 연구의 방향을 제시하고 있다. 길림성사회과학원 내 고구려연구실(高句麗硏究室)의 경우, 최근 유거(劉炬)를 중심으로 소속 연구원들이 활발히 논문을 발표하고 있다.[20] 고구려연구실은 고구려 정치제도사, 조공·책봉 관련 연구 등을 진행하고 있다. 고구려를 제외한 한국 관련 연구는 조선·한국연구소(朝鮮·韓國硏究所)가 담당하고 있다.

동북공정식 주장을 확산하는 데 핵심 역할을 했던 매체는 학술잡지인 『동북사지(東北史地)』다.[21] 『학문』으로 이름을 바꾼 이 학술지의 사장은 현재 길림성사회과학원 부원장인 유신군(劉信君)이다.[22] 이전 사장은 중

공정과 한국고대사』, 주류성, 28~32쪽.

20 길림성사회과학원 홈페이지 참조. http://www.jlass.org.cn

21 『동북사지』는 2016년 제3기부터 『학문(學問)』으로 잡지명을 바꾸었다. 명칭 변경과 관련한 안내문에 따르면 『지역문화 연구(地域文化硏究)』라는 명칭으로 잡지명을 변경하려고 신청해 놓은 상태이며, 승인이 나기 전 과도기적으로 『학문』이란 이름으로 잡지를 발간했다고 한다. 그리고 명칭 변경의 목적에 대해 동북지역을 주된 대상으로 논문을 게재하던 데서 벗어나 중국 각 문화구에 관한 논문들로 범위를 확대하기 위해서라고 밝혔다. 『학문』 편찬위원회의 고문은 사회과학원변강연구소 주임인 형광정(邢廣程)·장복유(張福有)·부백신·이치형(李治亭)·손옥량(孫玉良)이고, 주임은 소한명(邵漢明), 부주임은 유신군(劉信君)이며 위원은 35명이다. 왕면후(王綿厚)를 비롯한 동북지역 연구자들이 주를 이루지만, 중국사회과학원의 이대룡과 서건신(徐建新)도 포함되어 있다. 수록 논문의 서술 범위를 중국의 다른 지역으로 확대한 것은 전국적인 학술지로 발돋움하려는 의지를 반영한다고 볼 수 있다.

22 이 잡지사는 2004년 8월에 길림성이 신설한 길림성 고구려연구중심에서 운영하고 있다. 길림성 고구려연구중심에서는 고구려 등 변강사지 연구의 중요 문제를 기획하고 중점 과제를 확정하는 업무를 수행하고 있다.

국 공산당 길림성위원회 선전부 부부장인 장복유(張福有)였는데, 동북공정을 계기로 누구보다 활발히 고구려 유적 조사와 연구를 진행했고 동북공정식 논리를 전파하는 데 주력했다. 이 잡지사 소속 조홍매(趙紅梅)·축립업(祝立業) 등도 고구려 연구를 하고 있다.

중국 대학 가운데 고구려사 연구를 활발히 진행하는 곳은 다음과 같다. 먼저 대학 중에서는 길림성 통화시에 있는 통화사범학원(通化師範學院)을 들 수 있다. 이 대학에는 2006년 1월 기존의 고구려연구소를 확대·개편한 고구려연구원(高句麗研究院)이 있다. 또 2006년 10월에 고구려사·발해사와 동북민족강역사를 집중 연구하기 위한 고구려·동북민족연구중심(高句麗·東北民族研究中心)도 설립되었는데, 이 기관은 길림성의 대학 인문학 연구기지의 하나로 지정되었다. 길림성사회과학원에서는 2003년 7월 이 대학을 고구려연구기지(高句麗研究基地)로 정하기도 했다.

통화사범학원의 고구려 관련 연구기관에는 대표적인 고구려 연구자인 경철화·이낙영(李樂營)을 비롯하여 이 대학 교수진이 중복으로 속해 있다. 오랫동안 고구려 관련 연구를 진행해 온 경철화 교수가 재직하며 연구를 주도하고 있다. 통화사범학원은 고구려 유적 현장 가까이 있기 때문에 고구려사 연구, 동북사 연구의 중심이라고 할 수 있다. 이 대학은 2015년도 길림성 중대수요협동창신중심(重大需要協同創新中心) 가운데 하나인 '고구려 연구 싱크탱크 중대수요 협동창신중심'으로 선정됨으로써 중국의 핵심 고구려 연구소로서의 위상을 더욱 굳힐 수 있게 되었다.

동북사범대학(東北師範大學)의 역사문화학원(歷史文化學院)도 고구려사 연구에 적극 참여하고 있다.[23] 역사문화학원 안에 동아문명연구중심(東亞文明研究中心), 그 아래 조한연구소(朝韓研究所)와 고구려연구소(高句麗研究所)가 있다.[24] 조한연구소는 묘위(苗威)가, 고구려연구소는 경철화와 이낙영이 이끌고 있다. 통화사범학원과 동북사범대학은 상호 연계를 맺고 고구려 연구자들을 공동으로 양성하고 있다. 통화사범학원 소속 연구원들이 동북사범대학 박사과정에서 수학하고, 교수진 상호 교환교육을 진행하는 등 고구려 연구와 관련 사업을 함께 수행하고 있다. 묘위가 유민 연구를, 고적연구소 역사문헌연구실의 이덕산(李德山)이 민족 연구를 주도하고 있다.

길림대학도 대표적인 고구려 연구자 양성기관이다. 길림대학 동북아연구중심(東北亞研究中心)은 중국 교육부 인문사회과학 중점 연구기지인데, 이곳의 중점 연구 항목 가운데 하나가 고구려 고고연구이다.[25] 또한 2014년 길림성교육청에서 고지한 길림대학 성급인문사과중점연구기지(省級人文社科重點研究基地) 명단에도 송옥빈(宋玉彬)이 주임으로 있는 고구려발해연구중심(高句麗渤海研究中心)이 올라 있다.[26] 원로 고구려학자인 위존성(魏存城)이 이끄는 변강고고연구중심(邊疆考古研究中心)은 고구려 고고학자 양성의 산실이다. 이 대학 역사학과 교수인 양군(楊軍)은 고

---

23 동북사범대학 홈페이지 참조. http://www.nenu.edu.cn/jgsz/list.htm

24 동아문명연구중심(東亞文明研究中心)의 하부 기관으로 동아사상소(東亞思想所), 일본연구소(日本研究所)·조한연구소(朝韓研究所)·명청연구소(明淸研究所)·동북고고소(東北考古所)·동북연구소(東北硏究所)·만한연구소(滿學硏究所)·고구려연구소(高句麗硏究所)·발해연구소(渤海硏究所)·아국원동소(俄國遠東所)가 있다.

25 길림대학 홈페이지 참조. http://nasc.jlu.edu.cn/kexueyanjiu/keyanxiangmu

26 길림성교육청 홈페이지 참조. http://www.jledu.gov.cn/show/27042.html

구려 족원(族源) 문제, 고구려 5부, 중앙관제, 지방통치제도 연구 등 고구려 역사 전반에 걸쳐 의미 있는 연구를 하고 있고, 정나나(程妮娜)·고복순(高福順)도 역사서와 정치제도 연구를 활발히 수행하고 있다.

고구려 연구를 이끄는 또 다른 중심기관은 연변대학이다. 박찬규·서일범·정경일·김홍배 등이 고구려 역사와 고고학 연구를 주도하고 있다. 연변대학은 발해사 연구에 더 주력했었으나 최근 한국에서 유학한 조우연을 영입하면서 고구려 연구에도 힘을 쏟을 수 있게 되었다. 한국어와 중국어에 모두 능통한 조선족 교수들이 이끄는 연구기관이므로, 향후 고구려사 연구의 중핵으로 부상할 가능성이 높다. 특히 북한 고고학자들과 북한 지역 고구려 유적 발굴조사를 계속 진행하고 있어 고고학 분야에서의 성과도 기대된다.

이 외 장춘사범대학에서도 고구려 연구를 하고 있다. 이 대학 소속의 강유공(姜維公)과 강유동(姜維東)이 동북공정의 주도 세력으로 초기부터 참여했다. 강유공은 『고려기(高麗記)』와 『삼국사기』 연구 및 고구려와 남북조의 정책 비교 등을 연구했고, 강유동은 신화·전설 분야의 연구물을 많이 발표하고 있다.

대학 외 기관으로 최근에는 흑룡강성사회과학원에서도 고구려 관련 글을 발표하고 있다. 소속 연구원인 유홍봉(劉洪峰)·장방(張芳) 등의 신진 학자들이 연구 성과를 내고 있다. 또 고고학 분야에서는 요령성 박물관, 요령성 문물고고연구소, 집안 박물관, 본계시 박물관 소속 고고학자들이 관련 연구를 진행하고 있다. 또한 요령성사회과학원에서 2002년 11월 대련대학에 설립한 중국동북사연구중심(中國東北史研究中心)에서도 왕우량(王禹浪)의 주도로 동북지역의 고고 발굴 및 문화재, 고구려사·발해사·동북민족사를 주제로 학술세미나를 여는 등 활발히 활동하고 있다. 이처럼 동북공정 종료 후 동북 3성 지역 대학이나 사회과학원 부설 연구기관에서 이전보다 더 활발히 고구려 연구를 계속하고 있다.

그런데 한 가지 주목할 점은 중국변강사지연구중심, 즉 중국변강 사지연구소에서도 관련 연구를 체계적으로 진행하고 있다는 것이다.[27] 1990년대 중반 이전에는 동북 3성 지역 학자들만 주로 고구려사를 연구 했으나, 동북공정을 계기로 중국사회과학원 산하 중국변강사지연구소 소속 연구원들이 직접 고구려 연구를 수행하고 있다. 한국 학자들에 의해 논증의 취약성과 사료의 자의적 취사선택으로 비판받았던 부분을 보완 하기 위해 번속이론(藩屬理論)과 『삼국사기』 연구의 필요성이 제기된바, 이를 소속 연구자인 이대룡이 직접 수행했을 뿐만 아니라, 동북공정 종 료 이후에는 소장 학자들을 더 영입하여 분야별로 연구를 진행하고 있다.

부친인 손진기(孫進己)와 함께 고구려 귀속 논쟁에 직접 참여했던 손 홍(孫泓)과 한국 고려대학교에서 고고학을 전공한 왕비봉(王飛峰)을 영입 하여 고구려 연구를 진행하고 있다. 그뿐만 아니라 서양사 전공자였던 범 은실(範恩實)은 전공을 바꾸어 고구려 정치제도사[28]와 부여사[29] 등을 연구 하고 있다. 즉 동북공정 종료 이후 고구려사 연구의 중심이 동북지역 대 학과 사회과학원 등의 기관으로 옮겨졌다고는 하지만, 꼭 필요한 분야의 중요한 연구는 중앙의 사회과학원에서 전략적으로 연구자를 영입하여

---

27 중국변강사지연구중심은 2015년 중국변강사지연구소로 확대·발전했다.

28 範恩實, 2015, 「高句麗早期地方統治體制演化歷程研究」, 『東北史地』 2015−1; 範 恩實, 2015, 「好太王時代高句麗地方統治制度研究」, 『通化師範學院學報』 2015− 1; 範恩實, 2015, 「高句麗后期地方統治體制研究」, 『通化師範學院學報』 2015− 11.

29 範恩實, 2013, 『夫餘興亡史』, 社會科學文獻出版社.

진행하고 있는 것이다.

　다음으로 동북공정 종료 이후 2015년까지 발표된 논저들을 통해 고구려 연구를 주도한 연구기관에 대해 구체적으로 살펴본다. 먼저 박사학위자 배출 대학을 보면 이 기간에 박사학위를 취득한 총 14명 가운데 7명이 길림대학 출신이다. 길림대학은 특히 저명한 고구려 고고학자인 위존성 교수가 재직하고 있는 대학답게 이 기간 동안 가장 많은 고고학 박사학위자를 배출했다. 이 대학에서는 2008년에 2명, 2009년부터 2011년까지 각각 1명, 2012년에 2명 등 2008년 이래 2012년까지 해마다 박사학위자가 나왔다.

　다음으로 연변대학과 동북사범대학 출신의 박사가 각 3명씩이다. 연변대학에서는 2007년에 1명, 2014년에 2명, 동북사범대학에서는 2008년에 1명, 2013년에 2명이 박사학위를 받았다. 나머지 1명은 중국변강사지연구중심의 연구원인 이대룡으로, 2009년 중앙민족대학에서 박사학위를 받았다. 길림대학과 연변대학, 동북사범대학, 그리고 중국변강사지연구중심은 동북공정에 참여한 주요 핵심 기관이다. 2007년부터 2015년까지 각 대학별 박사학위 취득자 수는 [표 2]로 정리했다.

　다음으로 석사학위 취득자를 대학별·연도별로 정리해본 것이 [표 3]이다. [표 3]에서도 알 수 있듯이 석사학위자를 가장 많이 배출한 대학은 길림대학이다. 전체 44명 중 13명이 배출되었다. 그리고 동북사범대학 11명, 연변대학 8명, 복건사범대학 4명, 기타 중앙민족대학·길림예술학원·섬서사범대학·내몽고대학·발해대학·심양건축대학·강서사범대학이 각 1명씩 석사학위자를 배출했다. 1명씩만 배출한 대학이 8개소이다. 이 8개 대학에서는 2007년 이후 2013년까지 각 1명의 석사학위자가 나왔다. 이전에 비해 고구려 석사학위자를 배출한 대학의 숫자가 늘어

[표 2] 2007~2015년 배출 대학별 박사학위 취득자 인원　　　　　　　　　　　　　　(단위: 명)

대학	'07	'08	'09	'10	'11	'12	'13	'14	'15	계(14)
길림대학		2	1	1	1	2				7
연변대학	1							2		3
동북사범대학		1					2			3
중앙민족대학			1							1

[표 3] 2007~2015년 배출 대학별 석사학위 취득자 인원　　　　　　　　　　　　　　(단위: 명)

대학	'07	'08	'09	'10	'11	'12	'13	'14	'15	총
길림대학	1	6	1	1	1	1	1	1		13
연변대학	1	2				1	1	2	1	8
동북사범대학	1	1			3	2	3		1	11
중앙민족대학	1									1
길림예술학원		1								1
합서사범대학		1								1
복건사범대학		1				2		1		4
중국사회과학연구원			1							1
내몽고대학				1						1
발해대학						1				1
침양건축대학						1				1
강서사범대학							1			
계	4	12	2	2	4	8	6	4	2	44

낮고, 동북 3성이 아닌 중국 내 다른 지역에서 고구려 석사학위자가 적지 않게 배출되었다. 즉 고구려 연구자 배출 지역이 확산되고 배출 대학도 증가했다.

연도별로 보면 2007년에 4명, 2008년에 12명, 2009년과 2010년에 각 2명씩, 2011년에 4명, 2012년에 8명, 2013년에 6명, 2014년에 4명,

2015년에 2명의 석사학위자가 나왔다. 주목되는 점은 2008년에 12명으로 석사학위자가 가장 많이 나왔고, 2012년이 그다음으로 많은 8명이 나왔다. 또 2008년과 2012년에 주요 석사학위자 배출 대학인 길림대학·연변대학·동북사범대학을 제외한 다른 대학에서 석사학위자들이 많이 나오기도 했다.

3개 주요 대학 외의 기타 대학에서 2008년에는 3명, 2012년에는 4명의 석사학위자가 배출되었다. 2007·2009·2010·2013·2014년에는 기타 대학을 통틀어 석사학위자 1명만 나왔고, 2011년과 2015년에는 석사학위자가 1명도 배출되지 않았다. 따라서 2008년과 2012년은 석사학위자 배출 숫자 면에서도 주목되는 해다.

다음으로 이 시기에 단행본을 발간한 출판사에 대해 정리해 보았다. 길림대학출판사(吉林大學出版社)·향항아주출판사(香港亞洲出版社)·길림인민출판사(吉林人民出版社)·길림문사출판사(吉林文史出版社)·과학출판사(科學出版社)·상해세계도서출판공사(上海世界圖書出版公司)·합이빈출판사(哈爾浜出版社)·흑룡강교육출판사(黑龍江敎育出版社) 등 8개소이다. 이중 향항아주출판사와 길림대학출판사가 8권으로 고구려 단행본을 가장 많이 출간했다. 그리고 길림인민출판사가 4권, 길림문사출판사가 3권, 과학출판사가 2권, 상해세계도서출판공사·합이빈출판사·흑룡강교육출판사에서 각각 1권씩 출판했다.

경철화·이낙영은 중국 학계의 고구려 연구 성과를 정리한 2012년 책에 동북공정 결과물이 모두 출간되었다고 서술했다. 그러나 2005년 동북공정 입항 과제였던 이대룡의『중국정사 고구려전과《삼국사기》대비연구(中國正史高句麗傳和《三國史記》對比研究)』가 2013년에『삼국사기 고

[표 4] 2007~2015년 출판사별 단행본 발간 권수 (단위: 권)

출판사	'07	'08	'09	'10	'11	'12	'13	'14	'15	계(27)
향항아주출판사	3	2	2	1						8
길림대학출판사		2		1	1	2	1	1		8
길림인민출판사		2		1	1					4
길림문사출판사		2						1		3
과학출판사			1	1						2
상해세계도서출판공사		1								1
합이빈출판사		1								1
흑룡강교육출판사							1			1

구려본기 연구(三國史記高句麗本紀硏究)』란 제목으로[30] 흑룡강교육출판사에서 출판된 것을 보면, 2013년 이후에도 동북공정 연구 결과물이 약간 수정된 제목으로 나왔을 수 있음을 알 수 있다. 더욱이 동북공정 선정 항목은 프로젝트 진행 초기 단계에 공표된 이후에는 외부에 공식적으로 알려지지 않았다. 따라서 2008년까지 나온 결과물은 처음에 선정된 연구 항목에 해당되는 것을 확인할 수 있지만, 그 이후 나온 단행본의 경우 그것이 동북공정 결과물인지 정확히 알 수는 없다. 출판사별 단행본 발간 권수는 [표 4]로 정리했다.

---

30 중국변강사지연구중심 연구원 이대룡은 2005년 선정된 이 과제로 2009년 중앙민족대학에서 박사학위를 취득했다. 그리고 박사학위논문인 『삼국사기 고구려본기 연구』를 같은 제목으로 2013년에 단행본으로 출판했다. 이대룡은 『한당 번속 연구(漢唐藩屬研究)』로 동북공정 과제에 입항한 후 연구를 진행하여 『한당 번속체제 연구(漢唐藩屬體制研究)』(中國社會科學出版社, 2006)를 출간하기도 했다. 그는 마대정(馬大正)이 번속이론 연구 수준 제고의 필요성을 강조하는 글을 실은 『고대중국고구려역사속론(古代中國高句麗歷史續論)』(中國社會科學出版社, 2003) 편찬에도 참여했다.

다음으로 2007년부터 2015년까지 고구려 논문을 수록한 학술지들에 대해 정리한 것은 [표 5]와 같다. 이에 따르면 고구려 논문을 수록한 편수가 많은 학술잡지 상위 5곳은 『동북사지』(153편), 『통화사범학원학보(通化師範學院學報)』(48편), 『북방문물(北方文物)』(31편), 『사회과학전선(社會科學戰線)』(21편), 『박물관연구(博物館硏究)』(15편)다. 이 기간 동안 『동북사지』에 게재된 고구려 관련 논문 편수는 153편으로, 2위인 『통화사범학원학보』의 48편에 비해 세 배 이상에 이른다. 그보다 게재 편수가 적은 다른 잡지사와는 비교되지 않을 정도로 압도적인 양이다. 명실공히 대표적인 고구려 논문 게재 학술지임이 분명하다.

게재 논문 편수 상위 6위 이하의 잡지는 83곳으로 고구려 논문이 수록된 잡지는 모두 88곳이다. 6위 이하의 잡지에는 10편 이하의 고구려 논문만 수록되었는데, 단 1편의 글만 실린 잡지는 55곳이나 된다. 2편 수록 14곳, 3편 수록 5곳, 4편 수록 4곳, 5편 수록 2곳, 8편 수록 2곳, 10편 1곳이다. 상위 3위인 『북방문물』에는 31편, 『사회과학전선』에는 21편, 『박물관연구』에 15편으로 모두 418편의 논문이 발표되었다.

흥미로운 것은 단 1편만 실린 학술지의 경우, 2007년 3곳, 2008년 4곳, 2009년 1곳, 2010년 4곳, 2011년 5곳, 2012년 10곳, 2013년 4곳, 2014년 10곳, 2015년 14곳으로 증가 추세를 보인다는 점이다. 특히 2012년에 갑자기 10곳이 늘어났고, 그다음 해에는 4곳밖에 늘어나지 않았지만, 2014년에 다시 10곳, 2015년에 15곳 더 증가했다는 점이 주목된다. 고구려 논문을 게재한 잡지 숫자가 이전에 비해 많이 늘어났고, 계속 증가 추세라는 것을 알 수 있다.

고구려 논문 게재 편수가 많은 잡지는 모두 동북 3성 지역에서 발간되는 학술지다. 그런데 2014년과 2015년에 1편씩 수록한 잡지 중에는 동북 3성 외의 지역에서 발간한 잡지가 많다. 또한 새로 고구려 논문을 수록한 잡지 가운데는 역사나 고고학 관련 학술지도 있지만 예술 계통 잡지가 눈에 많이 띈다. 고구려 고분벽화를 중심으로 고구려 문화에 관심을 가지는 연구자의 지역적 분포가 넓어졌다는 것을 보여준다.

학술지에 수록된 논문들을 중심으로 연도별로 발표된 논문 숫자를 보면, 2007년 28편, 2008년 41편, 2009년 44편, 2010년 43편, 2011년 37편, 2012년 43편, 2013년 57편, 2014년 55편, 2015년 70편 등 모두 418편의 논문이 게재되었다. 동북공정 종료 이후에도 꾸준히 많은 연구 성과가 나오고 있을 뿐만 아니라 최근에 이를수록 더 증가하고 있다. 즉 중국 내에서 고구려에 관심을 갖고 관련 논문을 쓰는 연구자들과 고구려 논문을 싣는 학술지의 수가 대거 증가하고 있으며 동시에 지역적으로도 광범위하게 확산되고 있는 것이다.

이 기간 동안 학술지 총 88종에 고구려 논문이 수록되었다. 이중 길림성 출간 학술지가 19종, 요령성 7종, 흑룡강성 14종 등 동북 3성 소재 학술지가 40종을 차지한다. 그리고 북경시 소재 9종, 섬서성 7종, 사천성 4종, 호남성 4종, 상해시 3종, 하남성 3종, 산서성 3종, 강소성 3종, 산동성 2종의 학술지와 안휘성·광서성·광동성·청해성·귀주성·강서성·녕하자치구·하북성·감숙성·내몽골 등 모두 8개 성과 2개 자치구 소재 학술지 1종에 각각 고구려 논문이 실렸다. 고구려 논문을 수록한 학술지가 모두 18개성 2개시 2개 자치구에 달하는 광범위한 지역에 분포해 있다. 동북공정 실시 이전 주로 동북 3성 지역과 북경시 정도에서만 고구려 역사와 문화에 관심을 가지던 것과는 큰 차이를 보인다.

[표 5] 2007~2015년 학술지별 고구려 논문 수록 편수   (단위: 편)

학술지명	지역	'07	'08	'09	'10	'11	'12	'13	'14	'15	계
동북사지	길림성 장춘시	19	19	21	19	10	14	18	11	22	153
통화사범학원학보	길림성 통화시	1	5	3	4	6	1	8	9	11	48
북방문물	흑룡강성 하얼빈시	2	3	6	1	3	6	3	3	4	31
사회과학전선	길림성 장춘시	2	1		1	3	1	4	7	2	21
박물관연구	길림성 장춘시		2	1	2	3	2	2	2	1	15
변강고고연구	길림성 장춘시			2	6	2					10
흑룡강사지	흑룡강성 하얼빈시			3				3	1	1	8
합이빈학원학보	흑룡강성 하얼빈시		1			2	2	1	1	1	8
고고	북경시		1		1		1	1	1		5
난태세계	요령성 심양시							1	3	1	5
고고여문물	섬서성 서안시				1		1		1	1	4
사학집간	길림성 장춘시				1		1			2	4
장춘사범학원학보 (인문사회과학판)	길림성 장춘시		2	2							4
흑룡강민족총간	흑룡강성 하얼빈시			2	1		1				4
북화대학학보 (사회과학판)	길림성 길림시			1		1			1		3
길림사범대학학보 (인문사회과학판)	길림성 사평시							2		1	3
문물보호여고고과학	상해시	1	1	1							3
남방문물	강서성 남창시		1		1					1	3
흑하학간	흑룡강성 흑하시							1		2	3
중국변강사지연구	북경시		1					1			2
연변대학학보 (사회과학판)	길림성 연길시								1	1	2
침양건축대학학보 (사회과학판)	요령성 심양시						1	1			2
고대문명	길림성 장춘시			1						1	2
사림	상해시				1	1					2
백성사범학원학보	길림성 백성시					1		1			2
동남문화	강소성 남경시						1	1			2
청년문학가	흑룡강성 치치할시						1	1			2
상조(하반월)	호남성 장사시							1	1		2
중화문사논총	상해시							2			2

학술지명	지역	'07	'08	'09	'10	'11	'12	'13	'14	'15	계
화하고고	하남성 정주시							1		1	2
악부신성 (침양음악학원학보)	요령성 심양시								1	1	2
지식문고	흑룡강성 하얼빈시									2	2
고적정리연구학간	길림성 장춘시								1	1	2
동북아연구논총	길림성 장춘시	1									1
중국문물보	북경시	1									1
강소사회과학	강소성 남경시	1									1
만어연구	흑룡강성 하얼빈시		1								1
서북제이민족학원학보 (철학사회과학판)	녕하자치구 은천시		1								1
귀주민족연구	귀주성 귀양시		1								1
모단강사범학원학보 (철학사회과학판)	흑룡강성 목단강시		1								1
조선·한국역사연구	길림성 연길시			1							1
문박	섬서성 서안시				1						1
동북지창	요령성 대련시				1						1
산동문학	산동성 제남시				1						1
장춘리공대학학보 (고교판)	길림성 장춘시				1						1
중국역사지리논총	섬서성 서안시					1					1
길림대학사회과학학보	길림성 장춘시					1					1
민족학간	사천성 성도시					1					1
세계종교문화	북경시					1					1
문학계(이론판)	호남성 장사시					1					1
서주공정학원학보 (사회과학판)	강소성 서주시						1				1
하서학원학보	감숙성 장액시						1				1
중국사연구동태	북경시						1				1
공회박람(하순간)	북경시						1				1
호남농기	호남성 장사시						1				1
문사월간	산서성 태원시						1				1
북방문학	흑룡강성 하얼빈시						1				1
검남문학(경전교원)	사천성 면양시						1				1
과기치부향도	산동성 제남시						1				1

학술지명	지역	'07	'08	'09	'10	'11	'12	'13	'14	'15	계
대련대학학보	요령성 대련시						1				1
직대학보	내몽골 포두시							1			1
합서사범대학학보 (철학사회과학판)	섬서성 서안시							1			1
안산사범학원학보	요령성 안산시							1			1
요령성박물관관간	요령성 심양시							1			1
당산사범학원학보	하북성 당산시								1		1
문물	북경시								1		1
가목사대학사회과학학보	흑룡강성 가목사시								1		1
중국서부과기	사천성 성도시								1		1
중국시장	북경시								1		1
광동해양대학학보	광동성 담강시								1		1
예술연구	흑룡강성 하얼빈시								1		1
신과정학습(중)	산서성 태원시								1		1
구색	호남성 장사시								1		1
신문연구도간	사천성 중경시								1		1
제제합이사범고등전과학교학보	흑룡강성 치치하얼시									1	1
길림광파전시대학학보	길림성 장춘시									1	1
주구사범학원학보	하남성 주구시									1	1
청해민족대학학보 (사회과학판)	청해성 서녕시									1	1
계서대학학보	흑룡강성 계서시									1	1
사지학간	산서성 태원시									1	1
예술품감	섬서성 서안시									1	1
안휘사학	안휘성 합비시									1	1
어문건설	북경시									1	1
예술탐색	광서성 남녕시									1	1
미여시대(중)	하남성 정주시									1	1
신서부(이론판)	섬서성 서안시									1	1
동북사대학보 (철학사회과학판)	길림성 장춘시									1	1
합서학전사범학원학보	섬서성 서안시									1	1
총 88개소		28	41	44	43	37	43	57	55	70	418

연구 분야 및 내용상의 변화

　다음으로 2007년부터 2015년까지 나온 중국 학계의 고구려 연구물을 주제별로 나누어 살펴본다. 검토의 편의상 성(城)과 고분 등을 중심으로 한 고고학 분야, 건국신화와 주민 구성 문제나 초기 정치제도 등에 관해 연구한 초기사 분야, 전쟁사, 유민사, 종교·사상·신화 부분, 고분벽화, 대외관계사, 문헌사료에 대한 연구, 광개토왕비·집안고구려비 연구, 연구사 및 목록 정리의 10개 분야로 나누어 보았다.[31] 여기에 포함되지 않은 기타 주제도 물론 많이 있지만 그러한 주제는 검토 대상에 넣지 않았다. 연구 성과의 양적인 순위는 지금 열거한 순서대로다.

　주제별 연구 현황 변화를 살펴볼 때 먼저 눈에 띄는 점은 동북공정 이전에 비해 문헌사료에 대한 연구가 많이 늘어났다는 것이다. 특히『삼국사기』에 집중했다는 점이 주목된다. 이것은 동북공정을 실시하면서 한·중 간 역사갈등이 일어났을 때, 중국 학계의 연구 경향에 대해 한국 학계가 지적한 비판을 고려한 것으로 생각된다. 즉 당시 한국 학계는, 가장 많은 양의 사료가 담겨 있고 고구려 왕조 전체의 역사를 서술한 정사인『삼국사기』고구려본기를 참조하지 않고, 외국인의 눈으로 단편적인 사안을 보고 서술한 중국 사서의 기사만 검토하여 정해진 결론에 이르는 식이라고 중국 학계의 연구 경향을 비판했는데, 그에 대한 대응으로 보인다. 중

31　이것은 중국 학계의 고구려사 연구 성과의 양적인 면과 동북공정에서 주로 다룬 분야를 염두에 둔 다분히 편의적인 분류다. 광개토왕비, 집안고구려비와 고분벽화를 고고학에 포함시키지 않고 별도 항목으로 설정한 데서 편의성이 잘 드러난다. 전쟁사를 대외관계사에 포함시키지 않고 별도로 분류한 것도 마찬가지이다. 향후 주제별 분류 항목에 대해 더 고민해서 수정·보완해야 한다.

[표 6] 2007~2015년 주요 연구 주제 및 주제별 연구 논문 편수 (단위: 편)

연구 주제	'07	'08	'09	'10	'11	'12	'13	'14	'15	계
고고학 (비, 벽화 제외)	13	19	20	19	11	23	8	11	11	135
초기사	5	8	15	13	8	4	15	7	13	88
전쟁사	8	7	4	2	3	9	6	7	11	57
유민사	1	3	4	7	8	4	9 (박사 1)	2	9	47
종교·사상·신화	3	4 (박사 1)	3	7	4	2	7	3	6	41
고분벽화	1	7 (단행본 1, 박사 1)	2	2		4	4	10 (박사 1)	7	39
대외관계사	4	3	3	3		1	2	6	3	25
문헌사료	1	5	2	1		2	2	6	2	23
광개토왕비·집안고구려비		2	1			(단행본 1)	14 (집안고구려비 13편, 광개토왕비 1편)	3	3	23
연구사 및 목록 정리		2 (단행본 1)	5	3 (단행본 1)		3 (단행본 1)	1	3 (단행본 2)		18

국에서는 사료 연구에서 중국 문헌자료를 먼저 검토한 후『삼국사기』기사를 비교하는 방식을 취했다. 중국 자료 가운데 집중적으로 연구된 것은 『한원(翰苑)』에 실린『고려기(高麗記)』였다.[32] 이후『한서(漢書)』·『위서(魏書)』·『통전(通典)』등의 고구려 기사를 검토한 글이 나왔다.[33]

---

32 高福順·姜維公·戚暢, 2003,『高麗記研究』; 姜維公, 2007,「《高麗記》的發見, 輯逸與考證」『東北史地』2007-5; 高福順, 2008,「《高麗記》所記高句麗中央官位研究」,『北方文物』2008-4; 李爽, 2015,「陳大德出使高句麗與《奉使高麗記》」,『東北史地』2015-2.

33 紅梅, 2008,「略析《漢書》王莽傳王中的高句麗記事」,『東北史地』2008-4; 王綿厚, 2009,「《漢書》王莽傳中"高句麗侯騶"其人及其"沸流部"-關於高句麗早期歷史文化的若干問題之七」『東北史地』2009-5; 鄭春穎, 2008,「魏志·高句麗傳與

그리고 이를『삼국사기』고구려본기와 비교한 연구들이 나왔다.[34]
『삼국사기』연구의 주도자는 중국변강사지연구소 연구원 이대룡이다.
그의『삼국사기』연구의 결론은 중국 사서에 전해 오는 고구려 관련 기
사와『해동고기(海東古記)』등 고려에 전해 내려오는 기사 가운데『삼국
사기』찬자는 고려에 전승되어 오는 기사를 주로 채택했으므로 신뢰하
기 어렵다는 것이다.[35] 그리고 이것은 현재 한국 학자들에게서도 자주 발
견되는 점이라며『삼국사기』기사의 사료적 가치를 낮게 평가할 뿐 아니
라, 나아가 현대 한국 역사학자들의 연구 경향까지 비판하였다.[36] 그러
나 그의 연구는 중국 사서의 기재 내용을 기준으로『삼국사기』에 그 내용
이 있는지를 살펴 신뢰 여부를 판단하는 방식을 주로 이용했으므로 객관

　　魏略·高句麗傳比較硏究」,『北方文物』2008-4; 張芳, 2013, 「《魏書·高句麗傳》
　　史料學價値探析」,『通化師範學院學報』2013-9; 張芳, 2014, 「《魏書·高句麗傳》
　　疆域與人口史料辨析」,『北方文物』2014-1; 張芳, 2014, 「《魏書·高句麗傳》口述
　　史料探析」,『唐山師範學院學報』2014-1; 張芳, 2014,《魏書·高句麗傳》史料勘
　　誤」,『蘭台世界』2014-23; 張芳, 2014, 「高句麗與北魏關係史料辨析-以《魏書·
　　高句麗傳》爲中心-」,『佳木斯大學社會科學學報』2014-1; 張芳, 2014「高句麗王
　　系傳承問題再檢討-兼談《魏書高句麗傳》所載王系的價値與缺失」,『博物館硏究』
　　2014-3; 許佳, 2014,「通典·高句麗」硏究」, 福建師範大學 碩士學位論文.

34 徐健順, 2005, 「論《三國史記》對原典的改造與儒家思想觀念」,『東疆學刊』2005-
　　3; 李大龍, 2008, 「《三國史記》高句麗本紀史料價値辨析-以高句麗和中原王朝關
　　係的記載爲中心-」,『東北史地』2008-2; 苗威, 2009, 「《三國史記》的歷史影響探
　　析」,『北京理工大學學報』(社會科學版) 2009-2; 李春祥, 2010, 「《三國史記》史論硏
　　究」,『通化師範學院學報』2010-5; 張芳, 2011, 「《三國史記》高句麗本紀史論解
　　析」,『白城師範學院學報』2011-4; 張芳, 2011, 「《三國史記》高句麗本紀史料價値
　　評析」,『通化師範學院學報』2011-1; 張芳, 2012, 「高句麗"古史"辨: 一則史料引
　　發的思考」,『東北史地』2012-1; 李大龍, 2015, 「黃龍與高句麗早期歷史-以〈好
　　太王碑〉所載鄒牟,儒留王事跡爲中心-」,『青海民族大學學報』(社會科學) 2015-1.

35 李大龍, 2009,『《三國史記·高句麗本紀》硏究』, 中央民族大學 博士學位論文.

36 李大龍, 2014, 「視覺, 資料與方法-對深化高句麗硏究的幾點論識」,『東北史地』
　　2014-4.

적·과학적 분석 방식이라 보기 어렵다.

다음으로 고구려 초기사 연구의 증가를 들 수 있다. 동북공정 시기 중국에서 가장 많이 연구된 분야는 족원(族源) 문제였다.[37] 중원에서 이주해 온 사람들이 고구려를 건국했으므로 고구려사는 중국사에 속한다는 논리를 펼치는 데 주력했기 때문이다. 이에 대해서는 많은 비판이 있었고 그에 따라 논지의 문제점을 인식한 중국 학계에서도 논리를 변경한 바 있다.[38] 동북공정 종료 이후에도 고구려 초기사 가운데 족원과 민족 문제는 여전히 많이 연구되고 있으며, 이전에 비해 초기 정치제도사 연구, 건국 신화 연구 등이 증가했다.

한국 학계에서 연구가 많이 진행된 고구려 초기 5부(部)에 대한 글도 나왔다. 『후한서(後漢書)』·『삼국지』에 나오는 5부와 『삼국사기』에 나오는 부를 연결 지어 당시 사회상·정치상을 살핀 글들도 나왔다.[39] 고구려 초기 정치사와 건국 신화 등에 관심을 보이는 것도 역시 고구려 민족 문제에 대한 관심의 일환이라고 볼 수 있다. 달라진 점은 민족 문제를 주요 근거로 고구려의 귀속 문제를 주장하던 이전과는 달리 고구려 건국 과정, 정치체제 등 다양한 방면의 연구를 통해 고구려의 국가 성격을 분석

---

37 2002년부터 10년간 중국의 고구려 역사와 민족 문제 연구의 특징과 향후 전망에 대해서는 王禹浪·程功·劉加明·郭叢總, 2012, 「近十年來中國高句麗民族歷史問題研究成果綜述(2000~2012)」, 『哈爾濱學院學報』 2012-12, 1~14쪽 참고.

38 고구려 건국세력에 대해 은상족(殷商族)·고이족(高夷族)·염제족(炎帝族) 등 여러 설이 있었지만 최근에는 이 민족들과 예맥족(濊貊族)·한족(韓族)·한족(漢族)까지 포괄한 다민족국가였다고 보는 설이 유력해진 것 같다. 이에 대해서는 김현숙, 2004, 「고구려의 민족, 정치 분야에 대한 중국 학계의 연구 동향」, 『중국의 고구려사 연구 동향 분석』, 고구려연구재단; 김현숙, 2005, 「고구려의 족원 문제에 대한 중국 학계의 인식」, 『중국의 한국고대사연구 분석』, 고구려연구재단 참조.

39 劉炬, 2013, 「試談高句麗絶奴部的興衰」, 『北方文物』 2013-1, 51~54쪽.

하려는 단계에 이르렀음을 보여준다. 특히 중견 학자들이 중앙관제, 지방제도, 5부체제 연구 성과 등을 집대성한 『고구려 관제 연구(高句麗官制研究)』가 나온 것은 주목할 만한 성과다.[40]

이런 변화는 한·중 구두양해 체결 후 두 나라의 고구려 전공자들이 공동학술회의를 여러 차례 개최하면서 한국 학계의 연구 동향을 알게 되고, 대규모 번역 작업을 통해 한국 학계의 연구 내용을 이전보다 많이, 정확하게 파악하게 된 데서 기인했다고 본다. 이번 중국 학계의 고구려 연구물을 검토하면서 확인된 것 중 하나는 한·중 학술회의에서 발표된 글들을 정리에 포함시키지 않았다는 점이다. 그럼에도 불구하고 두 나라의 전문가들이 모여 진행한 공동학술회의의 영향을 부정할 수는 없다. 『삼국사기』 연구나 고구려 건국신화, 초기 중앙정치와 지방통치제도, 고구려 초기 국가의 구조 등에 대한 중국 학계의 연구는 이 부분에 대한 한국 학계의 관심과 연구 수준에 자극받은 대응 연구라고 볼 수 있다.

상대에 대한 비판과 자기 주장의 무한 반복이 펼쳐지더라도 두 나라 학자들이 한자리에 모여 학술토론회를 자주 가지게 되면 서로 더 높은 학문적 성장을 이루게 된다는 것을 잘 보여준다. 동북공정 자체가 내면의 실제 목적이 현실 정치 문제에 바탕을 두고 있다 하더라도 외형은 역사학으로 제기된 만큼, 그 해결의 우선적인 방식도 역사학이라는 학문 분야에서 학술적 형태로 제시되어야 한다. 이런 점에서 한·중 공동학술회의의 필요성과 중요성이 있다. 학술토론을 통해 논거의 정확도를 높여 가게 되면 의견 차도 점차 좁힐 수 있으리라는 기대가 있기 때문이다. 그러나

---

40 楊軍·姜維東·高福順, 2014, 『高句麗官制研究』, 吉林大學出版社.

아직까지 중국 학계의『삼국사기』연구나 고구려 초기사 연구는 선입견에 입각한 피상적인 분석 단계에 머물고 있다.

다음으로 고구려 유민 연구에서의 용어 변화가 주목된다. 고구려 유민 문제는 동북공정 진행 시 고구려사 귀속 문제를 논하는 근거의 하나였다. 중국 학계는 고구려 유민 다수가 기꺼이 한족으로 편입되었다고 주장했고, 그런 인식에 대해 한국 학계가 비판했기 때문에 보강 연구가 필요했다.[41] 여기에 최근 낙양(洛陽)과 서안(西安)에서 고구려 유민의 묘지명이 많이 발견되면서 유민 연구가 더 활성화되었다. 이 분야 연구에서 가장 주목되는 것은 동북공정 진행기까지만 해도 기존에 사용하던 '유민(遺民)'이라는 용어를 썼는데, 그 이후부터 '이민(移民)'이라는 용어로 대체했다는 점이다.

동북사범대학의 묘위가 '이민'과 '이민의 후예'를 명확히 구분한 갈검웅(葛劍雄)의 이론[42]을 받아들여, 고구려 전 시기에 걸쳐 외부 지역으로 이주했던 이민을 대상으로 연구한『고구려이민사연구(高句麗移民史研究)』를 발표한 후 다른 연구자들도 그대로 받아 사용하고 있다. 묘위는 고구려 유민의 중원 지역으로의 이주나 고구려 존속 시기인 전연 및 후연과의 전쟁 시 포로로 끌려간 사람들이나, 개별적인 사유로 북위(北魏)나 북연(北燕)으로 흘러들어간 사람들을 모두 동일하게 '이민'이라 칭한다.

그러면서 고구려 이민 후손들이 중국에서 출생한 이후 민족적 특

---

41 김현숙, 2004,「고구려 붕괴 후 그 유민의 거취 문제」,『한국고대사연구』33호.

42 葛劍雄, 1997,『中國移民史』, 福建人民出版社, 10쪽.

성을 상실하고 한족(漢族)에 융합되었다고 주장한다. 그에 따라 평양성 함락 후 전후 처리 정책의 하나로 고구려 유민 중 호강(豪强)한 자 2만 8,000호를 당(唐) 내지(內地)로 옮긴 것[43]도 복국활동을 막기 위한 정책적 강제 사민이라는 실상을 외면하고 단순히 이민으로 설명한 것이다. 이처럼 유민이 아닌 이민으로 보는 것은 당이 고구려를 침략하여 멸망시킴으로써 발생한 유민이라는 역사적 배경을 탈각시키는 것이다.[44]

이러한 묘위의 이민사 연구에 대해 고구려의 인구 이동이 주로 중원을 향하고 있다는 점을 선명히 드러낸 것이 특징이라 보고, 이를 낙후된 주변 지역 사람들이 문화가 발전한 핵심 지역을 향해 이동하는 것과 동일한 현상이라고 지적한 연구자도 있다.[45] 그는 고구려인이 중원으로 이민한 것은 중원이 가지고 있는 매력이 다른 지역보다 훨씬 컸기 때문이라고 설명했다. 역사적 상황에 따른 사람들의 이주를 사안별로 분류하여 성격을 파악하지 않고, 모두 이민이라는 용어로 포괄해 설명하면서 사안들의 성격 차이를 지워버린 것은 몰역사적 관점이자 접근방식이라 할 수밖에 없다. 더욱이 그에 따라 파생된 이해는 역사적 사실과 더 거리가 멀다.

---

43 『舊唐書』 권199 상 高麗傳.

44 묘위는 이와 정반대의 경우도 살폈다. 영가(永嘉)의 난(307~312) 당시 고구려로 이주해 온 고고(高顧)와 고무(高撫) 일족이 있는데, 이들은 발해군(渤海郡) 수현(蓨縣) 출신으로 4대 160여 년 이상을 고구려에 머물다가 470년대 초에 이르러 그 후손들이 북위로 돌아갔다. 묘위는 그들이 오랜 기간 고구려에 머물렀으므로 고구려화의 정도가 심해지긴 했지만, 발해 수현 사람이라는 한족으로서의 강한 자아의식(정체성)을 상실하지 않았고, 구전을 통해 전해진 역사기억을 통해서 유지했으므로, 4대에 걸쳐 민족적 정체성을 유지한 끝에 중원으로 다시 돌아갈 수 있었다고 했다(苗威, 2011, 「高肇家族的移民及其民族認同」, 『民族學刊』 2011-5, 4~6쪽). 묘위의 이러한 이중적인 시각은 중화주의적 역사인식을 그대로 드러낸다.

45 李鴻賓, 2013, 「移民: 事項背后的隱喩－苗威著《高句麗移民研究》書后」, 『中國邊疆史地研究』 2013-2, 119~128쪽.

한편 연구 성과가 가장 많이 제출된 분야는 고고학 방면이다. 세계문화유산으로 등재된 환도산성 복원사업과 함께 석대자산성·나통산성·자안산성 등 고구려 산성에 대한 발굴 조사가 이 기간 동안 활발히 이루어졌다. 또한 통화 지역의 강연고분군을 비롯한 고분 조사도 많이 진행되었다. 이런 조사 결과가 발표됨으로써 고고학 관련 논문이 많이 생산된 것이다. 고구려 고분벽화에 대한 관심도 높아져 논문 39편이 나왔는데, 신진 연구자의 참여가 많은 것이 눈에 띈다.

또한 2011년 7월 길림성 집안시 마선향(麻線鄕)에서 집안고구려비(集安高句麗碑)가 새로 발견됨에 따라 고구려비문에 대한 연구가 증가했다. 집안고구려비가 발견된 다음 해부터 관련 보고서와 함께 연구 논문이 많이 발표되었다. 집안고구려비 발견 직후 연구 초기에 참여했던 학자들과 다음 단계에 비판적 재검토를 진행한 학자들이 있어 연구자의 숫자가 비교적 많은 편이다. 이에 비해 광개토왕비 연구는 그보다 적게 이루어졌다. 경철화가 가장 많은 연구 성과를 내놓았고,[46] 주첨(朱尖)이 2편,[47] 서건신[48]·나신(羅新)[49]·경려(耿黎)[50]가 각각 논문 1편씩을 발표했다. 우리 학계에서 광개토왕비에 대한 다양한 연구가 여러 연구자들의 참여 아래 여전히 활발히 이루어지고 있는 것과는 대조적이다. 다만 2014년 12월 장흥

---

46 耿鐵華, 2008, 「李雲從與好太王碑捶拓」, 『東北史地』 2008-4; 耿鐵華, 2008, 「好太王碑釋文補字略說」, 『通化師範學院學報』 2008-9; 耿鐵華, 2012, 『高句麗好太王碑』, 吉林大學出版社.

47 朱尖, 2014, 「通化師範學院藏好太王碑拓本價値與相關問題-紀念好太王碑建立1600年」, 『通化師範學院學報』 2014-11.

48 徐建新, 2009, 「高句麗好太王碑拓本的分期與編年方法」, 『古代文明』 2009-1.

49 羅新, 2013, 「好太王碑與高句麗王號」, 『中華文史論叢』 2013-3.

50 耿黎, 2014, 「好太王碑發現時間及相關問題研究」, 『通化師範學院學報』 2014-9.

(張虹)·장선금(張善錦)이『호태왕비자전(好太王碑字典)』을 중국과학문화
출판사에서 펴낸 것을 보면, 광개토왕비에 대한 관심은 여전하다는 것을
알 수 있다.

한편 광개토왕비 건립 1600주기 기념 한·중 학술회의가 2014년
10월과 11월에 중국 집안과 서울에서 개최되었는데, 집안에서의 학술회
의 내용을 주첨이 정리하기도 했다.[51] 하지만 개별 발표자들의 글은 기존
의 학설을 정리해 발표한 것이기 때문인지 학술회의 이후 학술논문집에
글을 싣지 않아 통계에 넣지 못했다.

이 시기에 고구려의 유교·불교·예학 등에 대한 개괄적 연구는 통화
사범학원의 이낙영, 신화·문화·풍습 등에 대한 연구는 장춘사범대학의
강유공·강유동이 주도했다. 이들은 모두 동북공정 준비 단계부터 참여
했다. 이 분야 연구의 기본 논지는 간결하게 정리된다. 고구려의 종교·
신화·문화는 모두 중원의 영향을 받은 것이라 파악하며, 고구려의 문화
적 토착성과 독창성을 낮게 평가한다. 이 논지는 동북공정 종료 이후에
나온 글에도 시종일관 관철되고 있다.

연구사 정리를 많이 했다는 것도 이 시기 연구에서 눈에 띄는 부분 중
하나다. 고구려 역사, 고고 관련 연구를 가장 많이 진행한 경철화가 연구
목록 및 연구사 정리도 가장 많이 했다.[52] 그는 국내외 고구려 연구 성과
목록 및 내용을 DB화할 것을 강조하는 논문을 쓰기도 했다.[53] 주목되는

---

51 朱尖, 2014, 「高句麗申遺10年暨好太王碑建立1600年學術硏討會紀要」, 『通化師
範學院學報』 2014-9.

52 耿鐵華, 2009, 「改革開放三十年高句麗研究成果統計與說明」, 『東北史地』 2009-
2; 耿鐵華·李樂營, 2012, 『高句麗研究史』, 吉林大學出版社.

53 耿鐵華, 2016, 「建立高句麗目錄學的思考」, 『通化師範學院學報』(人文社會科學)

것은 고구려 연구사 전체뿐 아니라, 2009년부터는 각 분야별 연구 현황도 정리[54]했다는 것이다. 중국 학계의 고구려사 연구도 분야별 정리가 가능할 만큼 연구 주제가 다양해지고 연구 인원 및 연구 내용이 이전에 비해 풍부해졌음을 보여준다. 또한 기존 연구 성과의 충실한 정리는 곧 성과를 점검하여 보완해야 할 점을 찾아내고 향후 주력해야 할 부분에 대한 전망을 모색하는 것이므로, 발전 가능성을 더 높이는 계기가 된다.[55]

이 외에 수·고구려, 당·고구려의 전쟁사와 대외관계사 연구도 진행되었다. 전쟁사는 동북 3성 외 다른 지역에서도 많이 연구하는 분야인데, 이전에 비해 크게 변화된 면은 보이지 않는다. 그러나 대외관계사에서는 번속이론 연구가 더 심화되었고, 다른 견해도 등장하여 주목된다.

번속이론은 '중원 지역의 통치권과 정통의 지위를 획득한 중앙 왕조와 주변 지역의 변경민족 정권들의 쌍방관계를 조정하는 이론'으로, 마대정(馬大正)이 조공·책봉관계가 어떻게 고구려의 귀속을 규정하는 근거

2016-3.

54 何海波, 2008, 「國內高句麗族源研究綜述」, 『長春師範學院學報』(人文社會科學版) 2008-7; 何海波, 2009, 「國內高句麗社會性質研究綜述」, 『長春師範學院學報』 2009-1; 祝立業, 2010, 「近年來關於高句麗中期都城問題研究評述」, 『東北史地』 2010-1; 鄭春穎, 2012, 「高句麗服飾研究的回顧與展望」, 『中國史研究動態』 2012-1; 王飛峰, 2012, 「三燕高句麗考古劄記」, 『東北史地』 2012-4; 白玉梅, 2013, 「日本高句麗研究史綜述」, 東北師範大學 碩士學位論文; 魏存成, 2014, 「新中國成立以來高句麗考古的主要發現與研究」, 『社會科學戰線』 2014-2.

55 주목되는 점은 경철화가 연구목록집 제작과 DB화의 필요성과 중요성을 강조하면서 그 모델로 2004년 10월 고구려연구재단에서 펴낸 『고구려사 연구논저 목록』을 들었다는 것이다. 하지만 요즘 우리나라에서는 이러한 목록집 출판을 거의 하지 않고 있다. 역사 관련 사이트에 논저목록 DB화가 잘 되어 있기 때문에 필요성을 느끼지 못하고, 목록집 제작 자체가 이용자에게는 도움이 되지만 제작자에게는 수고에 비해 수확이 적기 때문일 것이다.

가 되는지를 설명하기 위해 도입한 핵심 개념이다.[56] 그는 번속체제가 진(秦)의 통일 이후 변화된 천하관과 민족관을 바탕으로 성립되기 시작하여 당(唐)에 이르러 완성되었다고 규정하고,[57] 이 이론을 더욱 체계화할 것을 촉구했다. 그에 부응하여 이대룡이『한당 번속체제 연구』,[58] 황송균(黃松筠)이『중국 고대 번속제도 연구』[59]를 저술했다.

번속체제에 대해서는 그것을 일국관계로 보는지 대외관계로 보는지에 따라 견해가 나뉘는데, 대다수의 연구자들은 일국관계임을 전제로 연구를 진행했다.[60] 그러나 한승(韓昇)의 경우, 북조 정권들이 고구려왕에게 준 책봉호를 분석해 그것이 '외국의 군장'에게 수여한 것임을 밝혔으며, 당시의 책봉은 기미정책이 특수한 형세 하에서 변화한 것, 즉 국제체제의 성격을 지닌 것이라고 보았다.[61]

한편 2007년부터 2015년까지 중국에서 나온 연구 성과를 통해 동북 3성 지역 외의 지역 소속 연구자를 주제별로 살펴보면, 전쟁사 관련 연구자가 13명, 유민 관련 연구자가 9명, 초기사 관련 연구자가 7명, 종교·사상·신화 분야 연구자가 5명, 문헌사료 연구자가 4명이다. 여전히 동북 3성 지역 연구자들이 고구려사를 많이 연구하고 있지만, 유민사 연구

---

56 馬大正 外, 2003,『古代中國高句麗歷史續論』, 사회과학원.

57 조인성, 2010,「《고대중국고구려역사속론》에 대한 비판적 검토」,『중국 '동북공정' 고구려사 연구 논저 분석』, 동북아역사재단, 161~162쪽.

58 李大龍, 2006,『漢唐藩屬體制研究』, 사회과학원.

59 黃松筠, 2008,『中國古代藩屬制度研究』, 길림인민출판사.

60 程尼娜, 2008,「古代中國藩屬體制的探索－讀《漢唐藩屬體制研究》」,『史學集刊』 2008‐3.

61 한승은,『東亞世界形成史論』(2009, 복단대 출판부)에서도 조공·책봉체제가 외형적으로 신속관계를 표현할지라도, 정치적으로는 구속력이 없는 관계라고 보았다.

에는 서안·연안·정주 거주 연구자들이, 전쟁사와 조공·책봉 중심의 대외관계사 연구에는 소주(蘇州)·사천(四川)·복건(福建)·하남(河南)·안휘(安徽)·강서(江西) 등 광범위한 지역 연구자들이 참여하여 수행했다. 중원 일대 연구자들이 가장 많이 참여하는 연구 분야이다.

고구려 고고학 분야와 마찬가지로 동북 3성 지역 연구자들이 주도해 왔던 초기 정치사 연구도 2011년 이후 타 지역 연구자들이 활발히 논문을 발표하고 있다. 2011년 중국사회과학원의 범은실을 비롯하여 2012년 복건사범대학의 강려려(姜麗麗), 중국정법대학의 황진운(黃震雲), 2013년 북경대학의 나신(羅新), 2014년 산동대학의 여지국(呂志國), 2015년 내몽고민족대학의 진영국(陣永國), 중국사회과학원의 이대룡, 중국 인민해방군 공군항공대학의 류성신(劉成新) 등이 논문을 발표했다. 이 외에 문헌사료 연구는 북경과 상해 거주자들이 주로 진행했다.

그런 가운데 동북 3성 지역에서도 동북공정 시작 단계부터 깊이 간여했던 연구자들이 연구 주제를 분담하여 활발히 연구를 진행하고 있다. 고구려 민족 문제는 이덕산, 국가 형성과 건국세력, 정치제도 문제 등은 양군, 유민 문제는 묘위, 고구려 사상, 신화 부분은 이낙영·강유공·강유동, 고고학 분야는 위존성·왕면후·경철화 등이 기본 방향을 제시하면서 활발히 연구를 진행하고 제자를 양성하고 있다. 이 가운데 위존성과 경철화는 고고학 분야를 넘어 문헌 연구도 주도하고 있다. 그리고 중견학자들인 양지룡(梁志龍)·이신전(李新全) 등이 고고학적 성과를 심화해 가고, 연변대학의 정경일(鄭京日), 길림대학의 조준걸(趙俊傑), 장춘사범대학의 정춘영(鄭春穎) 등 신진 학자들이 고고학과 고구려 고분벽화에서 주목할 만한 연구 성과를 축적해 가고 있다.

향후 고구려사 연구의 전망

중국 학계의 고구려사 연구가 향후 어떤 방향으로 진행될 것인지 간략하게 짚어 보기로 하자. 우선 동북공정식 주장에 대한 논리적 보강 작업이 더 진행될 것으로 본다. 세계의 눈이 한반도를 주시하고 있을 정도로 급박한 정세가 조성되고 있는 만큼 중국으로서는 한반도의 상황 변화가 동북 3성 지역에 미칠 영향에 대해 촉각을 곤두세울 수밖에 없다. 따라서 국제정세 변화에 대응하기 위한 기반을 조성하기 위해 이 지역을 둘러싼 역사 문제를 확고히 다져 놓을 필요가 있으므로, 북한의 상황 변화에 대비한 연구를 계속 진행할 것이다. 특히 평양을 중심으로 한 지역에 대한 역사적 영역설을 이론적으로 보강하는 데 주력할 것으로 예상된다.

다음으로 한국 학계의 연구 성과를 분석·비판하는 논문들이 더 많이 발표될 것이다. 과거 중국 학계에서는 한국을 비롯한 외국 학자들의 연구 성과를 보지 않고 자신들의 주장만 일방적으로 피력하는 경우가 많았다. 조선족 교수들 외에는 한국 학계 연구 성과를 볼 수 있는 연구자가 많지 않았으므로, 한국 학계의 비판에 논리적 대응을 하지 않고 자신에게 유리한 자료만 취사선택해 결론을 도출하는 선언적 연구를 계속했다.

그런데 동북공정 기간 동안 한국 학계 연구를 대거 번역하고 관련 정리 사업을 본격 추진하게 되었다. 한국에서 유학하고 귀국한 연구자들이 대학에 자리를 많이 잡기도 했고, 중국 안에서 한국어를 학습한 중국 학자도 많아졌다. 이에 따라 한국 학자들의 학문 수준과 학술 근거 및 연구 내용에 대해 이해하고, 그에 대한 대응 연구를 진행하여 한국 연구 논문의 논지를 반박하는 글들이 나오기 시작했다.[62] 또 자신들의 선언적 주장들을 돌아보고 부족한 근거를 보강하고 있다. 앞으로도 한국 학계의 논리를 약화시키고 자신들의 논리를 보완하는 작업을 계속해 나갈 것으로 보인다.

최근 동북 3성 외 다른 지역 출신 연구자들도 고구려사 연구에 참여하면서 논리 전개 방식 등에 변화가 발견되고 있다. 그러나 고구려사에 대한 기본 시각과 인식은 동북공정식 주장을 거의 그대로 가지고 있다. 신진 연구자들의 경우 그런 양상은 더 짙게 나타난다. 동북공정식 논리 확립에 참여한 연구자의 지도를 받아서인지 동북공정식 역사인식을 기본 전제로 하고 연구를 진행해 나가는 경우가 대부분이다. 따라서 향후에도 중국 측의 기본 시각과 논리는 변함없이 지속되는 가운데 그 논리를 더 보완하고 강화해 나갈 것으로 생각된다. 그리고 그 과정에서 한국 측 연구 성과에 대한 비판적 분석 작업을 진행하여 한국 학계의 논리를 약화시키는 방향으로 연구를 더 수행해 나갈 것으로 보인다.

또한 중국 학계에서는 이전과 달리 서구의 한국사 연구 동향에도 주목하고 있다.[63] 즉 고구려사를 비롯한 한국고대사 문제로 한·중 간 역사

---

62 동북공정 기간 동안 한국 학계의 연구 성과를 대거 번역했고, 이후 한국 학계의 연구 현황을 정리했다. 이로 인해 한국 학계의 논지에 대해 반론도 직접 펴게 되었고, 단순했던 연구 주제를 다양화하는 계기가 되었다. 간혹 이 과정에서 잘못된 분석을 하기도 했다. 예컨대 이상(李爽)은 한국 학계에서 진행된 고구려사 연구의 특징을 거론하면서 "1990년대 이전에는 아직 고구려사를 국사로 보지 않았으므로 신라·백제 연구에 미치지 못했으며 특히 고고학 분야가 빈약했다"고 서술했다(李爽, 2012, 「近60年來韓國高句麗史研究簡述」, 『東北史地』 2012-3, 24~26쪽). 그러나 이는 전혀 사실이 아니다. 1990년대 이전에는 고구려 유적 답사가 현실적으로 불가능했고, 한국에서의 고구려 유적도 거의 확인되지 않았기 때문에 고구려 연구가 많이 이루어지지 못했을 뿐이다. 이런 오류도 있지만 이전과 달리 한국 학계의 연구 성과를 참고하고 이를 분석·비판하는 연구자가 생기면서 중국 학계의 고구려사 연구 진전에 일조하고 있다.

63 趙欣, 2015, 「西方學者的高句麗研究」, 『東北史地』 2015-1.

갈등이 빚어지는 데 대한 제3국의 반응에 관심을 기울이는 것이다. 앞으로도 제3국 사람들을 대상으로 자신들의 인식을 전파하려는 노력을 강화할 것으로 보인다. 이는 곧 한·중 두 나라 사이에 제3국에 대한 역사 홍보전이 가열될 것을 예고한다.

중국에서는 요즘 자국 국민들에게 애국주의적인 역사관을 강조하고 관련 교육에 한층 더 매진하는 역사 대중화 작업에 힘을 쏟고 있다. 이를 위해 대중 역사서도 많이 발간하고 있다. 최근 시민 대상 역사강좌가 많이 진행되고 있는데, 이것도 중국 중심 역사인식의 확산을 도모하기 위한 것이다. 현재까지 나온 대중서는 대체로 세계문화유산에 등재된 고구려 유적지에서 판매하는 안내서가 주를 이루지만, 앞으로 중국 학계의 논지를 대중에게 쉽게 알릴 수 있는 고구려 역사서를 더 많이 출판할 것으로 보인다. 또한 각 지방 박물관을 애국교육 기지로 활용하기 위해 전시와 패널 제작 등에도 더욱 신경을 쓸 것으로 짐작된다.

그리고 고구려 전후 시기 역사의 맥락을 잇는 작업에 보다 힘을 기울일 것으로 보인다. 이전에는 고구려와 발해, 고구려와 부여, 고구려와 고조선의 계승 관계를 차단하는 데 주력했지만, 이제는 이를 자국사 안에서 상호 연결 짓는 논리를 개발하는 데 더욱 매진할 것이다. 이 과정에서 견강부회와 무리한 논리가 많이 전개될 것으로 보인다.

특히 발해의 경우, 현재 말갈의 역사로 규정지은 후 금－청으로 이어지는 중국사로 논리를 완결시켜 놓았는데, 이를 고구려사와 어떻게 자연스럽게 연결 지을 것인지가 주요 과제가 될 것이다. 부여와 고구려의 관계도 마찬가지다. 부여의 경우 한국 사서나 중국 사서 모두 고구려·백제와의 계통성·계승성을 서술해 놓았는데, 현 중국 학계에서는 이를 분리해서 논하고 있다. 이제 고구려를 중국사로 규정한 이상 부여와 고구려의 계통 문제를 중국 사서의 기록 및 고고학 자료와 어떻게 관련지어 설명할지도 주의 깊게 살펴봐야 할 것 같다.

요컨대 중국 학계에는 이제 나름대로 필요 분야의 연구를 지속적·체계적으로 진행할 수 있는 시스템이 마련된 것으로 보인다. 방법론과 역사 인식, 그리고 결론이 정해진 가운데 연구를 진행하는 경우가 많아 중국의 연구물에서는 지금도 짜맞추기식 사료 선택과 논리적 비약이 발견되기도 한다. 하지만 집단토론과 분업 연구 방식을 통해 부족한 부분을 메워나가고 논증을 강화해 나가기 때문에 연구의 전체적인 수준이 점차 높아지고 있다. 연구자의 세대교체가 이루어지면서 연구 방향성을 제시하고 확대하는 중견 연구자들과 그들의 지도를 받는 신진 학자들의 활약으로 인해 고구려사 연구는 향후에도 더욱 활발히 진행될 것으로 보인다.

동북공정은 변경 문제 연구의 일환으로 진행되었다. 즉 동북 3성 지역의 과거와 현재, 미래에 관한 일을 다루는 연구프로젝트지만 궁극적인 목적은 현재의 영토 문제, 국경 문제, 변경 문제에 있는 사업이었다는 것이다. 이 사업은 중국의 역사 영토와 현 중국의 국가적 성격과 내부 구성원의 성격 등과 연관되는 사업으로서 현 중국 영토와 국민의 안정을 도모하기 위한 사업이자 미래 동아시아 정세 변화에 대비하기 위한 국가전략 사업이다. 따라서 북한의 상황 변화에 대비하기 위해서라도 고구려사·발해사·고조선사 연구를 계속 진행할 것이다. 특히 평양을 중심으로 한 북한 중심지역에 대한 역사적 영역설을 이론적으로 더욱 보강할 것으로 보인다.

맺음말

2007년부터 2015년까지 중국에서 발표된 고구려 연구물들을 분석해 본 결과, 기본적으로 동북공정식 역사인식을 변함없이 견지하면서 보완·심화하는 단계로 가고 있음을 확인할 수 있었다. 또한 동북공정 기간 동안 필요한 연구 시스템을 마련했다는 것을 알 수 있었다. 지금도 여전히 짜맞추기식 사료 선택과 논리적 비약이 발견되지만, 잦은 집단토론과 정책적 분업 연구를 통해 부족한 부분을 메워 나가고 있다. 중국 학계의 고구려 연구는 동북공정 종료 후에도 양적으로 계속 증가하고 있으며, 질적으로도 수준이 향상되고 있다. 연구 주제나 기본 논지는 크게 달라지지 않았지만, 논리적 타당성이 부족한 주장들은 학계 내에서 도태되어 가는 것 같다. 그리고 마치 전략적 분업이 이루어진 것처럼 논리 보완이 필요한 동북공정 관련 주제들에 대해서는 대표적인 중견 학자들이 포진하여 연구를 주도하면서 후진을 양성하고 있다.

대표적인 연구기관이나 대학에서는 신진 연구자들이 계속 배출되고 있는데, 이들의 경우도 직접 문장으로 표현하지는 않지만 동북공정식 역사인식에 바탕하여 연구를 진행하고 있다. 길림대학과 통화사범대학, 길림성사회과학원, 중국변강사지연구소, 동북사지출판사, 흑룡강성사회과학원 소속 연구자들이 활발하게 고구려 관련 논저를 발표하고 있다.

주목되는 점은 논란이 많고 이론적 보강이 필요한 정책적 주요 주제들은 길림성사회과학원, 중국변강사지연구소 연구원들이 주로 많이 다루고 있다는 것이다. 변강사지연구소는 조직의 확대 개편과 함께 이론적으로 꼭 필요한 주제를 전담하는 소장 연구원들을 영입하여, 고구려 연구를 주도하는 기관으로서의 위상을 여전히 유지하고 있다. 향후에도 중국의 고구려 연구의 방향은 이 기관과 길림성사회과학원에서 제시하고, 대학과 연구소 등에서 연구를 심화·발전시키는 방향으로 진행될 것으로 추정된다.

이 외에 고구려 연구를 진행하는 대학과 기관, 대학과 대학 간 연계가 밀접하여 신진 연구자 양성에 상호 협력하는 시스템이 잘 갖추어져 있다는 점이 눈에 띈다. 연구자의 세대교체와 신진 연구자의 증가, 고구려 연구기관 및 대학의 증가, 연구자의 지역적 확산, 고구려 관련 논문을 수록하는 학술지의 확대, 관련 학술지 발간 지역의 확대 등도 이 시기에 나온 연구 성과를 통해 확인할 수 있다.

또한 중국 학계의 고구려사 연구가 향후 어떤 방향으로 진행될 것인지도 짚어보았다. 첫째, 동북공정식 주장에 대한 논리적 보강 작업이 더 진행될 것이다. 특히 평양을 중심으로 한 지역에 대한 역사적 영역설을 이론적으로 보강하고 논증을 강화하는 데 주력할 것이다. 둘째, 한국 학계의 연구 성과를 분석·비판하면서 자신들의 논리를 더 보완하는 방향으로 나갈 것이다. 셋째, 한·중 두 나라 사이에 제3국에 대한 역사 홍보전이 가열화될 것이다. 넷째, 자국 국민들에게 애국주의적인 역사관을 강조하고 관련 교육에 한층 더 매진하는 역사 대중화 작업에 힘을 기울일 것이다. 다섯째, 고구려 전후 시기 역사의 맥락을 잇는 작업에 보다 힘을 기울일 것으로 보인다. 고구려와 발해, 고구려와 부여, 고구려와 고조선을 자국사 안에서 상호 연결 짓는 논리 개발에 더욱 매진할 것으로 예측된다.

2장

초기 고구려사

조영광

머리말

고구려사는 중국이 만주 지역의 영유권을 공고히 하기 위해 역사적 연고 확보를 목적으로 진행한 동북공정에서 중요한 연구 대상이 되었다. 역사적으로 만주 지역이 본래 중국 한족의 활동 무대가 아니었으므로, 적지 않은 숫자의 조선족이 거주하고 있고 또한 이들의 모국인 한국의 국력이 신장되면서 훗날 벌어질지도 모르는 다양한 형태의 분쟁에 미리 대응하려는 의도가 컸다.

주지하듯 동북공정이 진행되는 동안 중국 역사학계가 견지한 고구려사에 대한 태도는 자국사로의 편입을 목표로 하여 고구려가 중국의 지방정권, 중국의 곁가지라는 점을 부각하는 것이었다. 사실 고구려를 중국의 지방정권 혹은 소수민족정권으로 규정하는 견해는 소위 신중국 건립(1949년) 이후 지속적으로 제기되어 왔다. 하지만 동북공정이 특별히 우려되었던 점은 우선 기존에는 지방(중국 동북지역) 차원에서 진행되던 고구려사 연구가 중앙 정부의 주도로 정치적 목적을 띤 프로젝트 차원에서 진행되었다는 점이다. 그리고 그 연장선상으로 고구려사를 기존 중국 동북지역의 소수민족 혹은 외국의 역사로 보던 입장에서 선회하여 중국사, 더 나아가 한족(漢族) 역사의 일부로 파악하려는 움직임도 강해졌다. 이는 역사를 바라보는 관점이나 해석의 문제를 넘어서, 역사 왜곡의 영역에 속하는 작업이었다.

국책 프로젝트로 추진되었던 동북공정 기간 동안 고구려를 중국사의 일부로 편입하려는 시도는 여러 각도에서 진행되었고, 지금도 그러한 움직임은 여전하다. 그러나 동북공정이 마무리된 지 거의 10년이 되어 가는 현재, 한국과의 외교 마찰을 우려한 중국 중앙정부는 공식적으로는 고구려사 연구를 주도하지는 않고 있다. 그러나 중국사회과학원이 고구려사 연구에 주의를 기울이지 않는 것은 아니다. 비록 연구의 주도권을 길림성사회과학원에 넘기고 길림성 지역 소재 대학 소속 연구자들을 중심으로 연구가 진행되는 상황이지만, 여전히 사회과학원에서도 고구려사에 관심을 기울이고 핵심 연구자를 양성하려 하고 있음이 감지된다.

동북공정이 중국의 고구려사 연구에 커다란 기폭제가 되었음은 분명하고, 지금도 그 여파가 강하게 남아 있음을 부정할 수 없다. 동북공정이 한·중 양국의 국가적 이슈가 되면서, 그 중심에 서 있던 고구려사는 중국 연구자들 사이에도 적지 않은 관심을 불러일으켰던 듯하다. 다만, 동북공정 당시 정부 주도의 정치적 목적에 지나치게 경도되어 제대로 된 연구 기반이 마련되지 않은 상태에서 고구려사 연구의 양적 부양만을 추구했다는 문제가 있었다. 이에 학술적·외교적으로 한국의 강한 반발에 부딪혔던 과거 경험을 기반으로, 현재는 연구의 질적 제고와 실증성 확보에 주력하는 느낌이다. 여기에 발맞추어 고구려사 연구 주제와 소재들도 점차 다양화되고 있는 실정이다.[1]

---

1 조영광, 2012, 「동북공정과 그 이후 중국의 고구려사 연구 동향」, 『중국의 동북공정과 한국고대사』, 주류성; 정호섭, 2013, 「중국의 POST 동북공정과 고구려사 관련 동향 분석」, 『한국사학보』 51호.

동북공정 당시는 동북지역에서 활동하던 기성 학자들을 중심으로 수준 낮고 급조된 연구 성과들이 쏟아져 나왔다. 현재는 기성 학자들의 활동도 여전하지만 당시 대학원생이나 초보 연구자였던 소장 학자들을 중심으로 다양한 주제가 연구되고 있으며, 동시에 질적 제고가 이루어진 성과물들이 나오기 시작했다.

사회주의 정치체제를 따르는 중국의 국가적 특성상 고구려사를 중국사의 일부로 끌어들이려는 기조는 앞으로도 변화하기 어려울 것이다. 하지만 견강부회적 해석과 논리 비약이 심해 한국을 비롯한 외국 학자들에게 학문적으로 많은 비판과 외면을 받았던 동북공정 당시의 연구 성과들에 대해서는 아직까지 소극적이기는 하지만 자체적으로 비판과 극복을 시도하는 모습도 보인다.

이 글에서 집중적으로 다루고자 하는 고구려 초기사 관련 연구에서도 다양한 논의가 이루어지고 있어 주목된다. 동북공정 이후 중국 학자들이 관심을 가진 고구려 초기사 관련 주제는 크게 종족 기원, 국가 형성과 관련된 주제, 정치체제와 사회구조 연구 등으로 구분할 수 있다.

종족 계통에 대해서는 동북공정 당시 고구려사를 중국사로 편입하기 위해 중요한 주제로 다루어졌다. 그로 인하여 고구려 고이(高夷) 기원설과 같은 학술적 견지에서 지극히 수준 낮고 정치적 목적이 강한 주장들이 득세했으나, 현재는 그에 대한 자성의 목소리도 나오고 있다. 귀추가 주목되는 부분이다.

한편, 고구려의 기원이나 국가 형성과 관련해 고구려 신화와 풍속 등에 대한 연구 또한 중국 학계가 고구려 초기사 연구에서 역점을 두고 있는 부분 중 하나이다. 이와 관련된 주제에 대한 한국 학계의 연구가 활발하지 못했음을 감안한다면 중국 학계의 이러한 시도는 가히 환영할 만하다. 그러나 그 연구 주체가 여전히 동북공정의 핵심 연구자들이 중심이고, 내용 역시 깊이가 없어 크게 참고할 부분은 없는 실정이다.

고구려 초기사 연구의 또 하나의 흐름인 정치·사회 체제에 대한 연구는 보다 학문 본연의 입장에서 고구려사 연구 성과를 축적하고자 하는 움직임으로 파악된다. 아직 그 수준이 높지 않고 연구자의 수도 많지 않지만, 고구려사의 본질적인 문제에 천착하고 성과를 내기 시작했다는 점에서 의미심장하다.

이 글은 기본적으로 동북공정이 끝난 2007년 이후 중국 학계의 고구려 초기사 관련 연구 성과에 대한 분석을 목표로 했다. 동북공정을 계기로 고구려사 연구에 대한 양적 증대를 이룬 중국 학계는 이후 지속적으로 질적 성장을 목표로 움직이는 경향을 보인다. 이것이 중국 정부 차원에서 의도된 것인지 여부는 알 수 없지만, 동북공정이 일반 중국 인민은 물론 연구자들에게도 생소했던 '고구려'라는 소재에 대해 강한 인상을 남겨 관심을 불러일으키는 계기가 되었음은 분명하다.

중국 학계가 고구려사 연구에 대한 질적 제고에 비상한 관심을 갖고 있음을 보여주는 것은 동북공정 이후 자국의 고구려사 연구에 대한 연구사 정리 논저가 매우 많아졌다는 점이다. 사실 동북공정 이전까지만 하더라도 중국 학계에서는 고구려 관련 논저 목록집을 편찬하는 정도가 연구사 정리 작업의 거의 전부였다.[2]

그러나 동북공정을 거치며 자국의 연구 성과가 폭발적으로 증가하

---

2 가장 이른 시기에 나온 것이 통화사범학원(通化師範學院)에서 펴낸 고구려 관련 논저 목록집인 『중국 학자 고구려 연구문헌 목록(中國學者高句麗研究文獻目錄)』(通化師範學院出版社, 1997)이다.

고, 질적 제고에 대한 요구가 절실해지면서 전적으로 연구사 검토만을 목표로 한 저술들이 나오기 시작했다.[3] 나아가 최근에는 고구려사 각 분야별·시기별로 나누어 연구 성과들을 분석한 논문들도 나오고 있다. 고구려 초기사와 관련해서도 근래에 몇 편의 연구사 정리 논문이 출간되었다.[4]

본론에서는 위와 같은 문제의식을 바탕으로 최근에 이루어진 중국 학계의 고구려 초기사 연구 현황 및 문제점에 대해 검토하고 그 대응 방안을 모색해 보고자 한다. 우선은 고구려 종족 기원과 국가 형성에 대한 중국 학계의 최근 연구 성과를 살펴보고, 다음으로는 정치·사회체제와 관련된 성과물들에 대해 검토해 보겠다.

종족 기원 및 국가 형성 연구

고구려의 종족 기원이나 국가 형성 관련 문제와 관련해 적지 않은 성과를 낸 연구자로는 왕면후(王綿厚)가 대표적이다. 그는 고구려 고고학

---

3 최근에는 중국에서 고구려 관련 연구에 가장 오래 투신한 학자 중 한 명인 경철화·이낙영 등이 고구려 관련 연구를 검토·정리한·단행본을 펴내기도 하였다. 耿鐵華·李樂營, 2012, 『高句麗研究史』, 吉林大學出版社.

4 何海波, 2008, 「國內高句麗族源研究綜述」, 『長春師範學院學報』(人文社會科學版) 2008-7; 何海波·魏克威, 2009, 「國內高句麗五部研究綜述」, 『長春師範學院學報』2009-9; 劉洪峰, 2013, 「高句麗與夫餘關系問題研究綜述」, 『黑河學刊』2013-9; 孫煒冉, 2014, 「高句麗王系問題研究綜述」, 『博物館研究』2014-3; 裴呂佳, 2015, 「秦漢東北民族關系研究綜述」, 『新西部』(理論版) 2015-18; 王禹浪·王俊錚, 2016, 「穢貊研究述評」, 『渤海大學學報』2016-2.

전공으로, 산성(山城) 관련 논저를 다수 썼다. 또한 동북공정 이전부터 고고학을 바탕으로 고구려의 기원 문제에 대하여 지속적인 관심을 가지며 관련 연구를 진행했다. 주로 예맥과 부여 등을 고구려의 모태로 보고, 이들을 고구려 5부와 연관시켜 나름대로 의미 있는 견해들을 제출했다.[5] 그는 고구려 초기 중심지인 환인(桓仁) 지역의 초기 적석총인 망강루(望江樓) 고분에서 출토된 부여 계통의 금제 귀걸이를 근거로 졸본부여의 존재와 주몽 등 고구려 건국 세력이 부여에서 기원했음을 입증하고자 했다.

최근 왕우랑(王禹浪)은 고구려 종족 기원 논의에서 핵심을 차지하는 예맥의 기원 문제를 논하며 예군 남려와 창해군에 주목해 새로운 견해를 제출했다. 그는 예군 남려 세력의 본거지를 길림성 길림시 일대, 즉 전기 부여의 중심지로 보고, 이들이 요동 반도의 보란점시(普蘭店市) 인근으로 이동했다는 가설을 세웠다. 그 증거로 이 일대에서 발견된 '임예승인(臨穢丞印) 봉니'를 들었다.[6]

한국에서도 창해군의 위치와 예군 남려 세력의 귀부 형태에 대해 다양한 논의가 이루어졌고, 그 본거지에 대해 왕우랑과 유사한 주장이 제기되기도 했다.[7] 하지만 구체적으로 예군 남려 세력이 부여의 중심지인

---

5 王綿厚, 2009, 「試論桓仁"望江樓積石墓"與"卒本夫餘"-兼論高句麗起源和早期文化的內涵與分布」, 『東北史地』 2009-6.

6 王天姿·王禹浪, 2016, 「西漢南閭穢君, 滄海郡與臨穢縣考」, 『黑龍江民族叢刊』 2016-1.

7 이와는 조금 다른 견해이기는 하지만 예군 남려 세력의 근거지와 창해군의 위치를 길림시 일대, 즉 원부여 지역으로 상정한 것은 박경철이 시초이다(박경철, 1992, 「부여사 전개에 관한 재인식 시론」, 『백산학보』 40호, 39~40쪽). 그러나 박경철은 근본적으로 예군 남려 세력의 이동에 대해서는 부정적 입장이다.

길림시 일원에서 요동 반도 남단으로 이동했고, 그곳에서 한에 귀부하여 무제가 창해군을 두었다는 견해를 제시한 것은 그가 최초이다.

중국의 중진 학자가 한국 고대사의 민감한 부분 중 하나인 창해군 관련 문제에 대해 새로운 견해를 내놓았다는 것은 의미가 있다. 그리고 나름대로 논리체계를 새워 논증을 시도했다는 점에서도 주목할 만하다. 그러나 기원전 2세기에 약 28만 명에 달하는 거대한 무리가 집단적으로 이동(본거지에서 새 거주지로 이주하거나 한으로 귀부하거나를 막론)했을 가능성에 대해서는 기존 연구에서 여러 차례 그 불가함이 지적되어 현재로서는 거의 채용되지 않는다. 이를 설명하기 위해서는 신뢰성 높은 문헌과 고고학적 근거가 더 많이 필요하다. 그러나 왕우랑은 예군 남려 세력의 집단 이주에 대한 구체적 검증이나 가설 설정 없이 '임예승인 봉니'라는 유물 한 점에 의존해 본인의 결론을 단정 짓고 있어 그 논리가 매우 취약하다.

소장 학자군에서 가장 주목되는 인물은 양군(楊軍)이다. 그는 이미 동북공정 당시 할당받은 과제를 토대로『고구려 민족과 국가의 형성과 변천(高句麗民族與國家的形成和演變)』(中國社會科學出版社, 2006)라는 고구려 종족 및 국가 기원에 관한 저서를 내놓았다. 그리고 최근에는『고구려와 탁발 선비 국가 기원 비교 연구(高句麗與拓拔鮮卑國家起原比較硏究)』(吉林文史出版社, 2011)를 출간하며 일종의 비교사적 연구도 시도했다. 두 저서의 연구 수준이 크게 높은 것은 아니지만, 기존 연구에 비해서는 한 단계 성장한 것은 분명하고 계속해서 발전해 나가고 있다는 점에서 주목할 만하다.

먼저 양군의 2006년 출간된『고구려 민족과 국가의 형성과 변천』은 동북공정 이후의 연구 성과는 아니다. 하지만 고구려 국가 기원 및 종족 형성과 관련하여 출간된 중국의 연구물 중 가장 괄목할 만한 성과 가운데 하나이고, 이후의 연구와 연결되는 중요한 열쇠가 되므로 그 내용을 짚고 넘어가지 않을 수 없다.

『고구려 민족과 국가의 형성과 변천』은 크게 고구려의 종족 기원에 대해 다룬 상편과 국가 형성을 주제로 한 하편으로 구성되어 있다. 종족 기원 문제를 논하는 상편에서는 고조선에 관한 논의부터 진행하여 고구려가 지역·혈연적으로 고조선과 어느 정도 연관이 있음을 시사한다. 그리고 기본적으로 고구려가 선진(先秦) 시기 이(夷)로 기록된 종족을 기반으로 한 예맥족과 고조선계, 부여계 유이민 및 기자(箕子), 연(燕) 등으로 대표되는 화하계(華夏系) 집단의 동천으로 융합하여 형성된 것으로 파악했다. 그리고 예맥족은 한반도 원주민인 한(韓)의 형성에도 영향을 미친 것으로 인식한다.

그리고 고구려족의 형성 시기에 대해서는 고구려 통치의 전기와 후기로 나누어, 두 시기의 민족 융합의 성격을 완전히 다른 것으로 파악했다. 전기의 민족 융합은 수많은 종족과 부족들이 화학적 결합을 거쳐 하나의 새로운 민족, 즉 고구려족을 형성한 것이라 보았다. 그리고 후기의 민족 융합은 고구려 정권의 통치 아래서 각 민족[종족]들이 고구려족에 융입되어 고구려족의 발전을 더욱 촉진한 것이라고 해석했다. 문화적 관점에서 전기는 독특하고 다원적인 성격의 고구려문화가 형성되는 과정이라면 후기는 정립된 고구려문화가 발전·변천하는 시기라고 파악했다. 즉 고구려족의 형성 시기는 고구려족으로 융합·통합된 각 민족과 부족들이 역사의 무대에서 최종적으로 사라지는 시점이며, 다원적 성격의 고구려문화가 정립하는 시점이라고 했다.

고구려족 성립 이전 민족[종족] 융합 과정의 특성은 각 종족 집단이 고구려족에 융입되는 동시에 어느 정도 본 종족의 자체 문화를 유지한 채

고구려 문화 내부로 들어왔고, 이는 고구려 문화의 변화 기제로 작용했다고 설명했다. 반면 고구려족 형성 이후에는 여전히 여러 종족 집단의 구성원들이 들어왔지만, 그들이 고구려화 과정을 거치며 고구려 민족 성원으로 동화되며 고구려문화 자체의 변화에는 큰 영향을 끼치지 못한 것으로 파악했다.

고구려 종족 형성에 대한 위와 같은 인식은 기본적으로 중국 사료에 대한 신뢰를 바탕으로 한 연구, 즉 기존 중국 학자 이덕산(李德山)[8]·범리(氾犁)[9] 등의 견해에 기반한 것이다. 그러나 양군의 연구는 그에 비해 훨씬 체계적이고 추론보다는 사료에 기초한 해석을 하고자 노력하는 모습이 보인다. 물론 그의 저서 역시 고구려사에서 기자를 비롯한 연과 한군현 등 한족 곧, 중국계 집단의 역할을 강조했다는 점에서는 기존 중국 학자들의 연구 성향과 유사하다.[10] 그러나 양군은 고구려가 기본적으로 남만주 및 한반도 북부와 그곳의 주민들을 중심으로 성립된 국가라는 것을 전제로 하고 있다. 이는 고구려 종족 형성에 대한 그의 연구 태도가, 지나치게 국수주의적인 관점에서 논의를 진행하던 기존 중국 연구자들과 구분됨을 보여준다.

그리고 고구려가 다종족 국가로서 다양한 종족 집단의 융합으로 탄

---

8 李德山·欒凡, 2003, 『中國東北古民族發展史』, 中國社會科學出版社.

9 氾犁, 1993, 「高句麗族探源駁議」, 『高句麗研究文集』, 延邊大學出版社.

10 최근에도 이러한 인식에 바탕하여 선진 시기는 물론 진한 시기의 동이족은 기본적으로 화하[한] 문화에 속한 집단들이고, 이들이 한반도와 만주 지역에 분포하던 예맥계 집단과 지역의 문화 발전에 큰 영향을 주었다는 연구가 나오고 있다. 王文光·江也川, 2016, 「先秦, 秦漢時期的東夷研究－以《后漢書》東夷列傳爲中心」, 『學術探索』 2016-12.

생되었다는 견해는 고구려 종족 형성에 대해 사실상 예맥계 일변도로 해석하고 있는 우리 학계에도 많은 시사점을 준다. 그는 고구려족의 형성에는 예맥계와 중국계는 물론 퉁구스계의 숙신이 함께 융합한 것으로 보았고, 핵심 집단인 주몽의 부여계는 유목민인 동호계의 영향을 받은 것으로 파악했다. 고구려 후기까지 종족적으로 구분되는 모습을 보이기도 하지만, 끝까지 고구려 국가와 함께 명운을 함께한 적지 않은 말갈 집단, 그리고 고구려가 지속적으로 수용한 것으로 보이는 초원의 유목민 집단의 역할에 대해서 새로이 주목할 필요가 있다.

하편에서는 고구려의 국가 형성과 변천에 대하여 집중적으로 다루고 있다. 우선 고구려 성립 이전 해당 지역에는 기자 조선, 위씨 조선, 예국, 한사군 등이 차례로 존재하면서 역사적 작용을 했으며, 이후 고구려 5부(5족)가 성립되었다고 보았다. 저자는 고구려 국가가 기원전 37년에 성립된 것으로 보았는데, 이는 비류부의 형성 기점이 되고, 기원전 36년 다물부로 변화했으며, 22년 연나부 등이 차례로 성립되었다고 파악했다.

『삼국사기』에는 비록 관나부는 72년 무렵, 환나부는 74년에는 존재한 것으로 나오지만 32년 남부 사자의 존재 기록을 볼 때 남부에 해당하는 관노부, 즉 관나부는 이미 시기에 성립한 것으로 보아야 한다고 주장했다. 그리고 25년에 보이는 을두지를 우보로 임명한 기록, 27년 좌·우보 기록 등을 통해 볼 때 5부를 기초로 하는 국가체제가 이 시기에는 이미 완비되었으므로 5부는 적어도 그 이전에 형성되었다고 파악했다. 그리고 5부의 성격 변화에 수반해 5부 관제와 중앙관제·지방관제의 변화, 고구려 통치기구의 특징 등에 대해 논하기도 했다.

고구려의 국가 형태에 대해서는 고구려 건국 초기 주몽 집단이 들어오고 새로운 통치체제와 방식 및 구성원들이 접목되면서 초기 국가가 성립되었다고 주장한다. 이후 고구려 후기에는 중원의 군현제와 유사한 통치체제가 마련되는데, 이는 초기 국가에서 성숙한 국가로 발전하는 과정이 완성되는 것으로 보았다. 고구려가 초기 국가에서 성숙한 국가, 즉 전형적인 고대국가로 발전하는 과도기는 늦어도 2세기 초부터 시작되었다고 보았는데, 그 증거가 태조왕 55년(107년)에 보이는 '곡수(谷守)'라는 칭호의 출현이라고 했다.

저자의 주장에는 한국 고대국가 형성 과정에서 고조선의 역할을 축소하고,[11] 그 존재가 부정되는 기자 조선이나 한 군현의 역할을 지나치게 강조하는 관점, 그리고 한국 연구 성과 섭렵의 부족에 따른 인식의 한계 등 여러 문제점이 보인다. 특히 나부와 방위명 5부의 관계에 대한 초보적인 인식은 그 한계를 분명하게 보여준다.

2011년 출간된 양군의 저서 『고구려와 탁발 선비 국가 기원 비교 연구』는 이전보다 이론적으로 더욱 정교해졌고, 고구려의 국가 기원과 발전 과정에 대하여 더 소상하게 다루었다. 또한 탁발 선비와의 비교라는 새로운 관점에서 다루고 있으므로 조금 더 면밀히 살펴볼 필요가 있다.

이 책의 서론에서는 한국사의 국가 기원에 대한 여러 견해를 언급했고, 제5장에서는 국가 기원에 대한 서양의 이론을 구체적으로 소개했다. 이러한 시도는 중국의 고구려사 연구에서 처음으로 이루어진 것이므로 주의를 요한다. 그는 기본적으로 고구려와 부여가 민족 이동을 통해 세워진 국가라는 인식을 전제하고 있다. 선비족 역시 그와 마찬가지인데, 이러한 특성과 거주지의 근접성 등을 이유로 두 국가(종족)를 비교 집단으로

---

11 양군은 한사군 이전 만주와 한반도 지역에 존재하던 초기 국가들은 전형적인 고대 국가의 범주에 넣을 수 없다고 보았다. 이는 고조선 역시 예외가 아니었다.

묶어 분석하고 있는 것 같다.

그리고 문헌 고증을 통해 '별종(別種)'이라는 표현을 같은 뿌리에서 갈라져 나온 지파로 해석하여 고구려가 부여에서 기원했음을 인정했다. 이러한 문헌 고증 방식은 본래 중국 고전에 해박한 필자의 강점을 최대한 살린 것이다.

그러나 그가 선비와 고구려를 함께 묶어 비교한 이유 중 하나로 상정한 언어상의 유사성은 매우 심각한 논리적 오류를 포함하고 있다. 그는 부여의 후예인 두막루가 해·거란·실위와 같은 언어를 썼고 이들은 선비와 유사한 종족이니 부여와 선비의 언어 역시 비슷하며, 이에서 기원한 고구려도 마찬가지일 것이라는 막연한 삼단 추론을 활용해 도출한 결론이다. 즉 이는 고구려 혹은 부여어 자체에 대한 분석은 진행하지 못한 채 잘못된 논리 관계에서 연상한 추론인 것이다. 이러한 오류는 저자의 언어학적 지식의 한계와 한국어 능력의 결여로 고구려 언어 관련 연구 성과를 거의 접할 수 없었기 때문에 발생한 것이라 생각된다. 어학적 연구에 의하면 고구려어는 선비·거란 등 몽골어계와 유사한 단어도 공유하지만 이들과는 별개인 독자적 어파(語派)인 예맥어계인 것으로 나타난다.

양군은 고구려와 탁발 선비를 함께 묶어 분석하는 이유 중 하나로 고구려가 대흥안령(大興安嶺) 지역에서 기원했다는 점을 들고 있다. 즉 고구려와 탁발 선비는 모두 기원전 2세기 중엽 이 지역에서 발원하여 각각 흉노 고지와 혼강(渾江) 유역으로 이동했다고 파악했다.

그리고 고구려의 종족 기원에 대해서는 다원설의 입장을 지지하며 만주 지역 토착민과 유부여계 유이민의 결합으로 성립되었다고 보았다. 이는 그의 2006년 저서 『고구려 민족과 국가의 형성과 변천』에서부터 고수하고 있는 입장이다.

그의 여러 주장 중에 흥미를 끄는 것은 기존 장박천(張博泉)[12]이 복원한 기자의 범금 8조를 재분석·분류하여 초기 고구려 사회의 성격을 구명

---

12 張博泉, 1995, 『箕子與朝鮮論集』, 吉林文史出版社.

하려 했다는 점이다. 물론 장박천이 복원했다는 범금 8조 자체가 근거가 없는 것이어서 한계가 있지만, 법 조항을 토대로 초기 고구려 사회와 특성을 파악하려 한 시도는 의미가 있다.

양군의 연구에서 또 하나 주목되는 것은 『삼국사기』, 중국 사서, 「광개토왕비문」 등을 통하여 고구려 초기 왕계의 복원을 시도했다는 점이다. 그는 고구려 초기 왕계에서 대무신왕과 민중왕 사이에 막래와 추를 보입하고 산상왕을 삭제하여 시초 동명왕에서 보장왕까지 총 29대로 고구려 왕계를 파악했다. 이처럼 그가 산상왕을 인정하지 않은 것은 여전히 중국 사서를 우위로 하는, 과거 일본 학자들과 같은 사고를 기본으로 하고 있음을 보여준다. 또한 한국어 능력의 부재로 최근 한국 학계의 진전된 연구 성과를 섭렵하지 못하는 한계도 여실히 보여준다.

양군의 저서는 지금까지 중국 학계에서 나온 고구려 종족 기원과 국가 형성에 관한 연구 중 가장 정치하고 수준 높은 성과이다. 분량 또한 비교적 많고 비교사적 관점에서 진행한 것이라 우리 학계에 시사하는 바도 적지 않다. 그는 이미 동북공정이 한창 진행되던 2006년에 고구려 종족 기원과 관련된 전문 연구서를 동북공정 공식 연구과제 결과물로 출간했고, 이후 더욱 정련된 형태로 후속작을 발표했다. 특히 다양한 중국 고전 문헌을 활용하고, 고구려와 그 주변의 다른 종족을 비교하는 연구를 진행한 점은 중국 학자가 가질 수 있는 비교 우위의 장점을 잘 활용한 것이라 할 만하다. 하지만 여전히 자국 혹은 일본의 오래된 연구 성과 정도만 섭렵하여 논의를 진행하는 연구 태도가 여전히 드러난다. 그 역시 대다수의 한족 출신 중국인 연구자들이 갖고 있는 한계에서 자유롭지 못했음을 보여준다.

고구려 종족, 국가 기원에 대해 부여와의 연관성에 주안점을 둔 연구도 다수 나왔다. 부여는 고구려의 모태로서 일찍부터 주목을 받아 왔다. 고구려와 부여의 문화, 건국신화 등의 비교·분석한 초보적 수준의 고찰부터 시작하여 최근에는 정치·경제·군사 방면 등에서 구체적인 비교 연구가 이루어지기도 했다.[13]

계남(季南) 등은 주몽신화를 통해 고구려 종족의 기원을 논했다. 그는 고구려 민족이 고구려인·예맥인·선비인·숙신인 등 다양한 민족이 융합하여 형성된 민족이며, 주몽신화는 그 다양한 민족적 인소(因素)를 담고 있다고 주장했다.[14] 신화에서 종족 기원과 계통을 파악하고자 하는 것은 방법론적으로 신선한 시도다. 그러나 깊이 있는 분석이나 비교 없이 거의 일방적인 주장만 나열되어 있어 기존 연구의 수준을 넘어서지는 못했다는 한계가 있다.

고구려 초기 신화에 대해서는 류자민(劉子敏)·강유동(姜維東) 등이 주몽신화는 물론 황룡전설·금개구리·물고기·신마 등 다양한 주제에 대해 적지 않은 글을 발표했다.[15] 그러나 이들의 연구는 거의 1차 사료에 있는 내용을 전재하여 소개하거나 해석하는 정도의 수준에 그친 것으로서

---

13 고구려와 부여의 관계에 대한 연구 성과는 학위논문(주로 석사)이 많다는 점에서 특별하다. 그리고 유홍봉은 단순히 고구려의 연원으로서 부여를 파악하는 것이 아니라, 정치체제, 경제, 군사제도 등 다양한 방면에서 수평적 대비를 시도한 성과를 내놓았다.

14 季南·宋春輝, 2010, 「從朱蒙神話看高句麗民族多元文化因子」, 『山東文學』 2010-7.

15 姜維東, 2008, 「高句麗黃龍升天傳說」, 『東北史地』 2008-6; 2009, 「高句麗卵生傳說研究」, 『東北史地』 2009-3; 2009, 「高句麗神馬傳說」, 『東北史地』 2009-4; 2010, 「高句麗始祖傳說中河伯女內容探源-高句麗傳說考源之四」, 『東北史地』 2010-4; 2010, 「高句麗獻魚卻敵傳說-高句麗傳說考源之三」, 『東北史地』 2010-1.

연구사적 의의는 크게 없다.

동북공정을 거치며 고구려 관련 연구 성과가 크게 늘어나면서 중국 학계에서도 나름대로 자신들의 연구 성과를 정리하기 위한 다양한 시도들이 이루어졌다.[16] 그중에서도 동북공정 이후에는 단순히 전체 연구 성과만 분류하는 식의 연구사 정리에 머무르지 않고 개별 연구 주제를 중심으로 정리한 성과들도 나오고 있어 주목된다. 이 글에서 다루고 있는 고구려의 종족 기원 문제와 관련한 연구사를 정리한 논문도 발표된 바 있다.[17] 이와 유사한 사례로 고구려 초기 왕계 문제에 대한 연구사를 정리하고, 왕위 계승 형태를 분석한 연구 성과도 있다.[18]

고구려 국가와 종족의 기원에 문제에 대해 중국 학계에서 적지 않은 성과를 배출한 것이 부여와의 비교사적 관점에서 진행한 일련의 연구들이다. 특히 유홍봉(劉洪峰)은 고구려와 부여의 건국신화, 문화, 정치·경제, 관계사 등 다양한 방면에서 비교사적 검토를 진행했다.[19] 그러나 연구의 질적 수준이 그리 높지 않다.

고구려 건국 신화 역시 종족 기원을 밝히는 데 중요한 소재로 활용되

---

16 가장 대표적인 성과가 경철화·이낙영이 쓴 『고구려연구사(高句麗硏究史)』(吉林大學出版社, 2012)이다. 중국에서 진행된 고구려사 연구에 대한 전론적 연구사 정리서라는 점에서 의미가 있다.

17 何海波, 2008, 「國內高句麗族源研究綜述」, 『長春師範學院學報』(人文社會科學版) 2008-7.

18 孫煒冉, 2014, 「高句麗王系問題研究綜述」, 『博物館研究』2014-3; 2016, 「高句麗的王位繼承方式及王儲制度」, 『史志學刊』2016-5.

19 劉洪峰, 2013, 「高句麗與夫餘建國神話初探」, 『黑龍江史志』2013-11; 2013, 「高句麗與夫餘文化關系芻議」, 『吉林師範大學學報』(人文社會科學版) 2013-3; 2013, 「高句麗與夫餘關系問題研究綜述」, 『黑河學刊』2013-9; 2013, 「高句麗與夫餘政治經濟對比分析」, 『蘭台世界』2013-30.

었다. 서동량(徐棟樑)은 건국 신화에 보이는 다양한 요소들을 근거로 고구려 문화의 연원을 북방에서 찾았고,[20] 황진운(黃震雲)은 부여와 고구려의 신화 비교를 통해 고구려의 종족 기원을 추론하기도 했다.[21] 진건(陳健) 등은 고구려 신화가 전체 예맥족에게서 공통으로 보이는 형태라는 데 주목하여 고구려를 만주와 한반도 북부에 거주하던 고민족인 예맥에서 찾기도 했다.[22] 장벽파(張碧波) 역시 고구려 건국 신화에 보이는 일광감응(日光感應)과 난생(卵生)의 요소에 착안해 그 기원을 추적했다.[23]

그리고 기본적인 사료 분석을 통해 고구려의 기원을 찾고자 한 시도도 다수 이루어졌다.[24] 비슷한 맥락으로 고구려 명칭의 기원이 국명에서 종족명으로 정착되는 과정을 분석한 연구도 나왔다.[25]

동북공정 이후 중국에서 진행된 고구려 기원 관련 연구 중 근래에 나타난 경향 중 하나는 고구려 언어에 대한 관심과 연구가 늘어나고 있다는 점이다.[26] 아직까지 고구려어를 전문 언어학자가 어학적으로 분석한 수

---

20 徐棟樑, 2010, 「叢開國傳說看高句麗文化的淵源」, 『通化師範學院學報』 2010-1.

21 黃震雲, 2012, 「夫餘和高句麗神話傳說與族源考」, 『徐州工程學院學報』(社會科學版) 2012-2.

22 陳健·姜維東, 2014, 「濊貊族建國傳說共用模式研究」, 『東北史地』 2014-4.

23 張碧波, 2010, 「感日卵生-高句麗族源神話-兼及〈東明王篇〉的解析」, 『東北史地』 2010-4.

24 李新全, 2009, 「高句麗的早期都城及遷徙」, 『東北史地』 2009-6.
張芳, 2013, 「高句麗民族起源問題史料評析-以十二家正史爲中心」, 『吉林師範大學學報』(人文社會科學版) 2013-4.

25 王培新, 2017, 「叢玄菟徙郡解析"高句麗"由國名到族稱的演變」, 『史學集刊』 2017-1.

26 고구려어 연구에 대해서는 장사동(張士東) 등의 성과가 대표적이다. 그는 고구려어의 구조와 계통, 상관관계 등에 대하여 다양한 연구 성과를 제출했다. 張士東, 2010, 「"夫餘"與"句麗"語義考釋」, 『東北師大學報』(哲學社會科學版) 2010-6;

준 높은 연구는 나오지 않은 실정이지만, 고구려어에 대한 인식의 지평이 넓어지고 있다는 점에서 시사하는 바가 있다.

초기 정치·사회체제 연구

앞에서 검토한 고구려의 종족 기원이나 국가 형성 관련 연구는 동북공정 당시 고구려 역사의 귀속 문제를 결정하는 중요한 수단적 방법으로 많은 중국 학자들이 선택한 주제이다. 종족 문제나 국가 형성론이 비교적 문헌 고증의 구애를 덜 받고 중국 정부가 추구하는 정치적 목적과도 합치되는 부분이 많았기 때문이다.

그러나 동북공정 이후 중국의 고구려사 연구는 더욱 정교해지는 모습을 보이며 초기사 관련 연구에서도 새로운 주제들이 등장하기 시작했다. 바로 정치체제나 제도 등과 관련된 일련의 연구들이다. 연구의 질적 수준은 여전히 한국이나 일본에 미치지 못하지만 중국 학자들이 조금 더 학문적 견지에서 고구려사 연구에 매진하기 시작했다는 점에서 눈여겨볼 필요가 있다. 이러한 연구 경향은 비교적 젊은 학자들이 주도하고 있다는 점에서 앞 장의 주제와는 또 다른 차별성이 보인다. 이 장에서는 이와 관련된 중국의 최근 연구 성과와 문제점에 대해 살펴보았다.

2015, 「高句麗語名詞的語音和語義重建」, 『東北史地』 2015-2; 合燦溫·張士東, 2015, 「高句麗及語言與周邊民族及語言的關系」, 『蘭台世界』 2015-21; 合燦溫·張士東, 2015, 「從高句麗民族的滅系來源及其與周邊民族關系看高句麗語」, 『通化師範學院學報』 2015-3.

동북공정 이후 중국 학계에서는 고구려 정치제도사에 대하여 전론한 저서가 나오기 시작했다. 유거(劉炬)·부백신(付百臣) 등이 집필한『고구려 정치제도 연구(高句麗政治制度硏究)』(香港亞洲出版社, 2008)가 대표적이다. 이 책은 내용은 제목 그대로 고구려 제도사를 시기별로 정리한 것이다. 주로 단편적인 사료 분석에 치중한 초보 수준의 성과에 불과하지만, 중국에서 기존 고구려 고고학, 금석문 관련 저서나 정치적 목적이 강한 종족 기원 문제 등에 치우쳐 있던 연구의 지평이 동북공정 이후 더욱 다양해지고 있음을 단적으로 보여주는 예이다.

이 저서는 대표저자인 유거·부백신을 주축으로 하여 마언(馬彥)·화양(華陽)·왕욱(王旭)·설벽파(薛海波)·이상(李爽) 등 총 7명의 저자가 각 장과 절을 분담하여 쓴 것이다. 사실상 여러 연구자들이 자신의 개별 연구 성과를 모아 엮은 것이지만 동북공정 직후 중국의 연구자들이 정치제도사라는 고구려사의 특정 분야를 연구하기 위해 모여 출간했다는 점에서 의미가 있다.

책의 저자들은 정치제도사가 고구려사 연구의 중요한 구성 요소이자 테마임을 인지하고, 시기별로 그 특징을 서술했다. 다수의 저자들이 모여 한 권의 연구서를 구성하다 보니 각 장별로 서술 편차가 적지 않다. 그러나 주제별 분담이 확실하고, 시기 구분 등 공통된 기준을 세우며 통일성을 기하기 위해 노력한 흔적이 보인다.

이 책이 제시하고 있는 개념 중 특징적인 것은 '삼권병존제(三權竝存制)'다. 삼권, 즉 왕권·귀족권·재상권의 독자적 병존이 고구려 정치제도의 본질적 특성이라고 파악했다. 그리고 삼권의 소멸과 성장 및 상호관계가 고구려 정치제도 발전의 기본 요소라고 보았다. 고구려 정치제도사에 대한 시기를 첫 번째 '연맹 시기', 두 번째 '삼권 공치 시기', 세 번째 '군주

[표 3] 『고구려 정치제도 연구』 목차

집권 시기', 네 번째 '귀족 집권 시기'로 구분했다. 이는 고구려 국가의 정
치적 발전 정도와 특성에 따른 구분으로, 사실상 한국 학계의 고구려사 시
기 구분과도 매우 유사하다.

　또한 이 책은 고구려 정치제도사의 독특한 3대 요소로, 첫째 여러 이익

집단들의 상호 결합 속에서 나온 각종 정치이념이 상호 충돌한 영향, 둘째 자연환경의 영향, 셋째 외부 압력을 적기하고 있다. 그리고 이들은 고구려 정치제도사 연구의 기초이자 근원을 제공해 주는 것이라고 자평했다.

제대로 된 사료비판을 거치지 않은 질적으로 낮은 수준의 성과, 지나치게 도식적인 해석 등 해당 저서가 갖고 있는 한계는 분명하다. 그러나 중국 학계가 사실상 고구려사 연구의 핵심 분야인 정치사 연구에 대한 전문적 분석에 착수했다는 점에서 이 책이 지니는 연구사적 의미는 적지 않다. 그리고 중국 역사학자들이 갖고 있는 장점 중 하나인 역사 해석, 즉 사론(史論)을 정립하고 그에 충실하고자 하는 태도는 우리 학계 역시 눈여겨보아야 할 점이다.

최근 중국 학계에서 초기 고구려 정치사에 대해 질적·양적으로 성과를 내고 있는 대표적인 소장 학자는 범은실(範恩實)이다. 그는 고구려 초기 관등 중 사자·조의·선인 등을 분석하며 그 내력과 성격 등을 비교적 소상하게 검토했다. 물론 그 역시 한국과 외국의 선행 연구 성과를 다양하게 섭렵하고 있지는 못했지만, 중국 전통 왕조의 관제와 비교하여 나름대로 심도 있는 고찰을 시도했다. 이는 기존 중국의 고구려 연구자들이 보여준 피상적 분석이나 억지 주장의 수준을 넘어서는 것이라는 점에서 의미가 있다.[27]

한편 『삼국사기』 고구려본기의 초기 기사와 『후한서』 등 중국 기사의 차이에서 기인하는 초기 왕계 문제에 대해서도 적지 않은 연구가 이루어

---

27 範恩實, 2011, 「高句麗"使者", "皂衣先人"考」, 『東北史地』 2011-5; 2015, 「高句麗早期地方統治體制演化歷程研究」, 『東北史地』 2015-1.

졌다. 유거 등은 고구려후 추의 실체에 대하여 검토하고,[28] 화양은 태조왕 이후의 왕위 계승에 대해 차대왕·신대왕으로 이어지는 계기를 모종의 내부 권력 투쟁의 산물로 이해했다.[29] 아직 단순 사료 분석에 그치는 수준 인데다가 중국 사서를 우위로 두고 해석을 하는 등 수준이 낮은 성과들이 지만, 지속적으로 고구려 정치사의 핵심 문제에 관심을 갖고 성과를 내 고 있다는 점에서 유의할 필요가 있다.

강유동은 『삼국사기』 고구려본기에 나오는 초기 국왕 중 제10대 산 상왕 연우와 제9대 고국천왕 이이모를 동일 인물로 보고, 산상왕 연우는 실존하지 않는 것으로 파악했다.[30] 『삼국사기』의 기록은 찬자인 김부식의 오해에서 비롯되었다는 것이 그 주장의 핵심이다. 이러한 주장은 기본적 으로 중국 기록에 신빙성의 방점을 두는 과거 일본인 학자들의 연구 경향 과 일치한다.

그러나 그 또한 여타 중국 논문과 마찬가지로 기존 연구에 대한 인용 은 거의 하지 않았다. 『삼국사기』의 전거에 대한 이해와 연구가 전혀 축 적되어 있지 않고, 해외 연구 성과에 무관심한 다수 중국 연구자의 수준 을 그대로 보여주는 사례다.

최근에는 양군·강유동·강유공·고복순 등이 『고구려 관제 연구(高

---

28 劉炬·季天水, 2007, 「高句麗侯騶考辨」, 『社會科學戰線』 2007-4. 고구려후 추에 대한 문제는 최근 이낙영 등도 간략한 견해를 제출했다. 李樂營·孫煒冉, 2014, 「也談高句麗"侯騶"的相關問題」, 『社會科學戰線』 2014-2.

29 華陽, 2011, 「高句麗太祖大王禪位與遂成繼位真相」, 『東北史地』 2011-6. 유거는 신대왕과 관련된 사실을 정리하기도 했다. 劉炬, 2012, 「高句麗的伯固王及相關史事整理」, 『東北史地』 2012-3.

30 姜維東, 2010, 「高句麗延優傳說」, 『博物館研究』 2010-1.

句麗官制研究)』(吉林大學出版社, 2014)를 출간함으로써 그동안 개별적으로 연구되어 오던 고구려의 중앙관제, 지방관제, 5부체제와 작제(爵制) 등에 대한 성과들을 종합하여 집대성했다. 비록 기존 연구의 일부를 수정·보완하여 단행본으로 엮은 것이지만 중국 학계에서 처음 나온 고구려 정치제도사 전문연구서라는 점에서 주목할 만하다. 책의 서문에서 밝히고 있듯 네 명의 저자가 각기 자신이 연구한 분야에 대한 기본 저술을 맡기는 했지만, 여러 차례의 교차 검토와 수정 과정을 거쳐 본문만큼은 유기적인 결합을 이루어냈다는 점에서도 의미가 있다. 또한 필자들이 각기 자신의 견해를 더 어필하고 싶은 부분에 대해서는 말미에 부록 형식으로 부기해 놓았다.

이 책의 제1장에서는 고구려사 연구의 기본이 되는 몇 가지 문제, 즉 왕계와 왕실 교체, 한국과 중국의 관련 사료 활용법 등에 대하여 소개하고 있다. 여기에서는 『삼국사기』의 사료적 가치를 인정하기는 하지만, 중국 사서에 나오지 않는 부분에 대해서는 신빙성이 낮다고 평가했다. 『삼국사기』에 대하여 일방적으로 무시하던 기존 중국 학계의 연구 태도에 비하면 진일보한 것이지만, 기저에는 여전히 『삼국사기』 불신 혹은 비하론이 깔려 있다.

제2장은 고구려 관제의 기원에 대해 논하고 있다. 주몽 집단과 혼강 유역의 토착민 집단이 융합해 탄생된 고구려는 그 관제의 기원 역시 그러한 특징을 보여주고 있다고 한다. 패자·대로·고추가 등은 주몽이 출자한 부여인 집단의 수령을 지칭하는 칭호였고, 사자·조의 등은 그 하부 집단 수령의 칭호였다고 한다. 그리고 우태는 혼강 유역 토착민 집단의 수령 칭호이고, 선인은 그 하부 집단 수령의 칭호였다고 보았다. 그리고 이들 집단의 융합을 통해 관제도 상호 통합되어 계서적으로 재편

[표 4] 『고구려 관제 연구』 목차

되었다는 것이다. 그리고 주몽이 현도군과 충돌하며 피살되고, 그 뒤를 이은 유리왕이 현도군에 투항하며 고구려현의 통할을 받으면서 주부·승 등 한계(漢系) 지방관명 또한 고구려 관등제 내로 혼입되었다고 파악했다.

　고구려 관제의 기원에 대한 이와 같은 인식은 기본적으로 고구려 자체 기록이 풍부하게 남아 있는 『삼국사기』의 기록을 불신하고 중국 사서를 기준으로 삼은 데서 나온 것이다. 실체가 불분명한 고구려후 추를 사실상 주몽으로 비정하고, 고구려현의 역할을 지나치게 강조한 것 또한 마찬가지다.

제3장은 고구려의 5부와 5부관에 대한 부분이다. 이 장에서는 고구려 5부의 형성 과정과 구조, 특징에 대하여 다루고 있다. 주몽 집단이 이주하며 피정복 집단을 재편할 때 두 가지 형태로 편제한 것으로 파악하고 있는데, 하나는 피정복 집단을 그대로 둔 경우와 국왕 직속으로 재편한 경우로 구분했다. 그리고 전자의 수령을 '사자'라 칭했다고 한다. 사료 분석을 통해 5부에는 비류부 3인, 다물부 1인(송양 직계), 연나부 4인, 관나·환나부 각 3인 등 모두 14인의 부장급이 존재했다고 보았다. 그리고 대가로 통칭된 이들은 부 내에서 힘의 대소에 따라 최고위인 패자, 그 아래의 주부·우태 등으로 불렸고, 연나부에서는 권력 4위자가 평자로 불렸다고 파악했다. 아울러 패자와 주부는 해당 부의 병권을 장악하고 최고 관직인 좌·우보나 국상이 될 자격을 보유했다고 한다. 이 5부와 그 대가들은 왕권과 지속적 관계 형성을 통해 자치권을 행사하면서도 왕권에 복속하여 초기 고구려 중앙관제 형성의 기초가 되었다고 보았다.

또한 본래 고구려가 비류수 유역에 있던 시기에는 2개의 부만 존재했다고 보았다. 즉 주몽 집단이 개편되며 탄생한 비류부와 송양이 이끈 다물부로 나뉘었다고 했다. 그리고 유래왕의 천도로 국내 지역에 새로이 3부가 설립되었고, 이이모가 즉위한 후 한 차례 국난을 거치며 5부는 모두 새로운 수도인 국내 부근을 중심으로 재편되었다고 한다. 이러한 과정을 거치며 본래 전국 단위의 5부는 수도와 기내 지역의 5부로 변화하며 왕권의 강한 통제 아래 놓이면서 점차 그 독자적 성격은 소멸되어 갔다고 한다. 5부와 그 변천에 대한 이러한 해석은 논리 전개 측면에서 적지 않은 모순을 내포하고 있지만, 고구려 5부에 대한 새로운 견해를 제출했다는 점에서 나름대로 의미는 있어 보인다. 다만 한국에서 이루어진 진전된 성과는 거의 섭렵하고 있지 못하다는 점에서 그 한계는 분명하다.

제4장에서는 고구려 초기 관직에 대하여 중앙과 지방, 제가회의, 작(爵)과 식읍 등을 중심으로 검토하고 있다. 중앙과 지방 관직에 대한 부분은 사료에 보이는 관직에 대한 초보적 해석을 한 것이고, 제가회의는 5부의 대가와 일부 중앙 관료들이 합좌 형태로 참여하여 외교·사법·제례 등을 관장했다고 보았다. 그리고 제가회의는 국왕 계승 문제 외에 기타 국정 전반에 대해서는 그 영향력이 미미하다고 파악했다. 고구려 초기 지방제도에 대해서 일찍부터 중국 군현제를 모방하여 지방의 최고 단위 통치자를 태수로 칭했고, 6개의 태수 관할구가 있었다고 한다. 그리고 봉작제는 따로 존재하지 않아 『삼국사기』에 보이는 작이나 식읍 등의 표현은 다른 뜻으로 사용된 것이라고 보았다. 그러나 이러한 견해들은 문헌을 단편적으로 해석하여 내린 결론에 불과해 학술적으로 의미 있게 수용하기는 곤란한 부분들이다.

부록에서는 저자인 양군·고복순·강유동이 고구려의 지방제도, 중앙관제, 5부에 대하여 각자의 견해를 부기하는 형태로 정리해 두었다. 먼저 양군은 고구려의 지방제도가 한 군현의 영향과 주몽 집단의 출자지인 부여의 전통이 결합되어 성립된 것으로 파악했다. 그리고 이른 시기부터 태수(守)가 통치하는 지방 최고 행정구역으로서 곡(谷) 혹은 성(城)이 존재했다고 한다. 이후 2세기 무렵부터는 곡(성)-성-촌의 등급으로 지방제도가 재편되었으며, 곡(성)에는 장관인 태수가, 성에는 재(宰)가 파견되었고 촌에는 공식 관원이 파견되지는 않았다고 한다.

고복순은 고구려 중앙관제가 시기별로 7등급(한·위 시기), 12등급(진·

수 시기), 17등급(당 시기)으로 변화했다고 파악했고, 고구려 중기까지 중앙관제는 크게 제가 계열, 형 계열, 사자 계열로 편성되었다고 분석했다. 고구려 중앙관제의 특징은 5부 귀족과 비 5부 귀족 두 부분의 관원들로 구성되어 있었으며, 이들이 담당할 수 있었던 관등의 한계는 매우 엄격히 규정되어 있었다는 점을 들었다. 즉 비 5부 출신 관원들은 대체로 출신이 한미하고 신분이 낮아 사자 관등 이상으로 올라가기 힘들었을 것으로 추측했다. 그리고 고구려 관등제는 그 발전과 변천 과정에서 점차 형(兄)을 중심으로 한 형계 관등과 사자를 중심으로 한 사자계 관등체계로 재편되었다고 보았다. 이러한 주장들은 이미 1990년대에 한국 학계에서 활발하게 논의된 것이지만 이를 전혀 반영하지 못했다.

위의 『고구려관제연구』와 거의 같은 시기에 같은 제목을 달고 출간된 저서가 있다. 필자도 일부 겹치는데 고복순·유거·강유동이 집필한 『동북아연구논총(東北亞研究論叢) 8 − 고구려 관제 연구(高句麗官制研究)』(東北師範大學出版社, 2014)다. 이 책은 상편 고구려 중앙관제 연구, 중편 고구려 지방행정체제 및 관료체제 연구, 하편 고구려 5부와 5부 관제 연구의 총 3편으로 구성되어 있으며 각 편별로 고복순·유거·강유동이 집필했다. 적지 않은 부분이 위의 『고구려관제연구』와 겹친다. 다만, 이 책은 각 집필자가 편별로 철저히 분담하여 썼기 때문에 좀 더 개별 연구자의 특성이 강하게 묻어난다.

상편의 경우 고복순이 집필을 맡아 고구려 중앙관제에 대하여 시기별로 정리했다. 제1장에서 고구려 관제의 기원에 대하여 다루며 고구려 건국 시기와 관련된 여러 설을 소개하며 실제 고구려 국가의 성립은 주몽의

[표 5] 『동북아연구논총 8 - 고구려 관제 연구』 목차

이주 이후부터이며, 그 이전 현도군 고구려현 휘하의 부족[31]들과는 다르다고 보았다. 그리고 건국 초 관료층을 형성한 집단은 크게 주몽이 중심이 된 부여계의 외래세력 집단, 비류국 등의 토착세력 집단, 여러 피정복 세력 집단 출신으로 대별된다고 보았다.

제2장에서는 소위 한·위 시기, 대체로 한국에서 보는 5나부 체제가 작동하는 3세기 전후까지의 중앙관제에 대하여 분석하고 있다. 이 시기 핵심 정치체제는 5부이므로 관제 분석 또한 5부와 연계하여 파악했다.

고구려 중앙관제를 시기순으로 분석한 상편의 경우 이전에 나온 고구려 관제 관련 논저들에 비해 많은 부분에서 진전된 모습을 보인다. 하지만 고구려사를 고구려 자체로 파악하지 않고 중국사에 부속하여 인식하는 것은 여전한 한계점이다. 이는 장 제목 설정에도 그대로 드러난다. 고복순은 분명 고구려사의 발전 과정을 토대로 건국 시기부터 후기까지 총 4개의 장으로 구성했으나 그 명칭은 대부분 중국 왕조와 조응시킴으로써 한·위, 진·수 등 중국사 시대 구분에서도 잘 쓰지 않는 어색한 형태가 되고 말았다. 시기 구분과 그 명칭에 대한 올바른 역사학적 자세는 아니라 생각된다.

그리고 대체로 한국 학계에서 1990년대에 이미 제기되었거나 논의가 끝난 문제들을 논하고 있으므로 전체 고구려 제도사에서 보았을 때 연구사적 의의가 크지 않다. 외국어(한국어) 능력의 부족으로 선행 연구 성과를 제대로 섭렵하지 못한 채 연구를 진행하는 중국 학계의 고질적 병폐는 언젠가는 반드시 시정되어야 할 것이다.

---

31 고복순은 '부족후국(部族侯國)'이라는 용어를 사용했다.

유거가 집필한 중편에서는 고구려의 지방제도에 대하여 다루고 있다. 이 역시 시기 순으로 정리하고 있는데, 고구려 전기사의 시기 구분을 나부 시기, 5부 시기, 성읍제 시기로 나눈 특징이 있다. 나부 시기는 대체로 서기 1세기 후반까지, 5부 시기는 평양 천도 이전까지, 성읍제 시기는 평양 천도 이후로 보았다. 나부 시기와 5부 시기의 구분은 나부는 일종의 자연 발생적 부족의 성격이 강한 것으로, 5부는 왕권에 의해 재편된 최상급 지방행정지구로 상정했다.

그리고 성읍제란 평양 천도 이후 5부가 더 이상 지방행정기구로 기능하지 못하고 귀족의 특권 기구로만 기능하면서 지방이 성을 중심으로 재편된 것을 의미한다고 한다. 5부를 평양 천도 이전까지 광역 지방행정구역으로 파악한 것이나, 고구려 고유의 성 중심 지방 통치제도가 평양 천도 이후부터 본격적으로 작동한 것처럼 해석한 필자의 주장은 많은 약점을 갖고 있지만, 나름대로의 논리체계를 세우고 새로운 견해를 제시한 점은 고구려 지방제도사 분야에서 연구사적 의미는 있다고 생각된다. 다만 기존 연구 성과를 흡수하지 못하고 단순 사료 해석을 통해 직관적으로 논리를 전개한 점은 큰 결점이다.

하편은 고구려 5부에 대하여 강유동이 저술한 것이다. 그는 고구려 5부의 개념, 성격, 성립과 변화, 소재지 등에 대한 기존 연구 성과를 정리하고 자신만의 견해를 피력했다. 주장의 핵심은 고구려 5부는 형성기부터 멸망기까지 도성 5부제로만 기능했다는 것이다. 즉 수도의 방위 혹은 지역 구획으로 본 것이다. 그리고 5부관 역시 초·중기에는 제가와 사자 계열의 속관으로 이루어졌다가 평양 천도 이후 욕살을 정점으로 한 자체적 관료조직을 갖추고 있었던 것으로 파악했다.

강유동은 고구려 5부가 초기에는 부족의 성격에서 점차 '귀인지족(貴

人之族)'으로 변했다고 보았으며, 부의 수장과 성격 등도 점차 변화했다고 보았다. 그는 졸본 부여 시기에는 소노가(消奴加)가 왕 역할을 했으며, 소노가가 한대의 현성(縣城) 5감찰 구역을 모방해 5부제를 만들었다고 보았다. 그리고 궁(宮)이 집권하며 계루부가 소노부를 대신해 왕권을 장악하면서 본격적으로 5부체제가 가동되었다고 한다. 즉 고구려 5부의 기원은 한대 현역 5감찰구역제이나, 각 부의 대가는 상대적으로 독자적 세력을 유지하는 특성이 있다고 보았다. 이들 5부는 계루부로부터 독립적 성격이 강하면서도 독자적 지방행정 단위 역할을 했고, 국왕도 계루부의 수장을 겸임한 것이 고구려 5부체제의 특징이라고 주장했다. 그러나 이 이모가 환도산 아래 새로운 도성을 건설하면서 5부제는 새로운 형태로 정비되기 시작했고 사실상 수도권의 행정구역으로 정착되었다고 한다. 고구려 5부에 대하여 나름 새로운 견해들을 제출했으나 지나치게 중국 사서만 신뢰하고, 사료에 대한 정교한 분석이 결여된 직관적 형태의 주장들을 나열함으로써 학술적 가치를 인정하기는 어려운 주장이다.

상기 『동북아연구논총 8 – 고구려 관제 연구』의 공저자 고복순은 이 책에서 전담하여 집필한 중앙관제 부분을 다시 증보하여 『고구려 중앙관제 연구(高句麗中央官制研究)』(吉林大學出版社, 2015)를 출간했다. 추가된 부분은 고구려 중앙관제 연구에 대한 연구사 정리와 의의, 그리고 고구려 중앙관제가 시기별로 변천하는 양상과 변화의 분기에 관한 내용이다.

고구려 초기 정치·사회와 관련하여 국내 천도 문제 역시 중요한 주제인데, 이와 관련한 연구 성과도 나온 바 있다. 먼저 위나암성의 역사적 연원과 실체에 대해 분석하며, 위나암성이 국내성의 전신이며 위나는 유리왕 이전 해당 지역 세력의 명칭이라고 본 견해가 제출되었다.[32] 그리고 유리왕의 국내 천도에 대해 부여와의 전쟁을 대비한 군사 역량의 배양, 한의 통제로부터의 탈출, 통치력 강화, 국내 지역의 우수한 자연환경과 지리적 위치 등으로 분석한 연구도 있다.[33] 논증 과정의 소략함, 그리고 기존 연구 성과에 대한 검토 미비라는 한계를 노출하고 있지만 중국 학계의 고구려 초기사 연구 대상의 확대라는 측면에서 나름대로 의의는 있어 보인다.

맺음말

지금까지 동북공정 이후 중국 학계에서 이루어진 고구려 초기사에 관한 연구 성과를 고구려 종족 및 국가 형성과 관련 주제, 정치·사회체제 관련 주제로 분류하고, 그 핵심 주장의 내용과 문제점에 대하여 간략하게 살펴보았다. 이를 요약·정리하고, 앞으로 우리 학계의 대응에 대한 제언을 하는 것으로 결론을 대신하고자 한다.

고구려 종족 관련 문제는 고구려사의 귀속 문제와 맞물려 동북공정 이전부터 중국 학계의 중요한 연구 주제였다. 특히 이덕산·범리·류자민 등의 연구 성과는 지극히 중국 정부의 정치적 목적에 부합하는 국수주의적 경향이 강했으며, 고문헌에만 의지한 초보적 수준이었다. 이러한 연

---

32 孫煒冉, 2017, 「高句麗'尉那岩城'考辨」, 『北方文物』 2017-1.

33 朱尖, 2016, 「高句麗琉璃明王遷都原因探析」, 『通化師範學院學報』 2016-9.

구 기조는 동북공정이 진행될 때도 마찬가지였다. 하지만 동북공정이 종반으로 치닫는 시기부터는 학술적으로 주목할 만한 연구 성과가 나오기 시작했다. 2006년과 2011년에 단독 저서를 간행한 양군의 연구가 대표적이다.

양군은 2006년에 출간한 『고구려 민족과 국가의 형성과 변천』에서 고구려 종족과 국가의 형성에 대하여 논하며 고구려가 다종족적인 요소를 기반으로 성립했으며, 5부체제를 기반으로 국가를 형성했다고 주장했다. 그의 저서 역시 역사적 실체가 부정되는 기자 조선과 한 군현의 역할 강조, 동이 관련 사료의 무비판적 수용 등 기존 중국 학계가 갖고 있던 고구려 종족과 국가 형성에 대한 편견과 낮은 수준의 이해는 여전했다. 그러나 기본적으로 고구려를 만주와 한반도에 기반을 둔 국가로 인식하고 5부체제 등 고구려 자체의 역사적 요소에 주목했다는 점에서 의미가 있다.

2011년에 출간한 『고구려와 탁발 선비 국가 기원 비교 연구』에서는 더욱 진전된 연구 성과를 내놓았는데, 탁발 선비와의 비교를 통해 고구려의 국가 기원을 논했다. 기존 중국에서 나온 단순하고 평면적인 방법을 취한 것이 아니라 탁발 선비와 고구려의 사회구조, 습속, 지리적 위치 등 다양한 공통 요소들을 추출함으로써 아주 입체적이고 실질적인 비교 연구를 진행했다. 또한 고고학 성과 역시 적지 않게 수용하여 연구의 실증성 강화와 질적 제고에 노력했음을 알 수 있다.

고구려 정치·사회체제에 대한 주제로도 적지 않은 성과가 나왔다. 2008년에 고구려 정치제도사를 전론한 저서를 7인 공저로 발간했고, 2014년에 고구려 관제에 관한 저서 2권, 2015년에 또 한 권이 발간되었다. 이 저서들을 통해 중국 연구자들은 고구려의 중앙 관제와 지방관제,

5부로 대표되는 사회체제 등에 대한 새로운 견해들을 제출했다.

물론 2014년과 2015에 나온 저서들은 내용이 꽤 중복되고, 결과물의 수준도 높지 않다. 하지만 동북공정 이후 중국 학계가 역사 연구에서 핵심 주제인 정치사 부문에 대하여 관심을 기울이고 연구 역량을 집중하고 있다는 점은 분명 환영할 만한 일이다.

서론과 본론에서 여러 차례 언급했지만 동북공정 이후 중국 학계의 고구려사 연구는 주제·소재의 다양화와 실증성의 강화가 큰 특징이다. 특히 이러한 경향은 중국 고구려사 연구의 2.5~3세대라 일컬을 만한 젊은 연구자들을 중심으로 두드러지고 있어 향후 더욱 주의가 요구된다.

기존 세대의 중국 연구자들이 주로 고구려의 소재지인 만주 출신이라는 이점을 업고 고고학·금석문 연구에 주력했다면, 이들은 중국인으로서 다양한 고전 문헌에 능하며 탄탄한 역사 이론을 기반으로 한 사론에 강점을 갖고 있다. 그리고 중국 특유의 민족학과 인구학 등 한국 학계에게는 비교적 생소하나, 고구려사 연구에서 매우 중요한 방법론으로 활용할 수 있는 인접 학문에 대한 높은 장악도 또한 장점이다.

특히 최근 양군이 시도하고 있는 비교사적 관점과 방법에 입각한 연구 자세는 한국 학계 또한 본받을 필요가 있다. 물론 이러한 시도가 하루아침에 이루어질 수 있는 일도 아니고, 단기간에 괄목한 성과를 낸다는 보장도 없다. 하지만 이미 방법론 측면에서 한계에 봉착한 고구려사 연구, 특히 문헌사 방면에서는 장기적으로 새로운 성과를 배출할 수 있는 단초를 제공해 줄 수 있을 것이라 생각된다.

물론 아직까지 중국 학계의 고구려사 연구가 질적으로 한국 학계의 수준을 뛰어넘은 것은 아니다. 어쩌면 영원히 뛰어넘을 수 없을지도 모른다. 그러나 한 가지 분명한 사실은 중국 학계도 동북공정을 거치며 고구려사 자체에 적지 않은 관심이 생겼고, 이에 대한 투자와 함께 학술적 견지에서 의미 있는 성과가 나오기 시작했다는 점이다. 머지않은 미래에 중국 학계에서도 기존과 같이 정보 제공 수준에만 머무는 것이 아니라, 학술적으로 수용할 만한 수준 있는 연구 성과가 배출될 것이다. 이를 위해서는 한국과 중국 학자들의 부단한 학술교류를 통한 파트너십 형성이 절실해 보인다.

부록

동북공정 이후 중국의 고구려 초기사 관련 연구 논저

劉炬·季天水, 2007, 「高句麗侯騶考辨」, 『社會科學戰線』 2007-4.

王綿厚, 2007, 「高句麗建國初期的"卒本夫餘"與"涓奴""桂婁"二部王族的興衰遞變-關於高
　　　句麗早期歷史的若干問題之五」, 『東北史地』 2007-5.

趙紅梅, 2007, 「玄菟郡經略高句麗」, 『東北史地』 2007-5.

姜維公·姜維東, 2007, 「高句麗百濟起源新論」, 『東北亞研究論叢』 2007-10.

劉炬·付百臣, 2008, 『高句麗政治制度研究』, 香港亞洲出版社.

李新全, 2008, 『高句麗早期遺址及其基源研究』, 吉林大學 博士學位論文.

李淑英·李樂營, 2008, 「高句麗民族禮儀初探」, 『東北史地』 2008-1.

張碧波, 2008, 「高句麗薩滿文化研究」, 『滿語研究』 2008-1.

楊軍, 2008, 「高句麗早期五部考」, 『西北第二民族學院學報』(哲學社會科學版) 2008-5.

姜維東, 2008, 「高句麗黃龍升天傳說」, 『東北史地』 2008-6.

馬彦, 2008, 「試論早期高句麗政權的性質」, 『東北史地』 2008-6.

何海波, 2008, 「國內高句麗族源研究綜述」, 『長春師範學院學報』(人文社會科學版) 2008-7.

王旭, 2008, 「高句麗貴族制度及其發展」, 『長春師範學院學報』(人文社會科學版) 2008-9.

楊軍, 2009, 「高句麗"加爵"與"食邑"考」, 『北方文物』 2009-2.

劉子敏, 2009, 「高句麗大武神王研究」, 『北方文物』 2009-2.

姜維東, 2009, 「高句麗卵生傳說研究」, 『東北史地』 2009-3.

_____, 2009, 「高句麗神馬傳說」, 『東北史地』 2009-4.

王綿厚, 2009, 「『漢書』王莽傳中"高句麗侯騶"其人及其"沸流部"-關於高句麗早期歷史文化
　　　的若干問題之七」, 『東北史地』 2009-5.

樸燦奎, 2009, 「沸流國考」, 『東北史地』 2009-6.

魏存成, 2009, 「高句麗的興起及其與玄菟郡的關系」, 『東北史地』 2009-6.

王綿厚, 2009, 「試論桓仁"望江樓積石墓"與"卒本夫餘"-兼論高句麗起源和早期文化的內涵
　　　與分布」, 『東北史地』 2009-6.

李新全, 2009, 「高句麗的早期都城及遷徙」, 『東北史地』 2009-6.

趙欣, 2009, 「夫餘與高句麗的關系探略」, 『東北史地』2009-6.

楊軍, 2009, 「高句麗朱蒙神話研究」, 『東北史地』2009-6.

李淑英, 2009, 「關於高句麗建國的年代」, 『通化師範學院學報』2009-9.

楊軍, 2009, 「高句麗王世系積年考-兼論朱蒙建國時間」, 『通化師範學院學報』2009-9.

何海波·魏克威, 2009, 「國內高句麗五部研究綜述」, 『長春師範學院學報』2009-9.

姜維公, 2009, 「高句麗開國時間考述」, 『東北邊疆歷史與文化研究』.

姜維東, 2010, 「高句麗延優傳說」, 『博物館研究』2010-1.

姜維東, 2010, 「高句麗獻魚卻敵傳說-高句麗傳說考源之三」, 『東北史地』2010-1.

徐棟梁, 2010, 「從開國傳說看高句麗文化的淵源」, 『通化師範學院學報』2010-1.

趙炳林, 2010, 「高句麗的民族構成述論」, 『長春理工大學學報』(高教版) 2010-1.

劉子敏, 2010, 「評高句麗源於"商人說"」, 『博物館研究』2010-3.

姜維東, 2010, 「高句麗始祖傳說中河伯女內容探源-高句麗傳說考源之四」, 『東北史地』
　　　2010-4.

張碧波, 2010, 「感日卵生-高句麗族源神話-兼及〈東明王篇的解析〉」, 『東北史地』2010-4.

李新全, 2010, 「高句麗建國傳說史料辨析」, 『東北史地』2010-5.

王志敏, 2010, 「高句麗故地與第二玄菟郡考」, 『東北史地』2010-5.

張士東, 2010, 「"夫餘"與"句麗"語義考釋」, 『東北師大學報』(哲學社會科學版) 2010-6.

劉炬, 2010, 「關於高句麗早期歷史研究體系的幾點看法」, 『東北史地』2010-6.

季南·宋春輝, 2010, 「從朱蒙神話看高句麗民族多元文化因子」, 『山東文學』2010-7.

魏存成, 2010, 「玄菟郡的內遷與高句麗的興起」, 『史學集刊』.

梁啟政, 2011, 「略議高句麗姓氏」, 『通化師範學院學報』2011-3.

祝立業, 2011, 「略談流入高句麗的漢人群體」, 『北方文物』2011-3.

孫煒冉, 2011, 「高句麗人口中的漢族構成小考」, 『博物館研究』2011-4.

陳香紅, 2011, 「高句麗法律思想的文化基礎」, 『通化師範學院學報』2011-5.

範恩實, 2011, 「高句麗"使者", "皂衣先人"考」, 『東北史地』2011-5.

鞏春亭, 2011, 「從朱蒙神話看韓國古代女性的地位及自我意識」, 『文學界』(理論版) 2011-10.

楊軍, 2011, 『高句麗與拓拔鮮卑國家起原比較研究』, 吉林文史出版社.

王程程, 2011, 「高句麗五部歷史研究」, 東北師範大學 碩士學位論文.

李賀, 2011, 「夫餘移民研究」, 東北師範大學 碩士學位論文.

姜麗麗, 2012, 「高句麗與夫餘文化對比研究」, 福建師範大學 碩士學位論文.

黃震雲, 2012, 「夫餘和高句麗神話傳說與族源考」, 『徐州工程學院學報』(社會科學版) 2012-2.

劉炬, 2012, 「高句麗的伯固王及相關史事整理」, 『東北史地』2012-3.

鞏春亭, 2012, 「從朱蒙神話看高句麗的尚武習俗」, 『北方文學』2012-9.

羅新, 2013, 「高句麗國名臆測」, 『中華文史論叢』2013-1.

劉炬, 2013, 「試談高句麗絕奴部的興衰」, 『北方文物』2013-1.

張芳, 2013, 「高句麗民族起源問題史料評析-以十二家正史爲中心」, 『吉林師範大學學報』
(人文社會科學版) 2013-4.

範恩實, 2013, 「高句麗祖先記憶解析」, 『東北史地』2013-5.

劉洪峰, 2013, 「高句麗與夫餘建國神話初探」, 『黑龍江史志』2013-11.

姜維東, 2013, 「高句麗王室得姓傳說」, 『博物館研究』2013-3.

王雁, 2013, 「高句麗文化與中原文化的同源關系」, 『職大學報』2013-5.

姜維公·姜維東, 2013, 「高句麗始祖傳說研究」, 『東北史地』2013-4.

劉偉, 2013, 「中原文化影響下的高句麗婚喪習俗」, 『通化師範學院學報』2013-11.

劉洪峰, 2013, 「高句麗與夫餘文化關系芻議」, 『吉林師範大學學報』(人文社會科學版) 2013-3.

劉洪峰, 2013, 「高句麗與夫餘關系問題研究綜述」, 『黑河學刊』2013-9.

劉洪峰, 2013, 「高句麗與夫餘政治經濟對比分析」, 『蘭台世界』2013-30.

劉洪峰, 2013, 「高句麗與夫餘軍事關系探析」, 『白城師範學院學報』2013-4.

王旭, 2013, 「高句麗與中原王朝財經制度比較研究」, 『東北史地』2013-5.

王旭, 2013, 「淺探高句麗宰相制度」, 『青年文學家』2013-33.

高福順·劉炬·姜維東, 2014, 『東北亞研究論叢 8-高句麗官制研究』, 東北師範大學出版社.

楊軍·高福順·姜維公·姜維東, 2014, 『高句麗官制研究』, 吉林大學出版社.

孫煒冉, 2014, 「高句麗王系問題研究綜述」, 『博物館研究』2014-3.

張芳, 2014, 「高句麗王系傳承問題再探討-兼談《魏書·高句麗傳》所載王系的價值與缺失」,
『博物館研究』2014-3.

李樂營·孫煒冉, 2014, 「也談高句麗"侯驪"的相關問題」, 『社會科學戰線』2014-2.

程尼娜, 2014, 「"高句麗"改稱"高麗"再考論」, 『東北史地』2014-4.

李岩, 2014, 「高句麗祭祀習俗中的儒家文化因子」, 『求索』2014-11.

呂志國, 2014, 「樸赫居世神話與朱蒙神話對比分析」, 『新聞研究導刊』2014-6.

陳健·姜維東, 2014,「濊貊族建國傳說共用模式研究」,『東北史地』2014-4.

高福順, 2015,『高句麗中央官制研究』, 吉林大學出版社.

合燦溫·張士東, 2015,「從高句麗民族的濊系來源及其與周邊民族關系看高句麗語」,『通化師範學院學報』2015-3.

張士東, 2015,「高句麗語名詞的語音和語義重建」,『東北史地』2015-2.

孫煒冉·李樂營, 2015,「"高句麗"與"高夷"之辨-高句麗名稱的由來和演變」,『史志學刊』2015-5.

範恩實, 2015,「高句麗早期地方統治體制演化歷程研究」,『東北史地』2015-1.

孫煒冉·苗威, 2015,「高句麗獨特喪葬習俗探析」,『古代文明』2015-3.

陳永國, 2015,「淺談夫餘始祖東明王的傳說」,『東北史地』2015-3.

祝立業, 2015,「簡析高句麗始祖傳說的建構與夫餘衰亡之關系」,『東北史地』2015-5.

隋東旭, 2015,「文獻記載中的高句麗民族狩獵活動及其演變」,『古籍整理研究學刊』2015-1.

李大龍, 2015,「黃龍與高句麗早期歷史-以〈好太王碑〉所載鄒牟, 儒留王事跡爲中心」,『青海民族大學學報』(社會科學版) 2015-1.

王旭, 2015,「高句麗 渤海中央行政機制之異同」,『東北史地』2015-6.

王卓·劉成新, 2015,「高句麗王族的族源神話建構及其歷史影響」,『東北史地』2015-2.

裴呂佳, 2015,「秦漢東北民族關系研究綜述」,『新西部』(理論版) 2015-18.

合燦溫·張士東, 2015,「高句麗及語言與周邊民族及語言的關系」,『蘭台世界』2015-21.

姜維公, 2016,「好太王碑及其始祖傳說模式的意義」,『東北史地』2016-1.

孫煒冉, 2016,「高句麗的王位繼承方式及王儲制度」,『史志學刊』2016-5.

王文光·江也川, 2016,「先秦, 秦漢時期的東夷研究-以《后漢書》東夷列傳爲中心」,『學術探索』2016-12.

王天姿·王禹浪, 2016,「西漢南閭穢君, 滄海郡與臨穢縣考」,『黑龍江民族叢刊』2016-1.

王禹浪·王俊錚, 2016,「穢貊研究述評」,『渤海大學學報』2016-2.

朱德貴·齊丹丹, 2016,「先秦兩漢時期'穢貊'族問題探討」,『北方文物』2016-2.

朱尖, 2016,「高句麗琉璃明王遷都原因探析」,『通化師範學院學報』2016-9.

焦彥超, 2016,「高句麗新城考」,『東北史地』2016-2.

孫煒冉, 2017,「高句麗'尉那岩城'考辨」,『北方文物』2017-1.

王培新, 2017,「從玄菟徒郡解析"高句麗"由國名到族稱的演變」,『史學集刊』2017-1.

동북공정기(2002~2006) 중국의 고구려 초기사 관련 연구 논저

張碧波, 2002, 『東北民族與疆域論稿』, 黑龍江教育出版社.

耿鐵華, 2002, 『中國高句麗史』, 吉林人民出版社.

劉子敏, 2002, 「高句麗族源研究」, 『社會科學戰線』 2002-5.

劉子敏, 2002, 「朱蒙之死新探-兼說高句麗遷都"國內"」, 『北方文物』 2002-4.

林茂雨·李龍彬, 2002, 「高句麗民族的婚喪習俗及宗教信仰」, 『北方文物』 2002-3.

孫進己, 2002, 「高句麗的起源及前高句麗文化的研究」, 『社會科學戰線』 2002-2.

楊軍, 2002, 「高句麗族屬溯源」, 『社會科學戰線』 2002-2.

楊軍, 2002, 「高句麗地方統治結構研究」, 『史學集刊』 2002-1.

楊軍, 2002, 「從"別種"看高句麗族源」, 『東疆學刊』 2002-1.

王綿厚, 2002, 「高夷, 濊貊與高句麗-再論高句麗族源主體爲先秦之"高夷"即遼東"二江"流
        域"貊"部說」, 『社會科學戰線』 2002-5.

王曉南, 2002, 「高句麗的起源問題再論」, 『通化師範學院學報』 2002-6.

李德山·欒凡, 2003, 『中國東北古民族發展史』, 中國社會科學出版社.

馬大正 等, 2003, 『古代中國高句麗史續論』, 中國社會科學出版社.

姜維東, 2003, 「高句麗研究的若干問題」, 『中國東北邊疆研究』, 中國社會科學出版社.

劉炬, 2003, 「高句麗相權考」, 『北方文物』 2003-3.

李大龍, 2003, 「關於高句麗侯騶的幾個問題」, 『學習與探索』 2003-5.

李德山, 2003, 「當前高句麗史研究中的幾個問題」, 『中國邊疆史地研究』 2003-2.

宋福娟, 2003, 「高句麗與北方民族的融合」, 『通化師範學院學報』 2003-1.

王綿厚, 2004, 『高句麗與穢貊研究』, 哈爾濱出版社.

姜維東, 2004, 「高句麗文化淵源槪論」, 『社會科學戰線』 2004-6.

耿鐵華, 2004, 「高句麗省稱句麗考」, 『高句麗渤海歷史問題研究論文集』, 延邊大學出版社.

耿鐵華, 2004, 「高句麗遷都國內城及相關問題」, 『東北史地』 2004-1.

高福順, 2004, 「高句麗官制中的'加'」, 『東北史地』 2004-8.

高於茂, 2004, 「沸流國探秘」, 『東北史地』 2004-3.

金延齡, 2004, 「也談高句麗民族的起源」, 『東北史地』 2004-8.

劉子敏, 2004, 「高句麗縣研究」, 『東北史地』 2004-7.

劉子敏, 2004, 「東北亞古族古國歸屬談」, 『高句麗渤海歷史問題研究論文集』, 延邊大學出版社.

李健才, 2004, 「再論高句麗遷都到國內以前有無漢代縣城的問題」, 『東北史地』 2004-6.

李淑英·耿鐵華, 2004, 「兩漢時期高句麗的封國地位」, 『中國邊疆史地研究』 2004-4.

李淑英·耿鐵華, 2004, 「高句麗建國時間考論」, 『學習與探索』 2004-3.

薛海波, 2004, 「試論兩漢魏晉時期的玄菟郡」, 『東北史地』 2004-6.

孫泓, 2004, 「高句麗文化的主體」, 『東北史地』 2004-12.

楊軍, 2004, 「高句麗名義考」, 『東北史地』 2004-5.

溫玉成, 2004, 「高句麗"相之國"」, 『北方文物』 2004-3.

王叢安·紀飛, 2004, 「卒本城何在」, 『東北史地』 2004-2.

魏存成, 2004, 「高句麗政權的建立與發展」, 『東北史地』 2004-1.

李成·張淑華, 2004, 「高句麗貨幣經濟研究」, 『東北史地』 2004-3.

鄭春穎, 2004, 「淺談正史高句麗傳的設立」, 『東北史地』 2004-12.

曹德全, 2004, 「'新國'與'故國'簡析」, 『東北史地』 2004-3.

趙紅梅, 2004, 「好太王碑載高句麗族源神話考」, 『東北史地』 2004-10.

周向永, 2004, 「從紇升骨到國內城: 人地關系的歷史思考」, 『東北史地』 2004-6.

耿鐵華, 2005, 『高句麗史論稿』, 吉林文史出版社.

李殿福, 2005, 『高句麗民族文化研究』, 吉林文史出版社.

耿鐵華, 2005, 「高句麗神話解析」, 『吉林師範大學學報』(人文社會科學版) 2005-3.

耿鐵華, 2005, 「王莽征高句麗兵伐胡史料與高句麗王系問題-兼評〈朱蒙之死新探〉」, 『北方文物』 2005-2.

耿鐵華, 2005, 「晉封高句麗官印考略」, 『東北史地』 2005-3.

劉素雲, 2005, 「高句麗政權早期所在地初探」, 『長春教育學院學報』 2005-1.

劉素雲, 2005, 「高句麗的發祥地-卒本川當今何地」, 『東北史地』 2005-6.

楊軍, 2005, 「高句麗地方官制研究」, 『社會科學輯刊』 2005-6.

王綿厚, 2005, 「論高夷, 句麗, 高句麗與西漢玄菟郡遞變與歸屬關系的歷史定位」, 『高句麗歷史問題研究論文集』, 延邊大學出版社.

王綿厚, 2005, 「西漢時期的高句麗"五部"與"第二玄菟郡-關於高句麗早期歷史的若干問題之三"」, 『東北史地』 2005-6.

祝立業, 2005, 「'五部化'走向'五部一體化'的發展歷程－兼論高句麗王權與部權的消長」, 『東北史地』 2005-5.

鴻鵠, 2005, 「高句麗國相制研究」, 『東北史地』 2005-6.

姜維公·鄭春穎·高娜, 2006, 『正史高句麗傳校注』, 吉林人民出版社.

劉子敏·苗威, 2006, 『中國正史高句麗詳注及研究』, 香港亞洲出版社.

李國強·李宗勳 主編, 2006, 『高句麗歷史新研究』, 延邊大學出版社.

李春祥, 2006, 『高句麗與東北民族疆域研究』, 吉林文史出版社.

楊軍, 2006, 『高句麗民族與國家的形成和演變』, 中國社會科學出版社.

張碧波, 2006, 『中國東北疆域研究』, 黑龍江人民出版社.

耿鐵華, 2006, 「高句麗民族起源與民族融合」, 『社會科學輯刊』 2006-1.

高福順, 2006, 「高句麗中央官位等級制度的演變」, 『史學集刊』 2006-5.

劉偉, 2006, 「儒家思想在高句麗前期的傳播原因及影響」, 『東北史地』 2006-1.

劉子敏, 2006, 「史學觀, 方法論及其他－以古朝鮮, 漢四郡及高句麗研究爲中心」, 『高句麗歷史新研究』, 延邊大學出版社.

劉子敏, 2006, 「關於高句麗第一次遷都問題的探討」, 『東北史地』 2006-4.

李大龍, 2006, 「關於高句麗早期歷史的幾個問題」, 『東北史地』 2006-4.

李德山, 2006, 「再論高句麗民族的起源」, 『東北史地』 2006-3.

李淑英, 2006, 「高句麗民族起源研究述要」, 『通化師範學院學報』 2006-3.

李殿福, 2006, 「國內城始建於戰國晚期燕國遼東群塞外的一個據點之上」, 『東北史地』 2006-3.

樸真奭, 2006, 「關於撥奇與發歧幾個問題的初步意見」, 『高句麗歷史新研究』, 延邊大學出版社, 2006.

徐德源, 2006, 「漢樂浪群屬縣令地考定質疑」, 『東北史地』 2006-2.

於波, 2006, 「漢文化對高句麗文化的影響」, 『東北史地』 2006-2.

張福有·孫仁傑·遲勇, 2006, 「豆谷, 豆谷宮及琉璃王陵」, 『東北史地』 2006-2.

趙紅梅, 2006, 「略析玄菟郡的多元民族結構」, 『東北史地』 2006-6.

3장

고구려 유민사

안정준

머리말

중국은 1949년 중화인민공화국이 성립된 이후 영토 내의 모든 민족을 '중화민족'이라는 개념을 통해 표현하기 시작했으며, 1980년대 이래로 국경 기준이 아닌, 공동의 문화심리적 요소, 즉 공동의 언어, 민족적 소속감, 공동의 조상 인식 등을 '중화민족'의 기준으로 삼기에 이르렀다. 이는 중국 내 각 소수민족들이 형성된 이후 최종적으로 중국 영토에 편입되면서 공동의 문화적·심리적 정체성을 가지게 되었[融合]던 만큼, 모두 중화민족이라는 대가정의 일원이라는 인식에서 비롯된 것이다. 이러한 시각은 현재 중국의 영역 내에 포함된 고구려사를 바라보는 시각에도 투영되었다.[1]

고구려인이 고대 중화민족의 일원이었다는 주장은 고구려 존속기 혹은 멸망 이후의 주민 편입 등을 근거로 한 결과론적인 분석에 불과하다.

---

[1] 1990년대 말에서 2000년대에 이루어진 고구려 유민의 묘지명 연구, 예컨대 천남생(泉男生)·고족유(高足酉)·고진(高震)의 묘지명에 대한 개별 검토 연구들 역시 고구려 유민이 당 왕조의 인민과 융합하여 화하민족의 한 구성원이 되었다는 결론으로 일관되게 서술하고 있다. 杜文玉, 2002, 「高句麗泉氏家族研究」, 『渭南師院學報』 2002-4; 馬一虹, 2006, 「從唐墓志看入唐高句麗遺民歸屬意識的變化-以高句麗末代王孫高震一族及權勢貴族爲中心-」, 『北方文物』 2006-1; 連劭名, 1999, 「唐代高麗泉氏墓誌史事考述」, 『文獻』 1999-3.

이는 고구려의 오랜 역사에 등장하는 다양한 구성원들의 활동상과 그 역사적 의의를 단순화해 버리는 우를 범하는 것이다. 또한 나아가 정치·제도·사회·경제사 등 고대사 분야에 대한 학문적인 논의의 심화에도 역행한다. 이러한 문제는 한국 학계에서도 나타나고 있다. 특히 민족사적 관점을 중시하는 국내 학계의 고구려사 연구 시각은 중국 측과의 오랜 역사 분쟁 과정에서도 사실상 큰 전환이 이루어지지 않았다.

한국과 중국 학계에서 고구려사 귀속 문제와 관련해 활발히 논의되었던 유민(遺民) 연구는 고구려사 연구에 대한 양국 학계의 이념적·사상적 한계를 잘 드러내는 주제라고 할 수 있다. 이러한 한계는 2000년대 후반 이후 다수 발견되고 있는 고구려 유민 일족 관련 자료, 특히 북조·수·당대 묘지명에 대한 인식을 통해서도 드러나는바, 관련 자료의 현황 및 양국의 유민 분류 기준과 연구 시각이 갖는 문제점, 개선 방안 등을 함께 논의할 필요가 있다. 이 글에서는 그 대안을 찾는 과정으로서 중국 학계가 최근 제기하고 있는 고구려 '이민(移民)'의 개념 및 연구가 갖는 문제점을 먼저 살펴보고, 이 외에도 고구려 유민 관련 자료의 현황과 연구 경향을 검토해 보고자 한다.

고구려 '유민'의 개념과 범주

중국 학계의 이민 개념과 문제점

기존에 학계에서 고구려사의 귀속 문제와 관련해 주로 관심을 가졌던 것은 고구려 출신 이주민, 그 가운데서도 멸망 이후에 발생했던 '유민(遺

民)'이었다. 그런데 최근 중국 학계에서는 고구려 멸망 이전부터 중국으로 이주했던 주민을 '이민(移民)'이라는 보다 광범위한 범주로 묶는 가운데, 이들의 정체성 변화에 주목한 연구가 나오고 있다. 관련 연구에서 가장 대표적인 연구자로는 묘위(苗威)가 있다.

묘위는 2011년에 그동안의 연구 논문을 포함한『고구려 이민 연구(高句麗移民研究)』(吉林大學出版社, 2011)를 제출했다. 이 저서는 고구려 전 시기에 걸쳐 외부 지역으로 이주했던 이민을 검토 대상으로 했는데, 특히 이민의 범주와 개념을 설정하는 데 주로 갈검웅(葛劍雄)의 견해를 토대로 했다는 점이 눈에 띈다. 이에 따르면 본래 이민은 통상 원래 거주지를 떠난 사람을 의미하는 광의(廣義)의 개념이며,[2] 국가의 정치·군사·경제적 목적에 의해 의도적으로 옮겨지는 '사민(徙民)', 그리고 중대한 사회적 변동에 의해 어쩔 수 없이 스스로 본거지를 떠나는 '유민(流民)'을[3] 포함하는 개념으로 사용되기도 한다.[4] 또한 이주 범위에 있어서는 국가 내지(內地)에서의 이동(국내 이민)과 국가 외부로의 이동(국제 이민)을 모두 포괄하는 개념이기도 하다.[5] 또한 갈검웅은『중국이민사(中國移民史)』에서 1세대 이민이 이주지에 도착한 이후 낳은 자녀와 그 후손을 이민의 범주에서 구

---

2 이민의 일반적 의미에 대해서 갈검웅은『중국이민사(中國移民史)』에서 "이민은 원래의 거주지를 떠나 다른 지방에 정착하거나 비교적 장기간 거주한 '군체(群體)'를 일반적으로 가리킨다"고 보았다. 葛劍雄, 1997,『中國移民史』, 福建人民出版社, 10쪽.

3 曹文柱, 1991,「兩晉之際流民問題的綜合考察」,『歷史研究』1991-2, 78~79쪽. 유민의 개념에 대해서는 "不無耕桑 無有定業而爲流民"(「可郡可縣之地宜經劃」,『讀通鑑論』권12 晉惠帝3)이라는 기록이 참조된다.

4 이에 대해서는 樸漢濟, 1996,「東晉·南朝史와 僑民」,『東洋史學硏究』53호, 14쪽 주 41을 참고.

5 李雲五 主編, 1974,『雲五社會科學大辭典』11호, 台灣商務印書館, 195쪽.

분했다. 즉 이민과 이민의 후예를 구분하는 기준을 출생지라고 보았다.[6]

묘위는 기본적으로 이러한 갈검웅의 견해를 받아들여 출생지를 기준으로 고구려 이민을 규정하고, 그 시기적 범위를 주몽의 건국(기원전 37) 이래로 고구려 이민 1세대의 생존 연한인 8세기 중반까지를 하한으로 본다. 또한 중국 내의 소수민족들이 각 할거 지역 안에서 민족적 정체성과 문화적 특성을 지녔다는 점은 인정했지만, 지역적·문화적 공유 공간을 상실한 상태에서 출생한 이민의 후손들은 이러한 문화·심리적 정체성을 공유할 수 없다고 보았다. 즉 고구려 출신 이민과 이주지에서 태어난 이민 후손 간의 문화적 차이(漢化)를 곧 민족성의 차이로 규정했다.[7]

이러한 개념 하에 서술된 묘위의 『고구려 이민 연구』는 고구려의 건국 이래로 멸망기까지 중국으로 넘어간 모든 이민의 역사를 검토 대상으로 삼는다. [표 1]의 목차에서 드러나듯이 묘위는 중국에 이주했던 고구려 이민 일족들에 주목하는 가운데, 일정한 규모를 갖춘 이민이 발생한 계기에 주목했다. 이에 크게 조위대(曹魏代)의 관구검(毌丘儉)이 침입했던 3세기 중반부터 전연(前燕)·후연(后燕)·북연(北燕)이 고구려 이민을 다수 안치했던 4세기, 또 북조로 이주한 고구려 이민이 주로 보이는 5세기~6세기 말, 그리고 당과의 전쟁에서 멸망에 이르기까지 다수 유민이 발생했던 6세기 말~멸망까지의 시기로 크게 나누어 고구려의 이민 문제를 검토했다.

이 연구에서는 주로 고구려 이민 후손들이 중국에서 출생한 이후 민

---

6   葛劍雄, 1997, 『中國移民史』, 福建人民出版社, 34쪽.

7   苗威, 2011, 『高句麗移民研究』, 吉林大學出版社.

[표 1] 『고구려 이민 연구』 목차

족적 특성을 상실하고 마침내 한족(漢族)에 융합되었던 사례들에 주목한다. 즉 문화·심리적 정체성을 공유할 수 없는 이민 후손들이 점차 한족에 융합되었다는 사실을 강조한 것이다. 예컨대 제2장에서 4세기 북연의 고운(高雲) 일족의 경우 조부인 고화(高和, 이민 1세대)가 342년에 요서로 이주한 이후에 한족 혹은 한화의 정도가 강한 주민으로 구성된 선비(鮮卑) 정권과 공동의 경제생활 및 공동의 문화[漢文化]를 공유했다는 점을 강조했다.[8] 또한 고구려 멸망 이후에도 당 왕조가 개방적인 용인정책으로 이민족을 조정에 중용한 결과 많은 번장(蕃將)들이 당에 충성을 다했다는 점도 강조했다.

---

8 구체적으로 고화(高和)가 스스로를 고대 고양씨(高陽氏)의 후손[苗裔]으로 인식했던 점(『삼국사기』 고구려본기, 장수왕 17년), 고운에게 고구려에는 없는 한인(漢人)의 관습인 자[字(子雨)]가 있었다는 점, 고운이 더 이상 고구려어가 아닌 한인의 언어를 사용하게 되었을 것이라는 점을 근거로 들었다. 苗威, 2009, 「從高雲家世看高句麗移民」, 『博物館研究』 2009 - 1, 41~42쪽.

또한 고선지(高仙芝)의 경우에는 고구려가 멸망한 지 35년이 지난 뒤에 당 왕조의 농우(隴右) 지역에서 출생해 성장했으며, 그가 당조의 관료 사회에서 성공적으로 처신해 간 과정을 주로 검토했다.[9] 또 고구려 멸망기에 천남생(泉男生)이 당에 투항한 후 헌성(獻誠)-현은(玄隱)-비(毖)에 이르는 3세대의 묘지명에 나타난 활동상을 통해 이들이 한족 문화권 속에서 언어와 교육을 통해 점차 중국인으로서의 소양을 갖추어 갔음을 살폈다. 즉 중국에서 태어난 고구려 유민의 후손들이 스스로의 민족성을 잃고 점차 한(漢) 문화권 속에 융합되었던 측면을 강조한 것이다.[10]

묘위가 검토한 고구려 이민사는 매우 넓은 시간적 범위에 걸쳐 있는데, 고구려 존속기부터 멸망 이후까지 이루어진 이주, 즉 전쟁 포로의 사천(徙遷) 및 자발적 이주, 그리고 멸망 이후의 유민(遺民) 등을 모두 포괄하고 있다. 또한 각 시기별로 이주민의 발생 배경과 존재 양상을 구체적으로 검토하여 개별적인 역사적 의미를 부여하는 것이 아니라, 수백 년간 이어진 고구려라는 역사적 실체가 최종적으로 중화민국에 동화되었다는 하나의 결론으로 마무리하고 있다.[11] 즉 고구려 이민이 최종적으로

---

9 苗威, 2010, 「高句麗移民后裔高仙芝史事考」, 『通化師範學院學報』 2010-11, 57~59쪽.

10 苗威, 2011, 「泉男生及其后代移民唐朝述論」, 『東北史地』 2011-3, 38~39쪽; 苗威, 2011, 「泉男生移民唐朝史事梳正」, 『北華大學學報』(社會科學版) 2011-5, 63~64쪽.

11 예컨대 이 글에서는 북연의 고운이나 당에서 태어났던 고선지가 모두 고구려인으로서의 자아의식을 일부나마 유지했던 측면도 인정한다. 그러나 이들이 결국에는 모두 한 문화권으로 동화되었다고 하는 최종 결과만을 강조함으로써 당시 고구려인이 갖는 특성과 이에 대한 한족(漢族)들의 차별의식은 일종의 과정에 불과했다는 논리로 일관하고 있다. 또한 고구려 멸망 이후 유민 상당수가 발해국에 귀속되어 융합되는 가운데 내정과 외교에서 큰 역할을 수행했다는 점은 인정하지만, 요(遼)에 멸망당한 이후의 발해인들은 대부분 한 문화권으로 편입되었다는 점을 강조하고 있다. 苗威,

는 모두 '중화민족'에 동화되어 그 일부가 되었다고 하는 기존 중국 학계의 결론을 고수하고 있는 것이다.

이러한 중국 학계의 고구려 '이민' 개념 규정과 광범위한 연구 대상 설정은 그 자체로 일정한 의의가 있겠지만, 연구의 시각과 접근 방식에 몇 가지 문제점이 있다. 우선 현대 중국의 소수민족과 한족이라는 양대 민족 구분을 예정된 결론으로 전제한 가운데, 이를 2,000년 전의 고대 역사상부터 일관되게 적용하는 것이 과연 정치적 목적 이외의 학문적 발전에 어떤 의미를 갖는지 근본적인 회의가 들지 않을 수 없다. 구체적으로 고구려 전 시기의 이주민, 즉 전쟁 포로 및 자발적 이주, 멸망 후 발생한 유민 등을 이민이라는 단일한 대상으로 포괄한다면, 시기별로 발생했던 각 개체의 역사상을 제대로 드러낼 수 없다.

또한 묘위가 이민 후예 가운데 주요 분석 대상으로 삼았던 북연 고운, 북위 고조(高肇) 등이 고구려사에서 어느 정도의 대표성을 갖는 사례인지 여부에 대해 의문이 든다. 특히 당조로 이주한 인물들 가운데 연씨(淵氏) 일가와 고현(高玄)·고질(高質)·고자(高慈)·고족유(高足酉)·고선지(高仙芝)·왕사례(王思禮)·왕모중(王毛仲) 등은 '이민 후손'으로서 현지에서 관(官)을 역임하면서 성공적으로 적응해 살았던 대표적인 사례들만을 선별한 결과다.

그 밖에 한족 문화의 상대적 우월성과 중화 중심의 민족 융합에 대한 주장을 여전히 강조하고 있다는 점도 문제로 지적할 수 있다. 묘위는 영가(永嘉)의 난(307~312) 당시 일족(一族)·향인(鄉人)들과 함께 고구려로

2015, 「渤海國的高句麗遺民」, 『通化師範學院學報』 2015-3, 5~7쪽.

이주해 왔던 고고(高顧)와 고무(高撫) 일족(고조·고숭의 선대)을 모두 발해군 (勃海郡) 수현(脩縣) 출신의 중국인으로 보았다. 이들 일족은 4대, 160여 년 이상을 고구려에 머물러 있었고, 북위 효문제(孝文帝) 집권 초반기인 470년대 초에 이르러서야 그 후손들이 북위로 돌아갔다고 한다. 그러나 한인인 고씨 일족은 고구려에서 여러 대에 걸쳐서 거주하는 동안에도 한 족으로서의 강한 자아의식(정체성)을 상실하지 않았고, 이는 윗대에서 아 랫대로 구전을 통해 전해진 역사기억을 통해서 유지되었다고 한다. 결국 이 한인 일족은 4대에 걸쳐 민족적 정체성을 유지한 끝에 중원(뿌리)으로 다시 돌아갈 수 있었다는 것이다.[12] 이는 2~3대에 걸쳐 중국사회에 적응 한 끝에 결국 한족에 동화된 고구려인들의 사례와는 대조적인 양상이다.

이 외에도 4~5세기에 요동·낙랑·대방군 지역에 있었던 다수의 한 인들이 고구려의 영역 내에 편입되거나, 고구려로 이주해 간 경우도 많 이 발견되는데, 이들은 고구려의 정치·경제·문화의 발전에 큰 역할을 수행했다고 하면서 소수민족 지역에 들어간 한인 이주민이 단순 동화된 것이 아니라는 점을 강조하고 있다.[13] 이러한 이중적인 잣대는 결국 한족 의 민족적·문화적 특성이 다른 소수민족보다 훨씬 우월한 것이었으며, 다른 소수민족들이 가진 민족성도 결국 세월이 흐르면서 한족문화 중심 으로 융합될 수밖에 없었다는 중화주의적 관점을 드러낸 것이기도 하다.

---

12 苗威, 2011, 「高肇家族的移民及其民族認同」, 『民族學刊』 2011-5, 4~6쪽.
13 苗威, 2011, 앞의 책.

한국 학계의 유민 개념이 갖는 문제점과 연구 방향

한국 학계에서는 전근대 주민도 언어·문화·지역·혈연의식 등을 매개로 하는 같은 족속, 같은 공동체로서의 동류의식이 존재했다는 시각이 일반적이었다.[14] 이는 고구려사에도 적용되어 고구려인들 역시 스스로 주변 국가의 주민과 구별하는 자의식을 지니고 있었다고 보기도 한다. 그러나 '유민'이라는 개념이 고구려 부흥군과 같은 무리를 막연히 지칭하는 것이 아닌, 개인과 개별 가문을 규정짓고 구분해야 하는 경우에는 여러 가지 문제점이 발생한다. 한국 학계에서는 2000년대 후반부터 고구려·백제 유민 일족 묘지명 연구가 활발하게 이루어지고 있는데, 보통 그 기록에서 고구려·백제인으로서의 자각이 드러난 대목에 주목하고, 이를 묘지명 자료를 분류하는 데도 반영하고 있는 실정이다.

예컨대 묘지명의 가계(家系) 기술에서 선조의 출자에 대한 관념이나 출신지 표기, 당 조정이 고구려인으로 인식하는지 여부 등을 묘주의 정체성을 보여주는 기준으로 삼고, 이를 통해 '고구려 유민' 여부를 분류하는 방식이 일반적이다.[15] 이는 당으로 유입된 유민이 여전히 스스로를 고구려인으로서 인식했는지 여부, 즉 정체성을 기준으로 유민의 범주를 확정하는 것이었다.[16]

---

14 강종훈, 2008, 「최근 한국사 연구에 있어서 탈민족주의 경향에 대한 비판적 검토」, 『한국고대사연구』 52호, 65~68쪽.

15 李文基, 2010, 「墓誌로 본 在唐 高句麗 遺民의 祖先意識의 變化」, 『大邱史學』 100호, 6~13쪽.

16 묘지명에서 선대(先代)가 중국에 기원했다가 이후 당조(唐朝)에 돌아갔다고 기술한 경우에는 묘주 집안이 고구려인으로서의 정체성을 지니고 있지 않았으므로 고구려

그러나 최근 연구에서는 묘지명의 가계 기술이 정체성과 같은 자의식을 자유롭게 드러낸 자료가 아니라, 당대의 현실적인 배경을 감안하여 전략적·선택적으로 기술되었다는 점이 강조된다. 즉 묘주 일족의 정치·사회적 지위를 고려해 작성된 공적(公的) 기록이라는 측면을 주목한 것이다.[17] 당시 고구려 유민 지배층이 당 조정에서도 일정한 정치·사회적 지위를 유지하고 있던 현실적인 배경, 그리고 행장(行狀) 등을 근거로 작성된 묘지명이 외부(조정)의 시선을 무시하기 어려웠다는 점을 고려한다면, 묘지명에 고구려인으로서의 정체성과 자기인식을 있는 그대로 드러냈다고 단정하기는 어렵다.[18]

또한 고구려 주민은 다종족으로 구성되어 있었으므로 다양한 출자 인식이 나타날 수 있다는 점을 간과할 수 없다. 특히 최근에는 가계의 기원을 중국으로 표방하는 일족과 관련된 사료들도 다수 발견되고 있다. 국내에서는 일반적으로 이들을 고구려 유민의 범주에서 제외했다.[19] 하지만

유민이 아닌 내왕한 중국인들로 분류하기도 했는데(권덕영, 2010, 「한국고대사 관련 中國 金石文 조사 연구-唐代 자료를 중심으로-」, 『史學硏究』 97호, 26~29쪽), 이 역시 같은 귀속의식을 기준으로 한 분류 방법이라고 할 수 있다.

17 李成制, 2014, 「高句麗·百濟遺民 墓誌의 出自 기록과 그 의미」, 『한국고대사연구』 75호, 162~165쪽.

18 묘지명에 기술된 모화(慕華) 의식 그리고 한인(漢人) 계통으로의 가계 조작 역시 묘주 일가의 정치·사회적 처신의 일환, 혹은 개개인의 성향에 의해 발생한 선택적·전략적 기술이라는 점에 주목할 필요가 있으며, '고구려 유민' 선정의 결격사유로 둘 수도 없다. 안정준, 2016, 「당대(唐代) 묘지명에 나타난 중국 기원(起源) 고구려 유민(遺民) 일족(一族)의 현황과 그 가계(家系) 기술」, 『역사와 현실』 101호.

19 고구려 관련 당대 묘지명에서 선대(先代)가 중국에 기원했다가 이후 당조(唐朝)에 돌아갔다고 기술한 경우에는 묘주 집안이 고구려인으로서의 정체성을 지니고 있지 않았으므로 고구려 유민이 아닌 내왕한 중국인들로 분류하기도 했다. 권덕영, 2010, 「한국고대사 관련 中國 金石文 조사 연구-唐代 자료를 중심으로-」, 『史學硏究』 97호, 26~29쪽.

이러한 방식이 다종족으로 구성되었고 다양한 지배 유형을 통해 구성원을 다스렸던 고구려의 국가적 성격에 부합하는 기준인지 여부에 대해서는 의문이 들지 않을 수 없다.

지배층 이외에도 5~6세기 이후 고구려의 영토 내에 거주하게 되었을 한인·말갈인 등의 이종족 구성원들이 '고구려'라는 거대한 국가체에 일정한 소속감을 가짐과 동시에 자신들의 족성(族姓)을 한동안 견지했을 가능성도 배제할 수 없다. 기존에 고구려를 특정 종족 중심의 폐쇄적인 사회로 보는 가운데 그 사회 구성원들의 정체성을 논의했던 것은 민족사적 관점을 선험적으로 투영했다는 의심을 지울 수 없다. 즉 이러한 기존의 연구 방식은 실증적인 문제뿐만 아니라 근대적인 민족사 인식을 고대에 투영하고 있다는 점에서 학문적으로 일정한 한계를 안고 있는 것이 사실이다.

오히려 당시 고구려와 당이라는 두 국가의 사회·문화적 차이 속에서 거주했던 주민들의 환경적 차이에 주목한다면, 보다 단순하고 객관적인 조건을 유민 분류의 기준으로 삼을 수도 있을 것 같다. 즉 개별적으로 정체성을 견지했는지 여부가 아닌, 그 출생지를 기준으로 전혀 다른 사회·문화적 거주 환경에 놓이게 된 시점을 유민 분류의 주요 기준으로 고려해볼 수 있다.

예컨대 묘위는 갈검웅이 제시한 것처럼 '이민'과 '이민의 후예'를 출신지를 기준으로 구분하는 가운데, 현지에서 태어나 자라면서 형성되는 정체성과 문화적 차이[漢化]가 족속을 구분하는 기준이 된다고 보았다. 앞서 언급했듯 중국 학계의 '이민' 규정은 학문적으로 문제를 안고 있다. 그러나 이 가운데 출신지를 기준으로 한 분류법은 개인과 가문 단위로 쓰여진 유민 일족 관련 사료에 대해서도 비교적 단순하고 명확한 분류를 가능하게 하며, 그 자체로 사회·문화적으로도 의미 있는 유민의 구분 기준이 될 수 있다.

물론 출생지 구분이 당에 들어간 고구려 유민들의 동향과 역사적 유형을 모두 드러내지는 못한다. 그러나 이것을 고구려 멸망 이후에 발생했던 유민의 역사상에 학문적으로 접근하기 위한 최소한의 객관적 분류 기준으로서 두는 것은 불가능하지 않다고 생각된다. 이 외에도 기존 민족사적 관점의 연구 경향에서 벗어나, 요동과 한반도 북부 등을 포괄하는 지역의 다양한 종족 구성원을 포괄하는 고구려의 지배체제 및 국가상을 주목해야 한다는 점, 고대의 텍스트를 현재의 대중적 열망이나 정치·외교적 요구와는 분리해서 해석해야 한다는 점 등을 고려한 다양한 '유민' 분류 기준이 새롭게 제시될 필요가 있다.

유민 관련 자료 및 연구 현황

유민들의 귀속과 한화

2000년대 이래로 중국에서는 당대(唐代) 유민 일족의 묘지명을 통해 고구려와 백제가 멸망한 이후 왕족을 포함한 유민 지배층이 당에 귀속되고, 주민 상당수가 당의 여러 지역으로 분산된 이후 급격하게 한화(漢化)되었음을 강조하는 연구가 이어졌다. 특히 2000년대 후반 이후에 중국 학계에서는 신자료를 중심으로 매우 활발한 연구가 이루어졌다. 그러나 묘지명 자료를 사료로서 적극적으로 활용하기 위한 연구 기준이 잡히지 않은 상황에서, 주로 새로운 자료 소개와 그 사료적 가치에 대해 검토하는 연구가 주류를 이루고 있다는 점이 한계로 지적될 수 있다.

또한 그 결론에서는 대체로 고구려·백제 유민들의 '귀속과 한화'라는 주제가 반복되는 경향을 보인다. 즉 중국 영토에 편입되면서 공동의 문화적·심리적 정체성을 가지게 되었던 만큼, 모두 중화민족이라는 대가정의 일원이 되었다고 볼 수 있다는 것이다. 문제는 중국 학계의 유민 연구에서 주로 다뤄지는 구체적인 검토 대상이 대부분 묘위의 연구처럼 귀순 이후의 성공적인 '융합' 사례로 파악할 수 있는 인물, 혹은 일족들로만 국한된다는 점이다. 이와 관련해서는 대표적으로 배근흥(拜根興)과 강청파(姜清波)의 연구가 있다.

우선 배근흥은 『당대 고려 백제 이민 연구(唐代高麗百濟移民研究)』(以西安洛陽出土墓志爲中心)에서 개별적인 고구려·백제 유민 묘지명의 분석, 즉 그 일족과 가계에 대한 검토를 위주로 하고 있다. 이에 따르면 당의 고구려 이민에 대한 인식은 처음엔 화이 관념 하에 '원수'·'재앙' 등 부정적 인식이 많았으나, 고구려 이민이 당 조정의 대가정(大家庭)에 융합된 이후에는 점차 이러한 인식이 사라지게 되었는데, 이는 중화민족 형성 과정에서 중원 한인과 주변 민족 간에 상호 적응을 통한 최종적인 융합 현상을 드러내는 것으로 해석했다. 즉 주변 민족에 대한 포용이 중화민족의 원심력과 포용성에 의해 시간의 추이에 따라 일관되고 원만하게 귀결되었다는 점을 강조하고자 했던 것이다.[20]

[표 2]에서도 드러나듯이 배근흥은 당 조정에 등용되어 관(官)을 역임했던 고구려 유민 일가 묘지명 사례, 그 가운데서도 고질·고자 부자, 고

---

20 拜根興, 2012, 『唐代高麗百濟移民研究』(以西安洛陽出土墓志爲中心), 中國社會科學出版社, 56~62쪽.

[표 2] 『당대 고려 백제 이민 연구』 목차

족유·이타인과 같이 고구려 귀족 출신으로서 당과의 오랜 전쟁으로 인해 고구려가 피폐해지고 통치계급의 분쟁이 날로 격화되면서 당 왕조에 귀순하게 되었던 전형적인 사례들을 주요 분석 대상으로 했다. 이들은 귀순한 이후 성공적으로 적응해 말년까지 지속적으로 당 조정에 충성을 다했던 인물들이기도 하다.

배근흥은 먼저 고질·고자 부자의 묘지명을 검토하여, 이들이 당조로 투항했던 시기가 평양성이 당군에 최종 함락되기(668) 이전이라는 점에 주목했다. 그는 고씨 부자가 당조로 귀순했던 배경은 천남생과 같은 특정 집단과의 정치적 유대관계 때문이 아니라, 고구려 말기에 당과의 오랜 전쟁과 통치자들의 내분으로 인해 멸망을 예견했던 통치집단의 일반적인 이탈 형태였다고 해석했다. 또한 고씨 부자의 구체적인 입당 시기도 지배층의 이탈이 가속화되는 연정토의 신라 투항(667)부터 평양성이 함락되는 시기 이전이라는 점을 강조했다.[21]

한편 자발적으로 귀순했던 고구려인들이 당조에 동화되어 번병으로서의 역할에 충실했던 정황을 강조했다. 우선 고질·고자 묘지명에 따르면 이들 부자는 만세통천(萬歲通天) 2년(697) 5월 23일에 당의 영토가 된 마미성(磨米城)에서 거란을 맞아 싸우다가 함께 죽음을 당했다.[22] 이들이 최후를 맞던 마미성은 거란 반란군을 평정하는 당조의 전진기지였다. 이때 고씨 부자의 휘하에는 부녀자 등 고구려 주민들이 있었음을 알 수 있는데,[23] 이들은 영주(營州)와 요동 각지에서 근 20여 년 이상 당조의 치하에서 거주했던 주민들이라고 보았다. 이처럼 거란의 반란 와중에도 고씨 부자와 고구려 유민들이 변경의 안정을 위해 긴밀하게 단결해 충성을 다했다는 점이 강조되고 있다.[24]

또한 고구려의 고위 귀족이었던 고족유의 경우 40세에 당에 귀순한 이후 무측천 대에 낙양의 천추(天樞) 건축 활동에 참여한 바 있으며, 말년에는 70세의 고령에도 불구하고 남방의 소수민족 반란을 평정하는 데 복

---

21 拜根興, 2012, 위의 책, 213~215쪽.
22 아들인 고자의 묘지명은 1923년 하남 낙양의 북쪽 근교에서 출토되었으며, 고질의 묘지명은 천당지재(千唐誌齋)에 수장되어 있던 것이, 2006년 6월 중국 삼진출판사(三秦出版社)에서 발간한 『전당문보유(全唐文補遺)』(千唐志齋藏志特輯)에 전문이 수록되면서 공개되었다.
23 "性文下高麗婦女三人 固守城隍 與敵苦戰." 吳鋼主 編, 2006, 『全唐文補遺』(千唐志齋藏志特輯), 三秦出版社.
24 拜根興, 2012, 앞의 책, 219~222쪽.

무했다가 형주의 관사에서 죽었다(695). 이처럼 귀순 이후 평생을 당의 조정에 지속적으로 복무하는 가운데, 고구려 유민을 이끄는 공로를 세웠던 그는 당 조정에 남아 있는 고구려 유민의 고관 가운데 으뜸으로서 '고려번장(高麗藩長)'에 임명되고 어양개국공(漁陽開國公), 식읍 2,000호에 봉해지는 등 고위 관직을 누리기도 했다.[25] 즉 고족유는 귀순 이후 당조에 충성을 다하는 가운데 사망 시까지 고위 관직을 유지했던 대표적인 사례라고 할 수 있다.

한편 고구려 말기의 지방 귀족으로서 당 조정의 고구려 정벌에 조력했던 이타인 가문의 사례에도 주목했다. 이타인 가문은 비록 책주(柵城) 출신이지만, 선대가 고구려의 고위 관등인 대형(大兄)과 대상(大相)에 이르렀음에 주목해, 말갈인이 아닌 고구려의 전형적인 고위 귀족가문으로 볼 수 있다고 했다.[26] 이타인 일족의 투항은 당 이적(李勣) 군대를 정벌하는 과정에서 후방의 군사적 위협을 덜어 주었고, 당군의 병력 또한 증강시켜 결과적으로 고구려를 정벌하는 데 큰 기여를 했다고 보았다.[27]

또한 이타인은 귀당(歸唐) 이후에도 670~672년 7월 무렵에 부여성(扶餘城) 지역에서 벌어졌던 고구려 유민군의 반당(反唐) 투쟁을 진압하는 데 투입되었고, 그 공로로 종3품 동정원우령군장군(同正員右領軍將軍)을 받았다. 이후 675년[상원(上元) 2년]에 질병으로 장안(長安)의 사저에서 사

---

25 拜根興, 2012, 위의 책, 223~234쪽.

26 이타인 가문 역시 20여 년에 걸친 당과의 전쟁으로 인해 고구려가 피폐해지고 통치 계급의 분쟁이 날로 격화되자 당 왕조에 귀순했던 일반적인 귀족가문 가운데 하나로 본다. 拜根興, 2010, 「唐 李他仁 墓誌에 대한 몇 가지 고찰」, 『忠北史學』 24호, 218~220쪽.

27 拜根興, 2012, 앞의 책, 235~242쪽.

망(67세)할 때까지 당 조정에 변함없이 충성하다가 생을 마감했다. 이는 고질·고자 부자 및 고족유와 마찬가지로 당조에 순응하는 가운데 이민족 지배정책에 적극 협력하며 살았던 일족의 사례라고 할 수 있다.

한편 강청파 역시 『입당삼한인 연구(入唐三韓人研究)』에서 『당서』 열전에 수록된 고구려·백제 유민들의 사례에 주목했는데, 여기서도 당 왕조가 고구려·백제의 왕족 등 고위 유민을 우대하는 가운데 동북변경의 정세 및 정책과 관련해 활용했음에 주목했다. 백제 왕실과 고구려 왕실은 당에 들어간 이후 그들 및 그 후손들이 당조에서 균등하게 중시되었으며, 거란·돌궐 등 이민족의 반란, 혹은 침입에 대해서 무측천은 고구려 왕실을 옛 지역으로 파견해 그 주민을 불러내고, 조정의 군사 작전에 동참하게 하기도 했다. 그리고 이 정책은 당 태종, 당 고종 때의 주변 민족에 대한 조치와도 기본적으로 일치한다는 것이다.[28]

이 저서에서도 이전의 중국 연구자들과 마찬가지로 당 왕조의 개방적인 용인정책으로 조정에 중용된 번장의 사례에 초점을 맞추어 분석하고 있다. 구체적으로 고선지와 왕사례·이정기·흑치상지 일족이 당 조정에서는 좀처럼 보기 어려운 그들의 옛 생활 습속(특히 기마와 활쏘기 등 군사적 능력)을 기반으로 군사 무대에서 두각을 나타낸 과정을 살폈다.[29]

예컨대 『구당서』의 고선지 열전에 의하면 고선지는 말을 잘 타고 활을 잘 쏘는 등 무예가 출중했는데, 안서도호부에 이른 이후 고선지는 뛰어난 장군 기질로 승진을 거듭해 결국 부친과 같은 반열에 오르게 되었다

---

28 姜淸波, 2010, 『入唐三韓人研究』, 暨南大學出版社, 65~80쪽.
29 姜淸波, 2010, 『入唐三韓人研究』, 暨南大學出版社.

고 한다.[30] 왕사례 역시 영주 성방(城傍)의 고구려 사람이었는데, 그의 부친 왕건위는 전투에 능했고, 왕사례 역시 어려서부터 군대에 익숙했기 절도사 왕충사를 따라 하서에 이르렀다고 한다.[31] 왕사례가 말단 관직에서 시작해 후대에 삼공의 반열에까지 오른 것은 당조의 개방적인 분위기 외에도 최초에 그 스스로가 가지고 있던 군사적 자질에 기반했다고 본 것이다.

이 외에도 강청파는 고질·고자·고현·고족유 등 고구려의 고위 귀족으로서 군사적 활약을 했던 인물에 대한 사적을 검토했는데, 이처럼 고구려 멸망 이후 당조에서 자신의 종족적 습속, 즉 군사적 능력을 십분 발휘해 성공한 인물의 사례를 통해 많은 고구려인 후예들이 당 조정 통치구조에 편입되었고, 이들이 당조의 정치·사회적 발전을 촉진하는 결과를 가져왔다고 보았다. 요컨대 배근흥과 강청파의 연구는 당조에 자발적으로 귀순해 조정의 대외정책에 지속적으로 기여했던 성공적인 번장[무관(武官)]의 사례들만을 주요 검토 대상으로 삼았다는 점이 특징이다.

그러나 이 두 연구 역시 당대 묘지명 자료가 갖는 특징에 대한 검토가 미비했다는 점을 지적하지 않을 수 없다. 앞서 언급한 대로 이 묘지명 자료들은 기본적으로 망자의 가족이나 친지가 당 조정에 제출한 행장을 토대로 서술되었고, 정치·사회적 처신의 일환으로서 전략적·선택적 기술

---

30 "高仙芝 本高麗人也 父舍雞 初從河西軍 累勞至四鎮十將 諸衛將軍 仙芝美姿容 善騎射 勇決驍果 少隨父至安西 以父有功授遊擊將軍 年二十餘即拜將軍 與父同班秩 事節度使田仁琬 蓋嘉運 未甚任用 后夫蒙靈督累拔擢之 開元末 爲安西副都護 四鎮都知兵馬使."『舊唐書』卷104 列傳第54 高仙芝.

31 "王思禮 營州城傍高麗人也 父虔威 爲朔方軍將 以習戰聞 思禮少習戎旅 隨節度使王忠嗣至河西 與哥舒翰對爲押衙."『舊唐書』卷110 列傳 第60 王思禮.

이 이루어졌다는 점 등을 고려해야 한다.[32] 즉 당조에서 관인을 지냈던 망자의 생전 행적 기술은 당 조정이 이상적으로 생각했던 번장의 모습을 충실히 구현하는 방향으로 이루어졌을 것인데, 이를 내용 그대로 취신하는 방식은 실제 역사상을 반영한 연구라고 보기 어려운 점이 있다.

또한 중국 민족의 대가정 내에 성공적으로 편입된 일족만을 대상으로 삼는 것은 당시 당조의 이민족 지배 실상이나, 고구려 유민의 동향에 대한 객관적이고 전반적인 평가라고 보기도 어렵다. 앞서 언급한 대로 고구려 유민이 당조의 지배질서에 순순히 응해 민족적으로 융합되었다는 일면적인 결론만으로는 유민 관련 사료에 대한 학문적인 의의를 부여하기는 어렵다.

신출 묘지명 관련 연구

앞서 검토한 대로 2000년대 이래로 중국 학계에서는 유민 일족의 묘지명을 대상으로 한 연구가 다수 이루어졌는데, 이 과정에서 고구려·백제 유민 일족의 묘지명을 새롭게 소개하는 연구도 동반되었다. 이 가운데 현재까지 발견된 고구려인과 그 후손의 묘지명은 현재까지 총 28점에 달한다.[33] 특히 2010년 이후 중국 학계에서는 새롭게 발견된 묘지명 자료에

---

32 이성제, 2014, 「高句麗·百濟遺民 墓誌의 出自 기록과 그 의미」, 『한국고대사연구』 75호, 154~165쪽; 김수진, 2014, 「당으로 이주한 고구려 포로와 지배층에 대한 문헌」, 『한국 고대사 연구의 자료와 해석』, 사계절, 303~315쪽.

33 지금까지 발견된 고구려 유민 일족의 묘지명들(28점)을 가문별로 묶으면 다음과 같다. ① 고요묘 묘지명 ② 고제석 묘지명 ③ 이타인 묘지명 ④ 천남생·천남산−천헌성−천비 ⑤ 고현 ⑥ 고족유 ⑦ 고모 ⑧ 고질−고자 ⑨ 고을덕 ⑩ 고목로 ⑪ 이인덕 ⑫ 왕경요 ⑬ 이은지−이회 ⑭ 두선부 ⑮ 고덕 ⑯ 유원정 ⑰ 고흠덕−고원망 ⑱ 고

대한 소개와 기초적인 검토가 내용의 주를 이루는 연구들이 다수이다.

예컨대 장언(張彥)은 당의 668년 평양성 공격 당시 성문을 열어 당군의 침입을 유도했던 고요묘(高鐃苗) 묘지명을 소개했으며,[34] 앞서 배근흥은 이타인 묘지명에 대한 분석에서 이타인을 고구려인으로 새롭게 해석하는 가운데, 당이 고구려를 공격하는 데 적극적으로 협력했던 인물의 사례에 주목했다.[35] 또한 루정호(樓正豪)는 고모(高牟) 묘지명 검토를 통해 당 왕조에서 최고위층이 아닌 고구려 귀족들에 대해서도 고구려 원정에서의 기여도를 감안하여 당 왕조에서 좋은 대우를 해 주었음을 결론으로 삼고 있다.[36]

또 왕기위(王其禕)·주효미(周曉薇)는 고제석(高提昔) 묘지명 검토를 시작으로 649년에 고구려에서 태어나 당으로 귀순했던 인물의 묘지명을 소개·검토했으며,[37] 왕청(王菁)·왕기의(王其禕)(2015)는 고구려 출신 남씨(南氏) 인물의 존재를 소개하는 가운데, 입당 고구려 유민의 정체성 문제 및 조공체제 하의 당조와 조선 반도의 관계를 고찰할 수 있는 자료라고 보았다.[38] 이 외에도 왕연룡(王連龍)과 갈계용(葛繼勇)은 고을덕 묘지명

진-고씨부인 ⑲ 남단덕 ⑳ 사선의일 ㉑ 고영숙

34 張彥, 2010, 「唐高麗遺民〈高鐃苗墓志〉考略」, 『文博』 2010-5.

35 拜根興, 2010, 「唐李他仁墓志研究中的幾個問題」, 『陝西師範大學學報』(哲學社會科學版) 2010-1.

36 樓正豪, 2013, 「高句麗遺民 高牟에 대한 考察」, 『한국사학보』 53호; 樓正豪, 2014, 「新見唐高句麗遺民 高牟墓誌銘」, 『唐史論叢』(第十八輯) 18호.

37 王其禕·周曉薇, 2013, 「國內城高氏:最早入唐的高句麗移民－新發現唐上元元年《泉府君夫人高提昔墓志》釋讀－」, 『陝西師範大學學報』(哲學社會科學版) 2013-3.

38 王菁·王其禕, 2015, 「平壤城南氏:入唐高句麗移民新史料－西安碑林新藏唐大歷十一年《南單德墓志》」, 『北方文物』 2015-1.

을 처음 소개했는데, 이를 통해 고구려 말기의 관직체계와 지방구획, 말기의 내정과 외교에 대한 기초적인 검토를 제시했던 점이 눈에 띈다.[39]

한편 루정호는 고구려 유민 이은지(李隱之)의 묘지명을 새롭게 보고했는데, 이것은 기존에 고구려 유민인지 여부에 논란이 있던 이회 묘지명과 같은 일족의 자료라는 점에서 주목된다. 특히 이은지-이회 일가의 가계 기록에서 자기 선대(先代)를 중원의 명문으로 가탁(假託)한 배경에 대해, 당 조정에 출사해 관을 역임하는 과정에서 이민족으로서 겪을 수밖에 없는 차별을 벗어나기 위한 방편이었다고 설명하기도 했다. 루정호는 당 조정에서 활동하며 가계를 조작하는 것은 고구려인뿐만이 아닌 이민족의 보편적인 심리라고 주장해 기존 중국 학계의 시각과는 차이를 보이기도 했다.[40]

위 연구들 가운데 일부는 결론부에서 기존의 '귀속과 한화'라는 점을 크게 강조하고 있지 않은 경우도 있지만, 당 왕조에 귀순해 고구려 정벌에 적극 협력한 고구려인의 사례들을 주목했다는 점에서 기존 중국 학계의 입장이 배제되었다고 보기는 어렵다. 또한 한국 학술지에 게재된 일부 논문들의 경우는 중국에서 출간된 논문과 심사의 기준이 다를 수 있기 때문에 대등하게 비교하기는 어려운 측면이 있다.

---

39 王連龍, 2015, 「唐代高麗移民高乙德墓志及相關問題研究」, 『吉林師範大學學報』(人文社會科學版) 2015-7; 갈계용·이유표, 2015, 「신출토 入唐 고구려인 〈高乙德墓誌〉와 고구려 말기의 내정 및 외교」, 『한국고대사연구』 79호.

40 樓正豪, 2015, 「高句麗遺民 李隱之 家族의 出自 의식에 대한 考察-새로 발견된 〈李隱之 墓誌銘〉을 중심으로-」, 『韓國古代史探究』 21호.

맺음말

중국 학계에서는 2007년 이후 고구려사 이외에도 고조선과 발해사, 그리고 부여사와 같이 한반도 북부와 만주 지역을 포괄하는 지역의 고대사를 광범위하게 연구하는 가운데,[41] 그 역사를 중국사로 귀속시키기 위한 작업을 진행하고 있다. 사실 중국 학계의 이러한 연구는 최초에 중국 강역 내의 모든 고대민족은 오늘날의 중국 민족이기에 모두 중국 역사에 포함시켜 이해해야 한다는 다소 거친 당위적 명분에서 출발했다. 그러나 현재는 공동의 언어, 민족적 소속감, 공동의 조상 인식 등 '중화민족'의 기준을 구체적으로 제시하기에 이르렀다.

또한 중국 내 각 소수민족들이 최종적으로 중국 영토 내에 편입되면서 문화적·심리적 정체성을 공유하게 된 역사적 정황[融合]에 집중하는 등, 연구의 이론적 틀을 체계화하고 이에 부합하는 자료들을 갖추기 위해 노력하고 있다. 이는 연구가 집중되고 있는 고구려사 연구에 있어서도 마찬가지다.

이 글에서는 최근 고구려 유민 관련 자료의 현황과 이에 대한 중국 학계의 연구 경향을 검토해 보았다. 특히 중국 학계의 고구려 '이민' 개념, 그리고 유민의 '귀속과 한화'라는 주제가 반복되는 양상을 드러내고자 했다. 고구려사의 귀속 문제와 관련한 유민 연구는 양국 학계의 이념적·사상적 한계를 드러내는 주제로서, 이를 배제한 학문적인 접근 노력이 필요하다. 특히 묘지명 사료에서 묘주의 정체성 인식에 대한 집착과 사료

---

41 劉信君 主編, 2015, 『夫餘歷史研究文獻彙編』(套裝共6冊), 黑龍江人民出版社; 鄭麗娜·姜維公 共著, 2016, 『夫餘歷史編年』, 科學出版社.

자체에 대한 과신은 학문적 연구라기보다는 이념적·정치적 연구의 산물로 이어지는 경우가 적지 않다.

반면 최근 자주 발견되고 있는 당대 유민 일족의 묘지명에 대한 연구는 아직까지도 개별 사료에 대한 기초적 검토와 일족의 연원 및 가계를 분석하는 수준에 머물러 있다. 향후 이 자료에 대한 연구 방법론을 정립시키는 데 양국 학자들이 연구 역량을 모아야 한다. 특히 당이 견지하던 이민족 지배의 원리를 정확하게 이해하는 가운데, 내지로 천사된 이민족을 처우하고 활용했던 양상을 통해 고구려·백제 유민의 활동을 살필 필요가 있다. 당 조정 내에 편입되어 활동했던 돌궐·거란·고창 등 여러 이민족 출신의 묘지명 연구가 진행되어 온 만큼 이에 대한 비교사적 연구가 더욱 절실한 시점이다.

4장

고구려 대외관계사

이준성

머리말

지난 2002년에 시작된 동북공정은 예정되었던 5년간의 연구기간
이 끝난 2007년 종료되었다. 이미 1980년대 중반 이후 '통일적 다민족
국가론'에 입각하여 고구려사를 중국사의 일부로 파악했던 중국 학계는
동북공정 시기를 거치면서 고구려가 중국에 귀속된 소수민족의 지방정
권이었음을 여러 측면에서 반복적으로 주장했다.[1] 그것은 '민족단결'이

---

1 중국 학계의 고구려 대외관계사 연구 동향과 한국 학계의 대응에 대한 분석
은 여호규, 2003, 「中國學界의 고구려 對外關係史 研究現況」, 『한국고대사연
구』 31호, 한국고대사학회; 여호규, 2004, 「중국의 東北工程과 高句麗史 인
식체계의 변화」, 『한국사연구』 126호, 한국사연구회; 이인철, 2004, 「중국 학
계의 고구려 사회경제 및 대외관계 분야 연구 동향 분석」, 『중국의 고구려사 연
구 동향 분석』, 고구려연구재단; 이성제, 2005, 「중국의 고구려 '冊封·朝貢' 문
제 연구 검토」, 『중국의 한국 고대사 연구 분석』, 고구려연구재단; 임기환, 2006,
「중국의 동북공정과 한국 역사학계의 대응: 고구려사 인식을 중심으로」, 『사
림』 26호, 수선사학회; 김영심, 2011, 「남한 학계의 동북공정 대응논리에 대
한 비판적 검토」, 『역사문화연구』 39집, 한국외국어대학교 역사문화연구소.
한편, 동북공정 이후의 고구려 대외관계사에 대한 분석은, 최광식, 2008, 「동북공
정 이후 중국 연구서에 보이는 고구려·발해 인식」, 『선사와 고대』 29호, 한국고대학
회; 임기환, 2012, 「동북공정 그 이후, 동향과 평가」, 『중국의 동북공정과 한국고대
사』, 주류성; 조영광, 2012, 「동북공정과 그 이후 중국의 고구려사 연구 동향 – 문헌
사를 중심으로 –」, 『중국의 동북공정과 한국고대사』, 주류성; 정호섭, 2013, 「중국
의 POST 東北工程과 고구려사 관련 동향 분석」, 『한국사학보』 51호; 김현숙, 2016,
「동북공정 종료 후 중국의 고구려사 연구 동향과 전망」, 『동북아역사논총』 53호.

라는 중국의 현실적 과제를 역사적으로 뒷받침하고자 하는 노력이기도
했다.

이러한 노력을 이론적 틀로서 확립한 것이 번속체제이며, 2003년 동
북공정의 과제로 선정된 후 2006년 출간된 이대룡의 『한당 번속체제 연
구(漢唐藩屬體制研究)』와 2008년 출간된 황송균(黃松筠)의 『중국 고대 번
속제도 연구(中國古代藩屬制度研究)』가 대표적인 성과로 인정받고 있다.[2]
이후 상당수 연구들이 이때 정리된 번속체제를 염두에 두고 진행되고 있
는데, 이는 역사 연구가 정치 발전에 복무해야 한다는 중국의 연구 풍토
와 맞물려 생각한다면 오히려 자연스러운 현상이다.

한편, 동아시아 지역을 염두에 둔 연구들이 조금씩 늘고 있다는 점도
주목된다. 존 킹 페어뱅크(John King Fairbank)의 1968년 저서인 *Chinese
world order: traditional china's foreign relations*가 2010년 『중
국적 세계질서(中國的世界秩序): 중국 전통적 대외관계(中國傳統的對外關
係)』라는 이름으로 번역·출간된 것이나, 니시지마 사다오(西嶋定生)의
'동아시아 세계론'이 다양한 방식으로 인용되고 있다는 사실은 이러한 경
향을 뒷받침한다.[3] 다만 페어뱅크와 니시지마 사다오의 연구에 대해 한
국과 일본 학계에서는 이미 개별 국가의 독자성을 지나치게 강조한 점이

---

2 중국 번속이론에 대한 분석은 정병준, 2007, 「중화인민공화국의 번속이론과 고구려
  귀속문제」, 『고구려연구』 29호; 정병준, 2008, 「중화인민공화국의 '藩屬理論'과 그
  비판」, 『동북공정과 한국 학계의 대응논리』, 여유당; 이석현, 2010, 「중국의 번속제
  도 이론에 대한 비판적 검토」, 『중국 번속이론과 허상』, 동북아역사재단 등 참조.
3 홍승현, 2012, 「중국 학계의 동아시아사 인식과 국제관계사 서술」, 『중국의 동북공
  정과 한국고대사』, 주류성, 389쪽.

나 중국 중심의 동심원적 세계를 구상한다는 비판을 가해 왔으나,[4] 바로 이 점이 중국 학계가 1960년대 제출된 이론들에 뒤늦게 매력을 느끼고 50여 년의 격차를 두고 부활시킨 이유이기도 하다.

이 글에서는 동북공정이 끝난 이후 약 10년 동안 제출된 중국 학계의 고구려 대외관계사 관련 개별 논문들을 분석하여 연구의 흐름을 정리하고, 그 변화 양상과 한계를 살펴본다.

대외관계사에 대한 주요 연구

동북공정이 종료된 2007년 이후 중국 학계에서 제출된 고구려 대외관계사 관련 논문은 총 29편에 달한다.[5] 이를 시기별·주제별로 나눠 살펴보면 고구려 초기의 한(漢) 및 현도군 관계, 고구려 중기 조공·책봉관계, 중원 왕조 이외 주변 민족 및 국가와의 관계 등으로 대별해 볼 수 있다. 논문의 저자와 제목을 나열하면 [표 1]과 같다.

2007년 동북공정 종료 이후 제출된 중국 학계의 고구려 대외관계사 관련 논문을 앞서 언급한 세 기준으로 분류해 보면 각각 9~10편씩 고루 분포되어 있다. 우선 전체적인 연구 경향이 어느 한쪽에 치우치지 않았음을 확인할 수 있다. 이 성과들 중 주목되는 연구 내용에 대한 논평은 후술

---

4 피터 윤, 2002, 「서구 학계 조공제도 이론의 중국 중심적 문화론 비판」, 『아세아연구』 45권 3호; 박대재, 2007, 「고대 '동아시아 세계론'과 고구려사」, 『고대 동아시아 세계론과 고구려의 정체성』, 동북아역사재단.

5 고구려 후기 수·당과의 관계는 대부분 전쟁사 위주의 서술이 주를 이루므로 이 글의 논의 대상에서 제외했다.

[표 1] 2007년 이후 중국 학계에 제출된 고구려 대외관계사 관련 논문

고구려 초기 한(漢) 및 현도군 관계

- 趙紅梅, 2007, 「玄菟郡經略高句麗」, 『東北史地』 2007-5.
- 王綿厚, 2008, 「西漢時期郡"幘溝婁"城與高句麗早期"南北二道"的形成-關於高句麗早期歷史文化的若干問題之六」, 『東北史地』 2008-5.
- 魏存成, 2009, 「高句麗的興起及其與玄菟郡的關系」, 『東北史地』 2009-6.
- 王志敏, 2010, 「高句麗故地與第二玄菟郡考」, 『東北史地』 2010-5.
- 魏存成, 2010, 「玄菟郡的內遷與高句麗的興起」, 『史學集刊』 2010-5.
- 祝立業, 2011, 「略談流入高句麗的漢人群體」, 『北方文物』 2011-3.
- 祝立業, 2011, 「流入高句麗的漢人群體的分期, 分類考察」, 『東北史地』 2011-3.
- 呂文秀, 2014, 「兩漢時期的高句麗-高漢爭遼的研究」, 『新課程學習』(中) 2014-4.
- 李大龍, 2015, 「騶被殺后的高句麗與東漢統治秩序的建立-以高句麗政權的發展和東漢統治秩序的建立爲中心」, 『通化師範學院學報』 2015-7.

고구려 중기 조공 · 책봉관계

- 劉文健, 2007, 「高句麗與南北朝朝貢關系研究」, 吉林大學 碩士學位論文.
- 王成國, 2007, 「略論高句麗與中原王朝的關系」, 『東北史地』 2007-1.
- 韓昇, 2008, 「論魏晉南北朝對高句麗的冊封」, 『東北史地』 2008-6.
- 劉文健, 2009, 「南北朝時期朝貢關系對高句麗的影響」, 『北華大學學報』(社會科學版) 2009-5.
- 劉文健, 2010, 「高句麗與南北朝貢關系變化研究」, 『東北史地』 2010-2.
- 張哲 · 何方媛, 2010, 「南北朝之前高句麗與中元王朝關系研究」, 『東北史地』 2010-5.
- 張芳, 2013, 「試析北魏與高句麗的封貢關系」, 『黑龍江史志』 2013-11.
- 張芳, 2014, 「高句麗與北魏關系史料辨析-以《魏書 · 高句麗傳》爲中心」, 『佳木斯大學社會科學學報』 2014-1.
- 常樂, 2014, 「高句麗與北魏交涉關系研究」, 延邊大學 博士學位論文.
- 程尼娜, 2015, 「高句麗與漢魏晉及北族政權的朝貢關系」, 『安徽史學』 2015-4.

중원 왕조 이외 주변 민족 및 국가와의 관계

- 金錦子, 2007, 『五至七世紀中葉朝鮮半島三國紛爭與東北亞政局』, 延邊大學 博士學位論文.
- 劉子敏, 2008, 「也談大武神王伐扶餘」, 『東北史地』 2008-3.
- 趙欣, 2009, 「夫餘與高句麗的關系探略」, 『東北史地』 2009-6.
- 金洪培, 2011, 「略論高句麗與慕容鮮卑的早期關系」, 『人文科學研究』.
- 金洪培, 2012, 「高句麗與北燕關系芻論」, 『樸文一教授80周年壽辰紀念史學論集』.
- 王飛峰, 2012, 「三燕高句麗考古劄記」, 『東北史地』 2012-4.
- 劉洪峰, 2013, 「高句麗與夫餘關系問題研究綜述」, 『黑河學刊』 2013-9.
- 孫煒冉 · 李樂營, 2014, 「契丹與高句麗關系考述」, 『通化師範學院學報』 2014-1.
- 孫顥, 2014, 「高句麗與慕容鮮卑關系解讀-以陶器爲視角」, 『北華大學學報』(社會科學版) 2014-6.
- 侯震, 2015, 「魏晉南北朝時期高句麗遣使赴日研究」, 『雞西大學學報』 2015-3.

하도록 한다.

이에 앞서 해당 논문을 연도별·저자별·학술지별로 살펴보면 몇 가지 특징이 간취된다. 먼저, 연도별 논문 편수를 살펴보면 연도별로 2편에서 7편까지 편차를 보이는데, 논문 편수가 많지는 않으나 매년 꾸준하게 관련 연구 성과가 제출되었다.[6] 저자들의 소속기관은 주로 길림성·요령성의 여러 대학과 기관에 소속된 연구자들이 대다수이지만 북경·상해 등에 소속된 소수 연구자들의 연구가 일부 진행되었음을 알 수 있다. 아울러 이들 논문이 게재된 학술지를 보면 길림성사회과학원에서 발행하는 『동북사지(東北史地)』가 총 11편으로 1/3 이상을 차지한다. 그 외에도 통화사범학원(通化師範學院)에서 발행하는 『통화사범학원학보(通化師範學院學報)』, 북화대학(北華大學)에서 발행하는 『북화대학학보(北華大學學報)』 등에 대외관계사 논문이 2편 이상씩 게재되어 있다. 저자와 게재 학술지가 길림성·요령성 중심이라는 것은 사실 매우 자연스러운 일이지만, 이 연구들이 여전히 동북공정의 성과를 반복 혹은 발전시키면서 궤를 같이하는 성과물이 아닐까 하는 의구심도 든다.

한편 분석 대상인 29편의 논문 저자로 총 23명이 확인된다는 점은 매우 특징적이다. 해당 주제에 대해 대다수 저자들이 1~2편 내외의 성과만을 제출했다는 것으로, 다시 말해 고구려 대외관계사 관련 연구 주제를 설정하여 꾸준하게 관련 성과를 배출하는 연구자가 이 기간 동안에는 두드러지지 않았음을 의미한다.

이하에서는 이들 연구를 분석하여 그 동향과 변화 양상을 파악하고자

---

6 연도별 논문 편수는 다음과 같다. 2007년 4편, 2008년 3편, 2009년 3편, 2010년 3편, 2011년 2편, 2012년 2편, 2013년 2편, 2014년 7편, 2015년 3편.

한다. 그러나 개별 논문들에 대한 분석만으로는 연구 경향의 큰 흐름을 파악하는 데 어려움이 따를 수밖에 없다. 이러한 문제를 보완하기 위해 2007년 동북공정 종료 시점을 전후한 시기에 단행본으로 출간된 몇 권의 저서를 중심으로 일종의 지침 역할을 하고 있는 번속이론의 확립 과정을 확인한 후, 이러한 흐름이 이후 연구에서 어떻게 심화되는지를 살펴도록 한다. 아울러 이러한 연구가 동아시아사 범주로 확대되어 가는 경향과 그 한계를 지적하도록 한다.

번속이론의 확립과 자국 중심의 관계사 심화

동북공정이 본격적으로 시행되기 전인 1996년 하반기 중국사회과학원 변강사지연구중심은 고구려 전공 학자들을 광범위하게 규합하여 당시까지의 고구려사를 정리하기 위한 집필 작업을 시작했다. 그 결과물은 5년이 지난 2001년『고대중국고구려역사총론(古代中國高句麗歷史叢論)』(이하『총론』)으로 간행되었다.『총론』정치편에는 역대 중원 왕조와 고구려가 관계한 방식이 서술되어 있는데, 고구려가 역대 중원 왕조에 신속하여 조공한 것을 일관되게 강조했다.

그러나『총론』단계에서의 모순점이 곧 지적되었는데, '현재의 중국영토'를 기준으로 중국사의 범주를 설정하는 통일적 다민족국가론을 고구려사에 대입하는 경우, 고구려 영역의 상당 부분이 한반도에 있었기 때문에 고구려사 전체를 중국사로 편입하기 어려워진다는 것이다. 이를 극복하기 위한 개정판으로 2003년『고대중국고구려역사속론(古代中國高

句麗歷史續論)』(이하 『속론』)이 출간되었다.[7] 『속론』 이론편에서는 중국 학계가 고구려 귀속을 확정하는 데 가장 근본적 문제를 종족도, 영역도 아닌 '중국 중원국가에 대한 예속성'에 두고자 했다.[8] 즉 『속론』은 고구려의 중국 귀속을 중국 왕조들과의 정치적 관계 속에서 설명하고자 그에 따른 이론 틀을 수립하려는 시도였다.[9]

『총론』과 『속론』의 집필에 모두 깊숙하게 관여했던 마대정(馬大正)은 조공·책봉관계가 어떻게 고구려의 귀속을 규정하는 근거가 되는지를 설명하기 위한 핵심으로 '번속(藩屬) = 종번(宗藩)'이라는 개념을 언급했다. 그는 『속론』의 「고대 중국의 번속」에서 번속체제에 대해 '중원 지역의 통치권과 정통의 지위를 획득한 중앙 왕조와 주변 지역의 변경민족정권들의 쌍방관계를 조정하는 이론'이라고 규정했다. 번속체제는 진(秦) 왕조의 통일 이후 변화된 천하관과 민족관을 바탕으로 성립되기 시작하여 당(唐) 왕조에 이르러 완성되었다는 것이다.[10] 그러면서 마다정은 다음과 같이 체계화된 번속이론의 수립을 촉구하고 있다.[11]

---

7 『총론』과 『속론』 두 책에 대한 자세한 비교는 여호규, 2004, 앞의 논문; 홍승현, 2012, 앞의 논문; 조인성, 2010, 「《고대중국고구려역사속론》에 대한 비판적 검토」, 『중국 '동북공정' 고구려사 연구논저 분석』, 동북아역사재단 참조. 한편, 『총론』은 지난 2007년 『중국이 쓴 고구려 역사』라는 제목으로, 『속론』은 한 해 앞선 2006년 『동북공정 고구려사』라는 제목으로 모두 서길수가 번역하여 출간되었다.

8 여호규, 2010, 「楊軍의 《고구려 민족 및 국가의 형성과 변천》에 대한 비판적 검토」, 『중국 '동북공정' 고구려사 연구논저 분석』, 동북아역사재단, 111~113쪽.

9 홍승현, 2012, 앞의 논문, 368~372쪽.

10 조인성, 2010, 「《고대중국고구려역사속론》에 대한 비판적 검토」, 『중국 '동북공정' 고구려사 연구논저 분석』, 동북아역사재단, 161~162쪽.

11 중국 번속이론은 그 주요 특징으로 민족자치·지방자치·일조(국)양제를 제시하고 있는데, 이러한 개념은 현대 중국 정치적 상황에 의해 만들어진 것이다. 이석현, 2010, 앞의 논문.

종번(宗藩)관계는 중국 강역이론의 핵심 문제이다. …… 당시 동아시아에 존재했던 종번관계를 국내외 일부 학자들은 국제관계로 보고 있으며, 심지어 현대 국제관계의 구조·원칙·관념으로 고대 동아시아 지역을 연구하려는 이들도 있다. 그러나 이것은 큰 잘못이다. 전체적으로 말하면 어떤 번속은 '내번(內藩)'으로, 그 민족은 국내 민족에 속하고 그 강역은 중국 영토이다. 또 어떤 번속은 '외번(外藩)'으로 그 민족과 강역은 모두 국외에 속한다. …… 종번관계의 문제를 해결하지 않으면 중국 고대 강역이론 연구는 진전을 이룰 수 없으며, 나아가 변경사를 깊이 연구하는 데도 지장을 주게 된다. 그러나 지금은 우리 학술계에서는 이렇게 관건이 되는 문제에 대해 약간의 언급만 있을 뿐, 전문 연구가 결여되어 있다.[12]

마대정의 번속이론 구체화 촉구 이후 출간된 것이 서론에서 언급한 이대룡의 『한당 번속체제 연구』와 황송균의 『중국 고대 번속제도 연구』다.[13] 먼저 『속론』의 필자이기도 한 이대룡은 『한당 번속체제 연구』에서 "중국 역사상 그 어떠한 강대했던 정권이라도, 또한 그 정권이 한족이 주체가 되어 건국한 정권이든지, 혹은 변강 민족이 주체가 되어 건립한 변강정권이든지, 핵심 지역의 안전을 보위하기 위해 대부분이 자신만의 번속체계를 가지고 있었다"고 하면서, 번속이론의 사상적 근원을 서주 시

12 馬大正 等, 2003, 『古代中國高句麗歷史續論』, 363쪽.

13 두 저서에 대한 상세한 분석은 이석현 외, 2010, 『중국 번속이론과 허상』, 동북아역사재단 참고. 『중국 번속이론과 허상』에는 총 5편의 논문이 수록되어 있다. (1)「중국의 번속제도 이론에 대한 비판적 검토」(이석현), (2)「한대의 세계인식과 번속제도」(방향숙), (3)「당대의 세계 인식과 번속제도」(김성한), (4)「명대 번속제도론 비판」(민경준), (5)「청대 번속제도와 그 성격」(이영옥).

기에서 찾았다. 그가 말하는 번속이론의 주된 내용은 한대에서 당대까지 황제가 지배한 영역이 천하 또는 오복제 인식을 바탕으로 세 개의 층차로 나뉘어 있었다는 것이다. 그 세 층차란 ① 황제 직할 통치 지역, ② 특설 기구가 관할하는 이민족 구역, ③ 번속국 구역이다. 그리고 그 주된 근거는 조공칭신이며, 중국적인 특색을 가진 번속체제는 한대에 처음 만들어지고 당대에 발전하게 된다고 보았다.

특히 고구려와 관련해서는 '[하편] 당 왕조 번속체제의 구축과 유지'에서 다루고 있다. 이대룡은 번신의 범위에 대해 언급하면서 "당나라 사람들은 '사해' 내에 포함된 많은 민족 정권을 모두 번신의 범위에 포함시키고 있다"고 했고, "이런 민족정권의 세력이 강대하건 약소하건 부주(府州) 영역에 포함되거나 도호부 영내에 있으면, 모두 당과 번신관계를 맺어야 한다"고 주장했다. 또, "도호부가 통치하던 지역 외에 번국이 있던 지역이 있는데, 이는 당 통치자들이 '집' 밖이라고 생각하던 가장 외곽 지역이다"라며 돌궐·설연타·토번·백제·신라 등이 이 범위에 속한다고 보았다.[14] 이로 인해 해내의 고구려와 해외의 백제·신라가 구분된다는 것이다.[15]

이대룡의 저서가 관념적인 부분에 주목했다면, 황송균의 『중국 고대 번속제도 연구』는 제도적인 측면의 전개 양상을 다루고 있다. 황송균은

---

14 '집' 밖에 있던 세력들과의 관계는 다음과 같이 정리했다. 첫째, 당에 칭신한 정권으로 설연타·남조·백제·신라 등이 있다. 둘째, 당과 구생(舅甥)관계에 있던 정권들로, 토번이 대표적이다. 셋째, 적국(敵國)관계를 유지하던 정권들로, 당 건국 초기의 돌궐한국 등이 여기에 속하는 것으로 보았다.

15 이러한 의견에 대한 모순점은 김성한, 2010, 「당대의 세계 인식과 번속제도」, 『중국 번속이론과 허상』, 동북아역사재단 참고.

그동안 명청 시대 동북지역사를 주로 연구해 오던 학자이지만, 이 저서에서는 상대 후국과 서주 봉국에서부터 연구를 시작한다. 상편에서는 중국의 번속과 번속제도가 시대별로 어떠한 양상으로 전개되었는가를 기술했고, 하편에서는 그 전개의 배경에 존재하는 이론 문제를 다루고 있다. 그는 번속제도가 서주 시기에 시작되었으며, 그것은 실제 국가정체이자 일국양제이고, 지방자치와 민족자치이며, 내향성을 지니고, 중화민족 형성을 촉진한다고 파악하고 있다.

고구려와의 관계에 대해서는 "한반도의 고구려·백제·신라는 모두 일찍이 당 왕조의 책봉을 받아, 당 왕조와 신속관계를 가지고 있었다"고 하면서 "당 고종이 고구려를 통일하고 안동도호부를 설치하여 경외 속국과의 관계는 더 이상 존재하지 않았다"고 말한다. 해내의 고구려와 해외의 백제·신라를 구분한 이대룡의 결론과 마찬가지로 경내 속국인 고구려와 경외 속국인 백제·신라를 구별하고 있는 것이다.

그런데 두 책은 주제와 시각에서 약간의 차이를 보이면서도 공통적으로 중국을 중심으로 동심원적 세계를 상정하고 있다. 동심원 내에서의 위계는 중국과 관계 맺은 집단과의 신속 여부 혹은 그 정도로 규정하고 있으며, 결국 중국 국내질서를 설명하는 이론적 틀을 만드려는 목적으로 저술된 것이다.[16] 그뿐만 아니라 번속체제 하에서의 속지(屬地)와 속국(屬國)이라 하면 기본적으로 근대 국제법상 개념이 깔려 있고, 국제법에서 속국이라 하면 주권이 상실된 예속국을 지칭하는데, 이러한 개념에 대한 깊은 천착 없이 그대로 사용하는 과정에서 중대한 오해와 착오가 생길 수

---

16 홍승현, 2012, 앞의 논문, 376~378쪽.

밖에 없었다. 그러므로 역사 속의 번속에 대한 정확한 개념 규정은 여전히 과제로 남아 있다.[17]

더 큰 문제는 이대룡과 황송균이 정리한 번속이론이 동북공정 종료 이후 진행된 연구에도 적지 않은 영향력을 행사하고 있다는 점이다. 먼저 고구려 초기 한(漢) 및 현도군 관계를 논하고 있는 아래 내용을 살펴보자.

①고구려가 때에 따라 현도군이 의부(依附)하거나 이반하기도 했지만, 이러한 사실을 근거로 양한(兩漢)과 위진 시기의 고구려에 대한 현도군의 효율적인 통할을 부정할 수는 없다. — 趙紅梅, 2007, 「玄菟郡經略高句麗」

②문헌상 최초의 책봉은 355년 전연 모용준(慕容儁)의 고국원왕에 대한 책봉이다. 하지만 집안에서 출토된 몇 개의 진고구려(晉高句麗) 관인 중에는 355년 이전인 서진(西晉) 시기의 것일 가능성도 있다. 고구려의 지방 조직이 진의 책봉을 받을 수 있었다면 고구려왕은 가장 먼저 진의 책봉을 받았

---

17 번속이론이 확립되고, 그에 입각한 구체적인 서술이 이뤄지는 가운데, 동북지방에 대한 역대 중국 왕조의 통치사상을 검토한 저서도 출간되었다. 길림성사회과학원 소속인 류신군(劉信君) 등이 공동 집필하여 2008년 출간된『중국 고대 치리 동북변강 사상 연구(中國古代治理東北邊疆思想研究)』이다. 이 책은 중국의 변강통치사상의 주요한 특징을 '화이일통(華夷一統)·화이지변(華夷之辨)·기미이치(羈縻而治)' 등 세 가지로 파악하면서, 시대와 사회의 변화, 발전, 민족의 이동, 강역의 변화 등에 따라 동북지방이라는 구체적 상황에서 이러한 변강통치사상이 어떻게 구현되었는지 드러내고자 했다. 저자는 위의 세 가지 통치사상이 장기적으로는 중화민족의 형성과 중국 경영에 영향을 미친 것으로 파악하고 있다. 그 영향은 긍정적 측면과 부정적 측면이 공존하는데, 이 책의 경우 특히 화이지변 사상에 대해 부정적인 반면, 나머지 둘에 대해서는 긍정적으로 파악하고 있다. 이것은 한족만의 단일 중국이 아니라 다원적·다민족 통일국가를 지향하는 현 중국의 민족정책과 관련이 있어 보인다. 이러한 면에서 볼 때 이 책은 다원적·다민족 통일국가로서의 중국이라는 현 중국 정부의 민족관과 소수민족 거주지에 대한 실효적이고 영구적 지배라는 영토관을 전제로 하여 그 역사적 맥락을 동북지역에 적용한 일종의 정책적 산물임을 확인할 수 있다.

어야 할 것이므로 책봉 시기는 좀 더 이전 시기로 소급될 것이다.

- 魏存成, 2009,「高句麗的興起及其與玄菟郡的關系」

③ 현도군의 내천 이후 고구려의 관할에는 변화가 있었지만, 고구려의 현도
군에 대한 예속관계는 변하지 않았다. …… 고구려의 세력이 강해지고 중
원 정권에서 직접 고구려로 출병하게 되면서 고구려와 중원 왕조와의 관
계는 현도군이나 요동군을 통한 것에서 직접 칭신하고 조공하는 것으로
바뀌었다. 342년 모용황이 고구려를 정벌하고 다음 해 고구려왕이 칭신한
때부터, 고구려는 중원 왕조에 직접 책봉을 받기 시작했다.

- 魏存成, 2010,「玄菟郡的內遷與高句麗的興起」

조홍매(趙紅梅, 2007), 위존성(魏存成, 2009·2010)의 연구는 모두 '고구
려가 현도군 경내에서 흥기했다'는 기존의 논리를 계승하고 있다. 논증
과정에서도 기존의 논리와 큰 차이를 보이지 않는다.[18] 오히려 주목되는
점은 국가 형성과 관련하여 고구려와 현도군의 관계를 살폈던 기존의 연
구 경향을 넘어서서 위진남북조까지를 시야에 넣고 현도군을 매개로 책
봉 시기까지의 양자관계를 연결하여 거론한다는 점이다. 이는 통시적으
로 적용할 수 있는 번속이론이 확립된 이후, 이를 염두에 둔 서술 과정에
서 나온 것으로 판단된다. 즉 기존 동북공정의 주요 논리들을 하나로 엮
어 나름대로 유기적으로 설명하고자 하는 방식의 서술이 개별 연구에서
늘어난 것으로 파악된다.

---

18 고구려 건국 문제와 현도군의 고구려 관할 문제에 대한 비판은 김미경, 2009,「고구
려 건국 문제를 통해 본 '지방정권론'의 내용과 비판」,『중국의 통일국가론으로 본 고
구려사』, 동북아역사재단 참조.

번속체제가 끼친 영향력은 조공·책봉관계를 중심으로 진행된 고구려 중기의 대외관계사 연구에서 더욱 강하게 보인다. 번속체제를 일국관계로 보는지 대외관계로 보는지에 따라 견해를 나눠볼 수 있는데, 대다수의 연구는 일국관계임을 전제로 진행하고 있다.[19]

요령성사회과학원 소속 왕성국(王成國, 2007)은 "고구려는 민족과 정권이 존속하는 동안 특히 중원 왕조의 영향을 받아 끊임없이 장대한 발전을 이루었으며 중원 왕조와 정치적 통일·경제적 상호 보완·문화적 융합을 형성한 특정(特定)한 관계"로 보았다. "양자의 관계가 존속 발전한 기간 동안, 각자의 이익 추구에 이끌려 필연적으로 모순 충돌이 나타나고 전쟁에까지 이르기도 했지만 이는 봉건 대국들에게 요구되는 국가 통일과 영토 보전이라는 최고 요구였다"면서 "따라서 고구려 민족과 중원 한족 및 동북 제민족 사이의 우호적인 왕래는 관계 발전의 주류였다고 할 수 있다"는 것이다. 길림대학 교수로 재직 중인 정니나(程尼娜, 2015) 역시 번속체제를 "고대 중국 왕조가 변강 지구 민족·민족정권을 관리하던 체제 또는 주요 방식"[20]으로 이해하며 일국체제라는 틀 안에서 논지를 전개했다. 이와 같은 견해는 동북공정 시기의 논리를 계승하고 있으며, 번속체제 확립 후 그 논리를 더욱 공고히 하고 있는 것으로 평가된다.

좀 더 구체적인 내용을 담은 성과들도 제출되었다. 장철·하방원(張

---

19 중국과 한국의 조공·책봉관계의 운영 양상을 다루면서 고구려를 제외한 연구도 보인다. 2003년 동북공정 연구과제로 선발된 부백신(2008, 『중조 역대 조공제도 연구』, 길림인민출판사)의 경우로, 고구려를 제외한 이유는 고구려를 한국의 국가가 아닌 동북에 존재했던 중국 변강민족정권으로 파악했기 때문이다.

20 程尼娜, 2008, 「古代中國藩屬體制的探索 – 讀《漢唐藩屬體制研究》」, 『史學集刊』 2008 – 3.

哲·何方媛, 2010)은 남북조 시기 이전의 중원 왕조와 고구려 사이의 관계를 ① 양한(兩漢) 시기, ② 조위(曹魏)와 서진(西晉) 시기, ③ 동진16국(東晉16國) 시기 세 단계로 나누어 고찰했다. 이를 바탕으로 고구려의 중원 왕조에 대한 조공과 중원 왕조의 고구려 책봉 상황에 대해 논했다. 내용을 대략 정리하면 다음과 같다.

① 고구려와 양한 왕조의 관계: 한의 현도군 내에 건립된 고구려 정권은 서한과 신속(臣屬)관계를 유지했다. 그러나 스스로의 힘이 강화되자 곧 서한에 대해 공격적인 태도를 취했다. 왕망은 신(新)을 세운 후 고구려를 포함한 주변 소수민족에 대해 강압적인 태도를 취했고, 고구려왕을 후(侯)로 강등했다. …… 동한은 건국 후 왕망의 정치적 실수를 교훈으로 삼아 소수민족과 관계 개선을 시도했고 고구려도 정권 주체로서 동한 왕조와 조공관계를 맺었다. 후한 시기 동안 총 6회의 조공이 있었는데 49년에서 109년 사이의 60년 동안에는 조공이 이루어지지 않았다. 전체 시기 동안 평화와 대립 관계를 반복했다.

② 고구려와 조위·서진 왕조 사이의 관계: 동한(東漢) 말기 중원의 정세가 혼란에 빠지자 공손도가 자립해 요동후(遼東侯)가 되었고 고구려는 원교근공(遠交近攻) 정책을 실시해 공손씨와는 평화관계를 유지하는 동시에 동오(東吳)와 조위는 공격했다. 그러나 고구려와 공손씨 정권의 관계는 곧 나빠져 209년에는 공손씨가 고구려에 대한 대대적인 공격을 감행해 큰 손실을 입혔다. 이를 극복하기 위해 고구려는 동오와 조위의 세력을 빌리려는 목적으로 이들에게 조공을 보내 신속관계를 맺고자 했다. 조위는 마다할 이유가 없었고 고구려의 힘을 이용해 공손씨 세력을 견제하고자 했다. …… 크고 작은 전쟁을 겪은 후 246년과 247년에 조위는 관구검으로 하여금 두

차례에 걸쳐 고구려 공격을 명령했고, 고구려는 회복하기 힘들 정도의 큰 피해를 봤다. 이후 고구려는 요동 지역에 대한 확장 의지를 더 이상 드러내지 못했다. 서진 건국 이후에는 고구려·부여·옥저가 동이교위의 통제를 받았다. 비록 서진 시기 동안 고구려의 조공 기사는 보이지 않지만 항시적으로 서진의 봉관(封官)을 받아 예속관계가 줄곧 유지되었음을 알 수 있다.

③ 서진의 짧은 통일 시기가 지나고 남쪽에는 동진 정권이 수립되고 북방에는 여러 소수민족에 의한 국가들이 건립되고 사라졌다. 고구려는 동진에 대해서 조공관계를 유지하고 북방의 여러 나라, 즉 후조(后趙)·전진(前秦)·전연(前燕)·후연(后燕)·북연(北燕) 정권에 대해 신복(臣服)의 태도를 보이고 간혹 조공을 보내기도 했다. 서진 말의 혼란기에 고구려는 요동 지역에 대한 확장을 위한 시도를 감행했고, 302~315년 사이에는 세력의 우세를 점하기도 했다. …… 요약해 보면, 동진16국 시기 동안 고구려는 각 정권들 사이에서 세력의 강약에 따라 대립과 복종의 관계를 번갈아 가며 유지했다.

이들은 후한이 건국한 후 왕망의 정치적 실수를 교훈으로 삼아 소수민족과 관계 개선을 시도했고, 이때 고구려가 후한에 처음 조공을 한 것으로 파악했다. 이후 중원이 강대해지면 시종 조공관계를 유지하고 중원이 분열되면 자신에게 이익이 되는 왕조를 골라 조공을 했다는 점을 부각했다.

이들의 연구는 대체로 고구려와 중원 왕조 사이의 조공이 매우 실용주의적인 측면에서 이루어졌다고 파악하고 있다. 그렇지만 연구의 기본적인 전제가 중원 왕조의 입장에서 책봉을 통한 지위와 지배권의 승인이라는 제도 본래의 의미에 기댄 것이며, 조공·책봉체제가 형성된 사정이나 시대에 흐름에 따른 제도의 변화 등에 대한 고민을 찾아보기는 어렵다.[21] 논의가 생략된 채 관련 사실들을 일방적으로 신속의 의미로 전제하고 해석했다. 논의의 목적이 주변국과 민족의 귀속에 치중되어 있던 까닭에 양자 사이의 정치적 관계에 대한 인식과 논증은 주된 관심사에서 벗어나 있었다고 보이며,[22] 이러한 면은 여전히 한계로 지적하지 않을 수 없다.

동아시아사의 대두와 한계

앞서 번속이론이 확립되는 과정과 이후 연구들이 이를 일종의 지침으로 삼아 연구를 구체화하고 있음을 살폈다. 그런데 한편으로 이와는 결을 달리하는 연구들도 진행되고 있다. 즉, 중국 학계에서 동아시아를 염두에 둔 연구들이 늘고 있다는 점이 주목된다. 이러한 흐름을 잘 대변하는 것이 길림대학에 재직 중인 양군의 저서들이다. 양군은 2006년 1월과 길림대학 교수인 장내화와 공동집필한『동아사(東亞史): 선사에서 20세기 말까지』를 출간했고, 같은 해 8월 제자라 할 수 있는 왕추빈(王秋彬)과 함

---

21 노태돈(2006, 「고구려와 북위 간의 조공·책봉관계에 대한 연구」, 『한국 고대국가와 중국 왕조의 조공·책봉관계』, 고구려연구재단)은 "국제관계를 기술하는 주요 용어와 개념은 전근대 시기의 그것과 근대의 그것이 비록 같은 글자로 표기되었더라도 그 실제 의미하는 바가 다를 수 있다"면서, 가령 조공·책봉관계 아래에서 피책봉국을 가리켜 중국 왕조 측 기록에서 속국(屬國)이라고 했을 경우 역시 시기마다 그것이 실제 의미하는 바가 다를 수 있다고 지적했다.

22 이성제, 2005, 앞의 논문, 260~261쪽.

께『중국과 조선 반도 관계사론(中國與朝鮮半島關係史論)』을 집필했다. 이 두 저서는 고구려와의 관계에 집중하고 있지는 않지만, 기존과는 다른 연구 흐름을 대표하고 있다고 판단되기에 먼저 언급해 보도록 하겠다.

먼저『동아사』는 중국에서 동아시아사를 통사의 형태로 서술한 첫 번째 책이라는 점만으로도 의의를 지닌다. 이전에도 중국 학계에서 아시아를 대상으로 하거나 동북아시아를 대상으로 한 통사 형식의 저서가 출판된 적은 있었지만, 각국의 역사를 분산적으로 서술하는 데 그쳤다. 요컨대 동아시아를 하나의 역사 단위로 삼아 서술한 책은 없었던 것이다.

『동아사』의 특징은 서론의 구성과 서술에 잘 나타난다. 1) 동아시아사 연구 개설, 2) 동아시아 지역 구조, 3) 동아시아사 시대 구분, 4) 동아시아와 세계의 관계, 5) 동아시아사 중의 특수문제 등을 언급하고 있는데, 내용은 서구 학계와 일본 학계의 성과에 유의하면서 약간의 비판을 가하는 방식으로 전개된다. 특히 5) 동아시아사 중의 특수문제에서는 동방전제주의와 치수사회론, 기마민족론과 정복왕조론, 아시아적 생산양식론, 유교문화권론 등의 이론을 비판적으로 검토한 후, 이 이론들을 활용하지 않을 것을 밝히고 있다. 이는 매우 의미있는 작업이라 할 수 있지만, 본인들의 관점을 명확하게 제시하지 못한 채 결국 중국 중심으로 동아시아사를 서술하고 있다는 한계를 지적할 수밖에 없다.

이들의 역사관은 앞서 살핀 번속이론의 개발자들과 마찬가지로 다민족 통일국가의 시원을 진의 통일로 보며, 진 이후의 역사는 통일적 다민족국가로서의 '중국'이 확대 발전하는 과정이라는 관점이다. 고구려에 대해서는 제2편 지역구조의 형성 중 '동아시아 기타 국가의 형성' 부분에서 다루고 있다.

고구려에 일찍부터 왕이 존재했지만 이 왕은 아마도 수시로 파면되거나 심지어 피살되는 부여의 왕과 유사해서 진정한 국가의 군주가 될 수 있다고 보기는 힘들다. 『삼국지』의 기록으로 보면 서한 시기의 고구려는 여전히 한 현도군 고구려현의 부족 중 하나이고, "고구려현령이 그 호적을 주관했다"고 한 것으로 보면 진정한 국가와는 거리가 한참 멀다. 고구려가 하나의 정권으로서 중원 정권과의 사이에서 발생한 가장 이른 대규모의 충돌은 바로 관구검 전쟁이다. 이 당시의 고구려가 이미 국가 형태에 진입했다는 것은 수긍할수 있다. 이로서 보면 고구려 국가의 형성은 동한 말기의 일이어야만 하고기원 2~3세기 사이일 가능성이 있다. 그 밖에 고구려 국가의 최초의 통치중심은 현재 중국 길림성 집안과 요령성 환인 일대로서 한반도와 관계는 크지 않다. …… 한무제가 위만조선을 멸망시키고 낙랑·진번·임둔·현도 등4군을 설립한 다음 한반도 북부 대동강 유역은 줄곧 중국이 설립한 군현의통치 지역이었으며 한반도 남부의 삼한 민족도 낙랑군에 예속되어 있었다.국가가 출현하기 이전 한반도는 완전히 중국에 예속되어 있었다. 고구려는강성해진 이후 군현의 통치 지역을 잠식하여 최종적으로 서쪽으로 현재의중국 길림 요령성 동부, 동쪽으로 한반도 대동강 유역 이남지역에 다다른 강국이 되었다. …… 당 왕조는 백제와 고구려를 전후로 멸망시키고, 백제 땅에는 웅진 등 5도독부를, 고구려 땅에는 안동도호부를 설립했고 아울러 신라를 계림도독부로 삼아 최종적으로 중국의 대 한반도 기미통치체계를 확립했다.

이들의 연구는 '동아시아'의 틀을 채용했음에도 불구하고 중국이 확대 발전하는 과정이라는 관점을 가지고 있었기 때문에, 고구려는 중국의 지방정권이거나 속국이라는 기존의 견해에서 결국 벗어나지 못하고 있는 것으로 보인다. 특히 삼국의 종교와 문화 등을 살핀 이후 "삼국은 모두 중국문화의 영향을 깊이 받았다. 삼국 내부 다른 민족의 문화 전통은 중국문화와 융합해 본국 특유의 문화 풍모를 형성하기 시작했으며, 삼국 간의 공동점도 증가해 왕씨 고려 시기 한반도 내부 각종 문화는 한걸음 더 융합해 통일적 문화가 되었으므로 이는 한반도 내에 후세에 형성된 단일민족 조선족이 되는 기초가 되었다"고 서술하고 있다. 이렇듯 양군은 중국 중심의 문화전파론적인 중국 학자들의 연구 성과에 의존하는 서술을 하고 있음이 확인된다.

한편, 『중국과 조선 반도 관계사론』의 경우 종번체제와 관련하여 기존 중국 학계에서 진행된 연구들이 항상 두 가지 측면에서 착오를 범했음을 지적한다. "주변 국가의 중국에 대한 조공과 중국 내부의 각 번부, 토사(土司)의 중앙에 대한 조공을 동일시하고 있으며, 연구할 때는 모조리 종번을 가리켜 조공이라 일컬으면서, 국제관계와 국내 문제의 두 측면을 구분하지 않았다"는 것이다. 그는 이러한 착오를 국내 문제와 국제 문제를 분명하게 가리지 못하는 '공간적인 것'이라 칭하는데, 종번체제가 결코 국경을 초월한 제도가 아니라는 점에 주의를 기울여야 한다는 것이다.

또한 그는 '시간적인 것'에서 오는 착오도 지적한다. 종번체제가 존재한 시기에 대해 다수의 학자들이 종번체제가 국제체제를 만들어 내었다는 시각에서 출발해 명청 시대의 종번체제만 연구하는 것도 문제지만, 일부 학자들이 종번체제의 출현 시기를 진한으로 끌어올리거나 심지어 서주(西周)의 오복(五服) 제도와 결합시켜 이야기하고 있는 점에 문제가 있다는 것이다. 이러한 문제제기를 통해 그는 중국과 고구려 사이 423~666년의 시기에 걸쳐 비로소 종번체제는 불안정한 조공관계 속에

서 점차 발전하고 형성된 것으로 파악한다.[23]

그는 종번체제에 앞서 '군현체제'와 '기미체제'를 설정했다. 군현체제 속에서 중국은 국내 문제를 처리하는 방식으로 동아시아 관련 사무를 처리했고, 또 각 나라와 민족을 모두 군현체제의 관리 하에 두고자 시도했으며, 중국과 지위가 대등한 국가의 존재를 인정할 수 없었다고 한다. 이 시기 중국 통제 아래의 요동 반도는 중국과 한반도를 연결하는 교량이고, 중국의 영향력이 한반도를 통해 해외로 뻗어 나갔다고 보았다.

그런데 3세기 이후 한반도에 중국 왕조 이외의 국가가 형성되기 시작하는 근본적인 변화가 일어났으며, 이에 대응하여 중국은 새로운 한반도 관리체제, 즉 기미체제를 확립함으로써 한반도 전체를 중국의 통치 하에 두고자 시도했다고 본다. 이제 더 이상 군현체제를 유지하는 일이 불가능해진 한반도 내부의 변화에 직면해 중국인들은 부득불 중국과 한반도의 관계를 처리할 새로운 방식을 찾았는데, 그것이 바로 기미체제의 확대·적용이라는 것이다.

---

23 기존 연구 중에서도 종번관계를 국제관계로 이해하는 연구가 없는 것은 아니다. 동북공정 시기 제출된 연구 중에는 이운천의 연구가 주목된다. 李雲泉, 2004, 『朝貢制度史論－中國古代對外關係體制硏究』. 물론 그 역시 책봉·조공체제가 조공하는 측의 '칭신공납'과 책봉하는 측의 '책봉상사(冊封賞賜)'를 포괄한다고 하며, 그것이 본질적으로 '군신관계'의 속성을 지님을 부정하지 않는다. 그러나 그는 책봉조공이란 표현이 '중외관방외교(中外官方外交)', 즉 중국과 외국의 국가 간 외교를 표현하는 용어로 정착했다고 보았다. 또한 그는 지금까지의 연구 대부분이 중화의식의 토대 하에서 모든 책봉·조공관계를 군신종속관계로 이해하면서 다양한 중외관계의 모습을 묻어 버렸다고 했다. 그는 역대 책봉·조공관계를 ① 실질적인 봉조관계, ② 일반적인 봉조관계(의례적 봉조관계), ③ 명목상의 봉조관계로 구분해야 한다고 했다. 또한 각 시대마다 봉조관계의 모습이 변화하는 만큼, 봉조관계를 일률적인 성격으로 이해할 수는 없다고 했다. 다만 그 역시 책봉·조공제도가 중앙과 지방의 관계, 민족관계, 중외관계 등 다중의 층차와 내용을 갖는다고 보았다. 홍승현, 2012, 앞의 논문, 383쪽 참조.

저자는 한반도의 기미정책 시행을 두고 전연이 342년에 고구려를 토벌한 다음, 고구려의 칭신과 납공을 받아들여 군대를 철수하고, 355년에 전연은 고구려 고국원왕에게 "정동대장군(征東大將軍) 연주자사(燕州刺史) 낙랑공(樂浪公)으로 봉하고 예전처럼 계속 왕의 지위를 유지하라"는 조치를 취한 사례를 든다. 저자는 이 시기 이후 중국의 역대 왕조들이 더 이상 한반도의 내부 사정에 개입하지는 않았지만, 고구려·백제·신라의 왕들에게 수여한 봉호를 보면, 중원 왕조는 한반도를 여전히 중국을 구성하는 일부분으로 여기고 있었으며, 한반도 삼국을 독립정권이 아니라 중원 왕조에 예속된 지방행정기구로 간주하고 있었다고 설명한다.[24]

한편, 고구려를 전론으로 다루고 있는 개별 연구 성과들에서도 번속 체제를 일국사적인 성격으로 바라본 것과 결을 달리하는 논의들이 눈에 띈다. 한승(韓昇, 2008)의 연구가 대표적이다. 한승은 북조의 정권들이 고구려에게 준 책봉호를 분석해 그것이 '외국의 군장'에게 수여한 것임을 밝히고 있다. 또한 당시의 책봉은 기미정책이 특수한 형세 하에서 변화

---

24 이상과 같이, 양군의 연구는 기존 연구에 비해 세분화되고 명확한 기준이 제시되어 있지만, 뚜렷한 한계 역시 지적하지 않을 수 없다. 책의 제목부터 유의해야 하는데, 이 책의 제목은 『중한관계사』나 『중조관계사』가 아니라 중국과 조선 반도(한반도) 사이의 관계를 다룬다. 저자는 자신의 연구가 하나의 국가와 하나의 지역 사이의 관계사이지 국가 사이의 관계사가 아니라는 사실을 드러내기 위한 것이라고 그 의미를 설명한다. 근대 이전에 조선(朝鮮)이라는 국호를 사용한 나라는 기자조선·위만조선·이씨조선으로 이들의 존속 기간은 1,456년이며, 앞의 두 나라는 한반도 전체를 통치하지 않았다고 강조한다. 한국(韓國)이라는 국호를 사용한 나라도 기자조선 멸망 후에 그 후예들이 남쪽으로 내려가 세운 한국·대한제국·대한민국으로 이들의 존속 기간은 겨우 216년이라는 것이다. 하지만 한반도에서 형성된 국가 중에서 '한국과 조선'이라는 국호를 사용한 경우가 저자의 말과 같이 제한적이라는 점에 수긍한다 하더라도, 현재 중국의 공간적 범주에서 과거에 '중국'이라는 국호를 사용한 나라가 존재한 적은 없다. 한국이 대한제국이나 대한민국의 약칭이라고 한다면, 중국은 중화민국이나 중화인민공화국의 약칭인 것이다.

한 것, 즉 국제체제의 성격을 지닌 것으로 보았다. 한승은 2009년 복단대학 출판부에서 『동아세계형성사론(東亞世界形成史論)』을 출간하기도 했는데, 여기에서도 조공·책봉체제가 외형적으로 신속관계를 표현할지라도 정치적으로 구속력이 없는 관계라고 보았다. 따라서 정치적 구속력이 없는 관계가 긴 시간 동안 유지될 수 있었던 근거를 문화적인 요소에서 찾으려 했다. 즉, 중국 대외관계의 목적은 외정에 의한 중국의 확장이 아닌, 중국 문명을 확대하여 천하를 일통시키는 것으로 보았다.[25]

신진 연구자로 류문건(劉文健)의 연구가 주목된다. 2007년 길림대학에 제출한 석사학위논문 「고구려와 남북조 조공관계 연구(高句麗與南北朝朝貢關系研究)」를 보강하여 2009년과 2010년에 연이어 논문을 발표했는데, 중국의 힘이 분산되어 있던 남북조 시기 조공·책봉관계가 중국 왕조에 어떤 의미였고 어떤 역할을 했는지에 대해 연구를 집중하고 있다. 그는 고구려와 남북조 조공 횟수 변화에 따라 ① 413~475년까지 균등(均等) 조공 단계, ② 476~519년까지 일방경주(一方傾注) 조공 단계, ③ 520~589년까지 기복변화(起伏變化) 조공 단계로 조공관계가 발전한 단계를 설정했다. 그리고 남북조 모두 고구려의 조공을 정식 왕조의 표지로 이해하여 책봉과 상사(賞賜)를 통해 고구려를 유인하려 했다고 보았다. 남북조 모두 고구려의 조공으로 인해 정치적 합법성과 정당성을 보장받을 수 있었다는 것이다. 반면 고구려는 남북조에서 받은 책봉호를 통해 자신의 정치적 지위를 공고히 하여 한반도 남부로 세력을 확장하는 데 후방의 안정화라는 효과를 얻을 수 있었다고 보았다. 또한 조공을 통한 경

---

25 홍승현, 2012, 앞의 논문, 394~395쪽.

제적 이익 역시 빼놓을 수 없는 것이라고 파악했다.

한승이나 류문건의 연구에서 보이는 변화를 살펴보면, 이들은 대체로 조공·책봉제도의 성격을 고대 동아시아의 지역질서로 보는 것에 동의한다. 다만, 이들의 연구에서도 동아시아 세계의 성립과 발전을 오직 한화(漢化)라는 입장으로만 설명하여, 지난 시기 동아시아 세계론이 가지고 있는 중국 중심 사관에서 벗어나지 못하는 모습을 보인다. 이러한 인식 안에는 동아시아 세계를 함께 만들었던 주변 민족의 자발성이나 선택은 전혀 고려의 여지가 없는 것이다.[26]

동북공정 종료 후 연구에서 보이는 또 다른 변화 중 하나는 고구려와 중원 왕조 이외에 고구려와 주변 민족 및 국가의 관계에 대한 연구가 늘고 있다는 점이다. 부여·삼연·거란·모용 선비·왜 등 대상도 다양하다. 5~7세기 사이 고구려·백제·신라의 분쟁을 중심 주제로 놓고 동북아시아 정국을 살핀 연구도 있다.[27]

그중에서도 특히 중국과 모용 선비의 관계 연구가 활발했다. 중국 학계에서는 고구려 국가 발전사 과정 중 서진(西進)의 길에서 맞닥뜨린 가장 큰 장애물은 요서지역의 모용 선비였다고 본다. 기존 연구에서는 주로 역사지리 문제를 중심으로 고구려와 모용 선비의 관계를 살폈으나, 최근 연구에서는 무력 충돌 시점이나 동북지역에서의 패권 다툼 양상 등을 다

---

26 다케다 유키오(武田幸男)는 '책봉체제론'의 가장 큰 문제를 "중화의식을 전제로 한 일원론을 통해 중국 황제와 주변 국가의 수장들 사이의 관례를 개별적이며 직접적인 군신관계로 파악한 것"이라고 보았다. 이 때문에 주변 국가들 사이에 존재하는 다양한 관계양식이 사장되었다는 것이다. 이 지적은 현재 중국 학계의 연구 경향에 그대로 적용된다.

27 金錦子, 2007, 『五至七世紀中葉朝鮮半島三國紛爭與東北亞政局』, 延邊大學 博士學位論文.

루고 있다. 특히 기존에는 소홀했던 고구려와 북연의 관계에 대한 연구 성과도 나오고 있는데,[28] 당시 중원의 정세, 한반도·동북아시아 정세가 양자관계에 어떠한 영향을 미쳤는지, 고구려에서 강대한 북위에 맞서면 서까지 풍홍(馮弘)을 구출했던 원인은 무엇이었는지 등을 주제로 연구 관심이 이어지고 있다.

또한 거란과 고구려의 관계에 대한 연구도 주목된다. 손위염·이낙영 (2014)은 "중원 왕조, 돌궐, 고구려가 경쟁적으로 회유하는 대상이었으며, 상대적으로 세력이 약했음에도 불구하고 동아시아 구조를 결정하는 중요한 정치세력"이 곧 거란이었음을 상기시키며, "특히 거란과 고구려의 관계는 고구려 서진정책의 성패를 결정함과 동시에 고구려와 중원 왕조의 관계에 풍향계가 되었다"고 보았다. 4세기 후반부터 약 300여 년간 거란과 고구려가 서로 침략하기도 하고 귀부하기도 했으며 전쟁을 벌이기도 했던 빈번한 관계 변화를 살피면서 이를 통해 "동아시아의 변화무쌍했던 정치적 국면을 엿볼 수 있다"고 서술하고 있다.

이처럼 연구 주제가 다변화·세분화되는 경향은 매우 고무적이지만, 그럼에도 불구하고 고구려 중기의 대외관계를 살피는 과정에서 돌궐이나 유연 등 북방민족과의 관계와 관련된 연구는 여전히 미흡하다. 중국 학계의 인식이 여전히 중원 왕조 중심의 관계 해명에 치중되어 있는 반면, 동아시아 세계가 중국 중심의 일원적 국제질서가 아닌 복수의 국제질서로 구성되어 있었다는 점을 시야에 넣지 못한 한계다.

---

28 金洪培, 2012, 「高句麗與北燕關系略論」, 『樸文一敎授80周年壽辰紀念史學論集』.

맺음말

동북공정이 종료된 2007년 이후 중국 학계에서 제출된 고구려 대외 관계사 관련 논문은 29편이다. 29편의 논문을 시기별·주제별로 살펴보면 다음과 같이 ①고구려 초기 대(對) 한(漢) 및 현도군 관계, ②고구려 중기 조공·책봉관계, ③중원 왕조 이외 주변 민족 및 국가와의 관계로 구분해 볼 수 있으며, 각각 9~10편씩 고루 분포되어 있다.

이 연구들은 앞서 정리된 번속체제의 영향을 크게 받았다는 특징을 지닌다. 그렇기 때문에 대다수의 연구는 고구려와 중국 왕조의 관계가 일국관계임을 전제로 연구를 진행하고 있었다. 반면 조공·책봉제도의 성격을 고대 동아시아의 지역질서로 보는 것에 동의하는 입장에 있더라도 동아시아 세계의 성립과 발전을 오직 한화(漢化)라는 입장으로만 설명하여, 지난 시기 동아시아 세계론이 가지고 있는 중국 중심사관에서 벗어나지 못하는 모습을 보였다. 이러한 인식 안에는 동아시아 세계를 함께 만들었던 주변 민족의 자발성이나 선택은 전혀 고려의 여지가 없는 것이다.

고구려의 대외관계를 살피는 과정에서 돌궐이나 유연 등 북방민족과의 관계와 관련된 연구는 찾아볼 수 없다는 것 역시 중국 학계의 인식이 여전히 중원 왕조 중심의 관계 해명에 치중되어 있음을 방증한다. 이는 동아시아 세계가 중국 중심의 일원적 국제질서가 아닌 복수의 국제질서로 구성되어 있었다는 점을 시야에 넣지 못한 한계다.

조공·책봉은 자국의 왕이 천하의 중심에 위치하며 그 권위가 대내외적으로 널리 미치고 있음을 드러내 보이기 위해 가능한 많은 외국 사절이 공물을 바치며 입조하도록 하여, 그 상하관계를 대내외에 인신시키려고 하는 보편적 정치 행위와 다름없다. 다시 말해 조공·책봉이란 시공간을 초월해 확인되는 보편적 현상으로서, 이러한 용어를 통해 동아시아 국제질서를 논하기에는 어렵다는 것이다.[29] 중국인들의 이상으로서의 천하 세계는 중국 천자를 중심으로 하는 질서정연한 동심원의 세계지만, 현실의 천하 세계는 그들의 이상과는 달리 다원적이다. 다원적인 다수 중심지역을 중국의 주변으로 간주하는 자기중심적 관념일 수밖에 없다.[30]

이와 관련하여 중국 내부에서의 문제 제기도 주목된다. 갈조광(葛兆光)은 2011년 집필한 『택자중국(宅玆中國)』[31]에서 중국이 상상의 정치공동체인지, 아니면 자기동일성을 지닌 역사적 단위인지에 의문을 제기하며, 그것이 과거 각 민족과 각 왕조의 역사를 포함한 공간을 효과적으로 포괄할 수 있는지를 묻는다. 중국이 변경지역에 대한 통제를 강화하는 흐름이 구미와 일본의 동양학자들이 중국의 정체성을 해체하려 했던 작업에 대한 대항이라는 측면에서 시작된 것이기 때문에, 중국 내부에서 시작되는 저명한 역사학자의 이와 같은 문제 제기는 주목할 만하다. 앞으로의 연구에서는 동아시아 세계가 중국을 중심으로 하는 하나의 국제질서가 아니라 다수의 지역 국제질서가 중층적으로 존재하고 있었다는 점을 중시해야 한다. 또한 각 지역 국제질서는 지리적으로 인접한 국가를 주요 구성원으로 하며, 그 지역의 여러 문제를 중심으로 전개되었음에 대한 해명도 필요하다.

---

29 김병준, 2010, 「3세기 이전 동아시아 국제질서와 한중관계-조공·책봉의 보편적 성격을 중심으로-」, 『동아시아 국제질서 속의 한중관계사-제언과 모색-』, 동북아역사재단.

30 방향숙, 2010, 「한대의 세계인식과 변속제도」, 『중국 변속이론의 허상』, 109쪽.

31 국내에는 이원석의 번역으로 출간되었다. 길조광 지음, 이원석 옮김, 2012, 『이 중국에 거하라』, 글항아리.

5장

고구려 문헌사료 및 사학사

이정빈

머리말

    2007년 이후 중국 역사학계는 이른바 번속이론을 바탕으로 전통 시대 중원 왕조와 동아시아 여러 나라의 관계를 이해하고 있다.[1] 번속이론에 입각해 심지어 고려와 조선까지 중원 왕조의 속국으로 규정한다. 고대 중국 동북지역의 역사가 영속적인 자국사였음을 더욱 강조함은 물론이다. 흔히 이와 같은 중국의 연구 동향을 '포스트 동북공정'이라고 부른다.[2] 포스트 동북공정에서는 동북공정의 논리를 번속이론에 맞추어 심화했다. 나아가 다양한 분야의 학문으로 논리를 확장시켜서 그 유기적인 결합을 추구하고 있다.[3]

    주지하다시피 고구려사는 동북공정의 핵심 과제 중 하나였다. 포스트 동북공정에서도 고구려사는 여전히 핵심 과제에 속하는데,[4] 이전보다 관

---

1   이석현 외, 2010, 『중국 번속이론과 허상』, 동북아역사재단 참조.

2   윤휘탁, 2008, 「포스트 동북공정: 중국 동북변강전략의 새로운 패러다임」, 『역사학보』 197호.

3   송기호, 2012, 「중국의 동북공정, 그 후」, 『한국사론』 57호, 서울대학교 국사학과; 임기환, 2012, 「동북공정과 그 이후, 동향과 평가」, 한국고대사학회·동북아역사재단 편, 2013, 『중국의 동북공정과 한국고대사』, 주류성.

4   이에 대한 최근의 주요 연구는 다음과 같다. 정병준, 2007, 「중화인민공화국의 藩屬理論과 고구려 귀속문제」, 『고구려연구』 29호; 최광식, 2008, 「동북공정 이후 중

런 연구자와 연구기관이 확대되었고 주제도 다각화되었다. 연구 방법도 개발되고 있다. 이와 관련하여 고구려 관련 문헌사료에 대한 연구가 점차 증가하고 있다는 점이 주목된다. 특히 『삼국사기』 고구려본기의 전거자료를 탐색하고 그의 사료적 가치를 평가한 저서·논문이 다수 발표되고 있다는 점이 관심을 끈다.

『삼국사기』 고구려본기는 그 존재만으로 동북공정의 논리와 배치된다. 적어도 고려 시기부터 고구려를 한국사의 한 왕조로 인식하여 정사체계(正史體系) 속에 서술했음이 분명히 드러나기 때문이다. 그러므로 동북공정 단계에서 고구려본기는 외면되었다. 비록 『고대중국고구려역사속론』[5]과 같은 저술에서 『삼국사기』 편찬의 배경과 의의가 다루어지기는 했지만,[6] 개설적인 소개에 그친 정도라, 본격적인 연구는 드문 형편이었다. 『삼국사기』 고구려본기를 활용한 연구도 찾아보기 어려웠다. 그런데 이제 고구려본기의 전거와 그 사료적 가치가 연구되면서 이를 활용한 연구가 축적되고 있다.

최근 중국 학계의 고구려본기 연구는 여타의 문헌 연구와 무관치 않다. 『고려기』[『한원』 소인(所引)] 연구가 대표적이다.[7] 이미 2000년대 전반

국 연구서에 보이는 고구려·발해 인식」, 『先史와 古代』 29호; 정호섭, 2013, 「중국의 POST 東北工程과 고구려사 관련 동향 분석」, 『한국사학보』 51호; 조영광, 2012, 「동북공정과 그 이후 중국의 고구려사 연구 동향」, 한국고대사학회·동북아역사재단 편, 앞의 책; 김현숙, 2016, 「동북공정 종료 후 고구려사 연구 동향과 전망」, 『동북아역사논총』 53호.

5 馬大正·李大龍·耿鐵華·權赫秀, 2003, 中國社會科學出版社; 서길수 옮김, 2006, 『동북공정 고구려사』, 사계절출판사.

6 이에 대한 비판적 검토는 조인성, 2010, 「《고대중국고구려역사속론》에 대한 비판」, 조인성 외, 『중국 '동북공정' 고구려사 연구논저 분석』, 동북아역사재단 참조.

7 高福順·姜維公·戚暢, 2003, 『高麗記研究』, 吉林文史出版社. 이중에서 강유공의

부터 중국 역사학계에서는 정사(正史)는 물론이고 각종 유서(類書)에 관한 사학사적·문헌학적·서지학적 연구를 진행하면서 연구 방법을 개발하는 데 착수했고, 어느 정도의 성과를 냈다.[8] 고구려본기는 그러한 연구의 연장선에서 각종 중국문헌과 비교·검토되고 있다.[9] 그러므로 최근의 고구려사 관련 문헌사료 연구는 고구려본기를 하나의 축으로, 그 비교 대상인 중국문헌을 또 다른 축으로 둔다고 할 수 있다.

이 글에서는 이러한 두 방면의 문헌사료 연구를 검토하고자 한다. 논의의 편의상 먼저 중국문헌 연구의 흐름과 성과를 살펴보고, 이어서 고구려본기 연구의 성과와 쟁점을 생각해 보고자 한다.[10] 이를 통해 마지막으로 중국 학계의 고구려 문헌사료 연구가 어떠한 성과를 거두었고, 어떠한 점에서 한계가 있었는지 정리하고자 한다.

중국문헌 검토와 사학사 연구의 심화

2007년 이후 고구려 관련 중국문헌에 대한 연구 중 우선 다음이 주목

연구는 『高句麗歷史硏究初編』(2005, 吉林大學出版社)에 재차 정리되어 수록되었다.

8 가령 최근 간행된 李樂營·章永林 主編, 2015, 『고구려 역사 연구 초편(高句麗硏究論文選)』, 東北師範大學出版社와 같은 논문 선집에서 각 논문을 역사 연구, 고고 연구, 사상문화 연구, 문헌 연구의 4분야로 분류한 데 눈길이 간다. 문헌에 대한 기초적인 연구를 중시하고 있다는 점을 잘 보여주기 때문이다.

9 이 글에서 '중국문헌'은 중원 왕조에서 생산된 문헌을 의미한다.

10 금석문을 비롯한 각종 출토문자 자료 또한 문헌 연구와 무관치 않다. 그중 다수가 묘지인데, 묘지를 비롯한 출토문자 자료는 문헌 연구와 연구 방법에 차이가 있고, 또 유민과 관련된 연구에서 중점적으로 검토할 예정이므로 이 글에서는 생략하도록 한다.

된다.

- 姜維公, 2007, 「《高麗記》と的發見, 輯逸與考證」, 『東北史地』 2007-5.
- 高福順, 2008, 「《高麗記》と所記高句麗中央官位研究」, 『北方文物』 2008-4.
- 李爽, 2015, 「陳大德出使高句麗與《奉使高麗記》」, 『東北史地』 2015-2.

이상의 연구는 2003년 출간된 『고려기연구(高麗記研究)』(高福順·姜維公·戚暢, 2003)의 연장선상에서 이해된다. 『고려기연구』에서는 『한원』 번이부(蕃夷部)를 중심으로 여러 문헌에서 인용된 『고려기』의 일문을 집성해 이를 비교·검토했다.

『한원』은 660년 무렵 당의 장초금(張楚金, ~689)이 찬술한 유서의 일종이다.[11] 본래 30권 분량이었지만, 지금은 마지막 권으로 파악되는 번이부 1권만이 전한다.[12] 현존 번이부 1권은 9세기에 일본에서 작성된 초본(鈔本)으로 파악된다. 번이부는 정문(正文)과 주문(注文)으로 구성되어 있는데, 주문은 정문의 문헌적 근거를 밝히기 위한 것으로, 그 안에는 그때까지 전하던 각종 문헌이 인용되어 있다. 그런데 그처럼 인용된 문헌 중에는 현재 산일(散逸)된 것이 상당하다. 『위략(魏略)』·『수동번풍속기(隋東

---

11 이상 『한원』의 서지정보 및 주요 연구 성과에 대한 소개는 尹龍九, 2011, 「《翰苑》 蕃夷部의 注文構成에 대하여」, 『백제문화』 45호, 공주대학교 백제문화연구소; 2015, 「국립중앙도서관 소장 《翰苑》 抄寫本 2종」, 신라사학회 제146회 학술발표회 (7월 18일) 참조.

12 현재 일본 복강현(福岡縣) 태재부천만궁(太宰府天滿宮)에 소장되어 있다. 이 글에서 활용한 원문은 다음과 같다. 京都帝國大學文學部 編, 1922, 『翰苑』 京都帝國大學 文學部景印舊鈔本 第1集, http://dl.ndl.go.jp/info:ndljp/pid/967402.

蕃風俗記)』·『고려기』·『괄지지(括地志)』가 대표적이다. 특히 고구려사와 관련하여『고려기』가 다수 인용되어 주목된다.

『고려기』는 641년 고구려를 방문한 진대덕(陳大德)의 저술로 파악된다. 진대덕은 고구려 공격을 염두에 두고, 사회의 곳곳의 여러 모습을 생생히 담았고, 이는 차후『구당서』·『신당서』를 비롯한 후대 여러 문헌의 전거가 되었다고 이해된다.[13] 그러므로『한원』에 인용된『고려기』는 그에 담긴 내용이 중요할 뿐만 아니라 후대 여러 문헌의 사료적 가치를 판별하고, 그 의미를 정확히 파악하는 데도 도움을 준다.『한원』번이부는 7세기 고구려사를 이해하는 데 필수적인 문헌인 것이다.

다만 현전하는『한원』번이부에는 오·탈자와 연문이 적지 않다. 따라서 이를 연구에 활용하기 위해서는 정밀한 석문과 교감이 반드시 필요하다.[14] 2003년 출간된 중국 학계의『고려기연구』에서도 일문의 집성과 고증을 시도하고, 그에 수록된 지명과 인명을 검토했다.[15] 사실 이와 같은 작업은 일본의 다케우치 리조(竹內里三)와 유아사 유키히코(湯淺幸孫)가 어느 정도 진행한 바 있다. 이들은 석문과 함께 번역·해설을 제시했다.[16]

---

13 吉田光男, 1977,「《翰苑》註所引《高麗記》について-特に筆者と作成年次-」,『朝鮮學報』85호, 朝鮮學會; 武田幸男, 1994,「《高麗記》と高句麗情勢」,『于江權兌遠教授定年紀念論叢 民族文化의 諸問題』, 江權兌遠教授定年紀念論叢 刊行委員會.

14 1990년대 후반까지의 주요 연구는 윤용구(尹龍九), 1998,「3세기 이전 中國史書에 나타난 韓國古代史像」,『한국고대사연구』14호, 115~162쪽 참조.

15 이에 대한 종합적인 분석은 윤용구,「《高麗記研究》解題」, 동북아역사재단 내부자료-번역 15,『고려기연구』(高福順·姜維公·戚暢, 2003,『高麗記研究』, 吉林文史出版社), 13~15쪽 참조.

16 竹內里三, 1977,『翰苑』(校訂·解說), 太宰府天滿宮文化研究所; 湯淺幸孫, 1983,『翰苑』(校譯), 國書刊行會.

중국 학계의 『고려기연구』에서도 그러한 연구를 염두에 두었다. 하지만 진전된 성과가 도드라진다고 단언하기는 어렵다. 다만 지명·인명에 대한 세밀한 고증을 시도한 점이나, 장초금과 이적의 관계를 밝힌 점은 종래의 연구에서 찾아볼 수 없던 새로운 시도였다. 또한 최근의 연구와 같이 후속 연구의 토대를 마련했다는 점에서 의의가 있다.

먼저 강유공의 논문은 『고려기연구』(2003)를 재차 정리한 것이므로 이번 검토 대상에서 제외한다. 이상(李爽)의 논문은 진대덕의 사행 배경과 내용 및 그 성과를 검토한 것이다. 보다 구체적으로 640년대 전반 고구려와 당의 관계 속에서 진대덕의 외교적 성과를 강조했다. 그런데 개설적인 사실 소개가 대부분으로, 본격적인 『고려기』 연구라고 보기 어렵다.

본격적인 『고려기』 연구와 관련하여 눈길을 끄는 것은 고복순의 논문이다. 고복순은 『한원』 소인 『고려기』에 보이는 중앙관위에 주목했다. 그는 7세기 중반 고구려에서 당 왕조의 9품관제를 수용했다고 보고, 당의 정·종9품, 18관품과 비교해 탈루된 관품이 있다고 지적했다(종1·종4·종8·종9). 그리고 종1품과 종4품에 고추가·대가 및 위두대형을 비견할 수 있다고 보고, 더 구체적인 논의를 진행했다. 즉 종1품에 비견되는 중앙관위는 고추가·대가이지만, 실질적인 권력이 없어졌으므로 제외되었다고 했다. 또한 종4품에 비견되는 중앙관위가 위두대형이었지만, 지방관직 욕살로 파견되었으므로, 중앙관위에 서술되지 않았다고 해석했다.

하지만 고복순의 주장은 쉽게 수용하기 어려운 점이 많다. 일단 석문(釋文)부터 문제다. 그는 논문에서 "유발고비 장빈객 비홍려경 이대부사위지[有發古鄙 掌賓客 比鴻臚卿 以大夫使爲之]"라고 했다. 이중 '발고비(發古鄙)'라고 읽은 대목이 주목된다. 그가 공저자로 저술한 『고려기연구』에서는 '발고비'를 '발고추가(發古鄒加)'로 교감했다. 논문에서는 『고려기연구』
와 달리 교감한 것이다. 『고려기연구』처럼 교감한다면, 『한원』 소인 『고
려기』의 발고추가는 고추가와 같은 관명으로 볼 수 있다. 이와 같이 보는
것이 통설로, 『한원』에 인용된 『고려기』의 발고추가는 고추가로 보는 것
이 일반적이다. 그렇다고 했을 때 고추가는 『고려기』 서술에서 제외된 것
이 아니라 그 기능 내지 성격이 변화했다고 이해할 수 있다.

위두대형에 관한 설명 또한 문제가 있다. 가령 「고자묘지」에서 위두
대형은 당의 종3품에 비견된다고 했다.[17] 『삼국사기』 직관지에서 신라의
관등에 견주어 본 데서도 대략 그와 같은 위치로 헤아릴 수 있다.[18] 따라
서 위두대형은 『고려기』에서 종3품에 비견되는 조의두대형(皂衣頭大兄)
과 동일한 관명으로 보는 것이 일반적이다. 『고려기』 서술에서 빠졌다고
보기는 힘들다.

이처럼 고복순의 주장은 기초적인 자료 해석에서부터 문제가 있다.
그뿐만 아니라 그동안의 고구려 관제 연구에 비추어 보아도 그 결론을 수
용하기 어렵다. 그는 고구려가 당의 9품관제를 전적으로 수용했다고 파
악하고 서술에서 제외된 관품을 찾고자 했지만, 이러한 이해 방식은 당
의 관품과 고구려의 관위 내지 관등이 갖는 차이점을 간과한 것이다.

주지하다시피 당의 관품은 대부분 특정 관직과 대응관계를 맺는다.
관품마다 취임이 가능한 관직이 정해져 있었던 것이다. 하지만 고구려의
관등은 취임 자격에 대한 규정으로, 하나의 관직에 취임할 수 있는 관등

---

17 "量本蓄任三品栅城都督位頭大兄兼大相 少稟弓冶 長承基構 爲方鎭之領袖 實屬
城之准的 父文本蓄任三品位頭大兄兼將軍."
18 『삼국사기』 권40, 雜志9 外官. "級湌 本位頭大兄·從大相."

이 여럿이었다. 복수의 관등이 하나의 군(群)으로 묶여 있던 것이다. 이는 고구려의 관제가 신라와 마찬가지로, 신분제의 규제를 받고 있었음을 의미한다.[19] 신분제에 기초하여 관등제가 운영되었고, 그러한 관등제를 바탕으로 관료조직이 꾸려졌다. 그러나 이와 같은 고구려와 당 관제의 차이점을 간과하고, 당의 기준에 맞추어 고구려의 관제를 이해하고자 하면, 여러 오류를 낳을 수밖에 없다. 연구의 한계점으로 생각한다.

그럼에도 불구하고 고복순의 논문은 관등의 계통을 사자계와 형계로 나누고, 초기부터 후기까지의 변천 과정을 염두에 두고 나름대로 논의를 전개한 점은 눈여겨볼 만하다. 이와 같은 연구 방법은 이전 중국 학계의 관제 연구와 달라진 점이다. 관등의 계통과 그 역사적 변화를 추구했다는 점에서 한층 구조적인 연구 방법으로 접근하고 있다. 그러므로 비록 가시적인 성과를 냈다고 말하기는 어렵지만, 연구의 토대가 더욱 단단히 구축되고 있다고 판단할 수 있다.[20] 이와 관련하여 다음 연구도 참고된다.

• 許佳, 2014, 「《通典·高句麗》研究」, 福建師範大學 碩士學位論文.

허가(許佳)의 연구는 『통전(通典)』 변방전(邊防典)의 고구려 관련 사료에 대한 종합적인 연구라고 할 수 있다. 『통전』 서술 배경에서부터 시작

---

19 임기환, 2004, 「4~7세기 관등제의 전개와 운영」, 『고구려 정치사 연구』, 한나래, 244쪽.

20 이러한 관점에서 姜維東·鄭春穎·高娜, 2005, 『正史高句麗傳校注』, 吉林人民出版社와 같은 사료집성이 주목된다. 이는 최근 강유공이 주편을 맡고 강유동 등이 집필한 『동북 고대민족 역사편년 총서(東北古代民族歷史編年叢書)』(科學出版社, 2016)와 같은 성과로 이어지고 있다. 『동북 고대민족 역사편년 총서』는 현재 고구려·백제·부여 역사편년이 출간되었다.

해 사료의 계통과 내용을 분석했고, 그 가치를 평가했다. 그는 『통전』 고구려전이 각종 정사(正史)만 아니라 사자(使者)의 보고와 관부의 상소를 포함한다고 지적했고, 특히 고구려와 당의 관계를 이해하는 데 도움이 된다고 했다. 나아가 『통전』의 찬자가 나름의 사료 고증과 함께 일문의 집성에 노력했다는 점을 높이 평가했다. 다만 명칭의 혼란이 발생한 점이나 사료의 순서가 뒤섞인 점 등의 한계가 있다고 지적했다.

『통전』은 801년 두우(杜佑)가 완성한 전장류 사서이다. 선진 시기부터 당대(唐代)까지 각종 제도를 통시적으로 정리했는데, 방대한 자료를 참조하여 사료적 가치가 높다고 평가된다. 허가의 연구는 기존의 연구를 바탕으로 했지만,[21] 단편적으로 일부 구절만 인용해 오던 『통전』의 고구려 관련 사료에 대한 이해를 집성했다는 점에서 연구사적 의의를 지닌다. 특히 세밀한 비교·검토와 고증이 돋보인다. 당대의 공문서 생산·유통체계를 염두에 두고, 사료의 작성 과정을 추적한 점은 향후 이 방면의 연구를 이어가는 데 도움을 줄 수 있다고 생각한다. 이와 관련하여 다음 논문도 참고된다.

- 鄭春穎, 2008, 「魏志·高句麗傳與魏略·高句麗傳比較研究」, 『北方文物』 2008-4.
- 李巍, 2012, 「《资治通監》中隋唐高句麗史料研究」, 福建師範大學 碩

---

21 『통전』에 대한 중국 학계의 최근 연구로 다음이 참고된다. 張鳳英, 2000, 「略論杜佑的《通典》」, 『湘潭師範學院學報』 2000-1(總 第21期); 韓昇, 2006, 「杜佑及其名著《通典》新論」, 『傳統中國研究集刊』 2006-1(總 第2期); 趙楊, 2012, 「《通典·邊防典》研究」, 安徽大學 碩士學位論文.

士學位論文.

• 劉洪峰, 2010, 「唐史硏究中所涉及高句麗史事硏究綜述」, 『通化師
範學院學報』 2010-6.

정춘영(鄭春穎)은 『삼국지』 「위지」 고구려전과 『위략』의 관련 사료를
비교했다. 『삼국지』 「위지」 고구려전은 상세한 내용에도 불구하고 난해
한 문구가 적지 않다. 그러므로 사료의 계통과 전거자료의 탐색이 연구의
바탕이 되는데, 이와 관련하여 주목된 사서가 『위략』이다. 현재 『위략』
의 전문은 전하지 않는다. 다만 『한원』을 비롯한 여러 문헌에 흩어져 일
문이 전하는데, 청대(淸代) 장붕일(張鵬一)의 『위략집본(魏略輯本)』처럼 이
를 종합·정리한 사서가 편찬되기도 했다. 정춘영은 『위략집본』을 중심
으로 『삼국지』 「위지」 고구려전의 주요 내용과 비교했다. 그리하여 『삼
국지』 「위지」 고구려전이 『위략』과 밀접하다고 했다. 『삼국지』가 『위략』
을 계승한 사료였다고 본 것이다.

이외(李巍)는 『자치통감』에 보이는 고구려와 수·당의 관계를 주목했
다. 그는 『자치통감』에 보이는 양국관계의 사료를 집성하고 주요 정사와
비교함으로써 그 사료적 가치가 높음을 실증했다. 그의 지적처럼 『자치
통감』에는 정사(正史)에 빠진 중요한 사료가 상당하다. 그리고 그중에는
『당실록』과 같은 주요 정사의 전거자료가 다수 포함되어 있다. 더욱이 고
구려와 수·당의 관계에 관해서는 『삼국사기』에 고유의 전거자료가 거의
없고, 대부분 『신당서』와 『자치통감』에 의존한 만큼 그의 연구에서 『자
치통감』의 사료적 중요성은 매우 높다.

그런데 이는 이미 기존의 연구에서도 알려진 내용이므로 새로운 성과
라고 하기는 어렵다. 예컨대 정춘영의 연구는 한국 학계에서 상식적인 내

용을 결론으로 삼고 있다.[22] 오히려 기존의 연구에서『삼국지』「위지」고구려전과『위략』만 아니라『후한서』고구려전을 포함해 삼자를 상호 비교하고 검토한 사실을 떠올려 보면, 연구 방법 또한 미흡하다고 평가된다. 다만『삼국지』「위지」고구려전의 전거자료에 대한 탐색을 시도했고, 이를 위해 관련 사료를 집성했다는 점에서는 허가와 같은 맥락에서 연구사적 의의를 평가할 수 있다. 특히 연구를 진행한 필자가 모두 신진 연구자란 점, 그중의 2편이 석사학위논문이라는 점이 주목된다. 학문 후속세대가 기초사료 연구에서부터 출발한다는 점은 중국 학계의 연구 기반이 단단히 구축되어 가고 있는 또 다른 일면을 보여주기 때문이다.

그럼에도 불구하고 허가와 이외(李巍)의 경우 고구려를 중원 왕조의 지방정권·소수민족정권으로 보는 중국 학계의 일반적인 이해를 전제로 했다. 이 때문에 중국문헌의 사료적 가치를 높이 평가하고, 중원 왕조와 고구려의 관계를 중시했으며, 사료의 논리를 비판하기보다 그대로 수용했다. 이와 같은 시각은 다음 연구에서도 마찬가지로 드러난다.

- 張芳, 2013,「《魏書·高句麗傳》史料學價値探析」,『通化師範學院學報』2013-9.
- 張芳, 2014,「《魏書·高句麗傳》疆域與人口史料辨析」,『北方文物』2014-1.
- 張芳, 2014,「《魏書·高句麗傳》口述史料探析」,『唐山師範學院學

---

22 전해종, 1980,『東夷傳의 文獻的 研究−魏略·三國志·后漢書 東夷關係 記事의 檢討−』, 一潮閣이 대표적이다. 연구사는 윤용구, 1998,「3세기 이전 中國史書에 나타난 韓國古代史像」,『한국고대사연구』14호, 137~144쪽 참조.

報』2014-1.

- 張芳, 2014, 「《魏書·高句麗傳》史料勘誤」, 『蘭台世界』2014-23.
- 張芳, 2014, 「高句麗與北魏關係史料辨析-以《魏書·高句麗傳》爲中心-」, 『佳木斯大學社會科學學報』2014-1.
- 張芳, 2014 「高句麗王系傳承問題再檢討-兼談《魏書·高句麗傳》所載王系的價値與缺失」, 『博物館研究』2014-3.
- 張芳, 2015 『《魏書·高句麗傳》研究』, 黑龍江大學出版社.

『위서』 고구려전은 중국 정사 고구려전 중에서도 사료적 가치가 높다고 평가받는 사서다. 다른 사서에서는 찾아볼 수 없는 내용이 적지 않을 뿐만 아니라 그러한 내용이 이오(李敖)의 고구려 사행에서 얻은 정보라는 점에서 사료의 시간성이 분명하기 때문이다.

장방(張芳)이 진행한 일련의 연구 또한 주목된다. 그는 「《위서·고구려전》 연구」로 박사학위를 받았고, 이를 단행본(2015)으로 출간했다. 단행본의 목차는 [표 1]과 같다.

목차를 통해 알 수 있듯이 개별적으로 발표된 논문의 대부분은 단행본에 수록되었다. 장방은 목차에서 파악할 수 있듯 『위서』에 집중하여 고구려전의 찬술 배경과 내용, 그리고 그 사학사적 의의를 검토했다.

장방은 위수(魏收)가 일찍부터 방담(放談)자료 수집을 중시했다고 했다. 이 때문에 『위서』에 구술사료가 적지 않다고 지적했다. 여기서 구술사료란 신화와 전승을 비롯하여 위수가 채록한 동시기 정보를 의미한다. 그는 고구려전의 기본 정보를 이오를 비롯한 사신의 왕래를 통해 얻은 것으로 파악했다. 이를 위해 구체적인 검토를 진행한 항목이 강역과 인구였다. 이오의 사행에서 탐문한 고구려의 주요 지명을 검토했고, 5세기 전반

전성기 속에서 인구가 증가했던 것으로 파악했다. 그는 『위략』 고구려전의 기본 정보가 양국의 밀접한 관계를 보여준다고 했다. 중국문헌 연구의 대부분은 이처럼 고구려와 중원 왕조의 관계를 중시하면서 진행되었다. 다만 고구려의 종족과 기원에 관한 문헌사료 기술은 중원 왕조와의 관계 속에서 찾을 수 없었다.

- 李俊方, 2008, 「東漢南朝文献中所見高句麗稱貊問題探討」, 『貴州民族研究』 2008-4.
- 張芳, 2013, 「高句麗民族起源問史料評析－以十二家正史爲中心－」, 『吉林師範大學學報』(人文社會科學) 2013-4.

이준방(李俊方)과 장방은 중국문헌 중 정사에 보이는 고구려의 종족과 기원에 관하여 검토했다. 이준방은『후한서』를 중심으로 고구려를 맥(貊)으로 칭한 데 주목했다. 맥이 중국 주변 종족에 대한 멸칭이었다고 하면서, 특히『후한서』에서 그처럼 칭한 까닭은 당시의 국제정세와 밀접한 관련이 있다고 했다. 비우호적 관계 또는 전쟁 상황 속에서 고구려가 맥으로 널리 칭해졌고, 이러한 기술이 후대 사서에 영향을 주었다고 주장했다. 중원 왕조에서 고구려를 지칭한 사례에 주목해 문헌의 계통을 추적한 것이다.

장방은『삼국지』부터『신당서』까지 12종의 정사를 검토 대상으로 삼았다. 그에 나오는 고구려 왕실의 기원을 비교·검토한 것이다. 이를 통해 고구려가 부여의 별종이었고, 이러한 사실에 기초하여 건국신화가 형성되었다고 했다. 다만 그는 왕실의 기원과 국가의 종족 기원은 구분해 보아야 한다고 강조했다. 고구려는 부여만 아니라 한족(漢族)·예맥·말갈 등 다양한 종족으로 구성되었고, 이 때문에 왕실의 기원이 곧 국가의 주된 종족구성을 말해 주기는 어렵다고 했다.

위와 같은 고구려의 종족과 기원에 관한 연구는 별도의 상세한 검토가 있으므로(조영광), 이 글에서는 구체적인 논의를 피하고자 한다. 다만 고구려의 종족과 기원에 관한 논의를 진행하는 데 각 사서의 내용과 계통을 살폈다는 연구 방법상의 변화가 특징이라는 점만 지적해 둔다.

중국문헌 연구는『삼국사기』고구려본기 연구와 무관하지 않았다. 다음이 대표적이다.

• 趙紅梅, 2008,「略析《漢書》王莽傳王中的高句麗記事」,『東北史地』2008-4.

- 王綿厚, 2009,「《漢書》王莽傳中"高句麗侯騶"其人及其"沸流部"-關于高句麗早期歷史文化的若干問題之七」,『東北史地』2009-5.

위의 두 논문은 고구려와 왕망 정권의 관계에 대한『삼국사기』고구려본기와『한서』「왕망전」의 기록을 비교·검토한 것이다. 양자를 비교해 보면 동일한 사실에 관해 서로 달리 서술한 대목을 적지 않게 찾아볼 수 있는데, 조홍매는『한서』를 중심으로 사실을 재구성하고자 했고, 왕면후 역시『한서』의 사료적 가치를 높이 평가했다. 왕면후는『한서』「왕망전」의 고구려왕 추(騶)가 고구려본기의 주몽이었다고 하고, 그를 비류부 소속으로 간주했다.『한서』를 기준에 두고 고구려본기의 윤색 가능성을 타진한 것이다. 이와 관련하여 다음과 같은『고려기연구』의 서문이 참고된다.

조선반도의 학자인 김부식이 편찬한『삼국사기』는 두 가지 명확한 결함을 가지고 있다. 하나는 고구려 역사를 반도의 역사로 편입시켜 근본적으로 고구려 정권이 중국 동북의 지방정권이라는 기본 사실을 왜곡하고 있다는 점이다. 또 하나는 거의 대부분의 기초 사료가 중국의 고대문헌에서 나온 것으로 1차 사료는 거의 없을 뿐 아니라 편찬 과정에서도 김부식이 신중하지 못하여 몇 가지 착오를 일으켰고, 따라서 그것의 사료 가치를 떨어뜨리고 있다. 총괄해서 말하면 고구려의 역사를 연구하려면 역시 중국의 고대 문헌에서부터 착수해야 한다. 이를 바탕으로 중국의 고대부터 전해 오는 고구려 사료를 계통적으로 정리하고 깊이 연구하는 것이 고구려 역사 연구를 위해 필요하며, 고구려사 연구자의 중요하고 긴박한 임무이다.

『삼국사기』의 사료적 가치가 낮으므로, 중국의 고대 문헌부터 연구가 시작되어야 한다고 했다. 중국 학계는 중국문헌 연구에서 중국문헌의 사료적 가치는 중시하면서, 반대로『삼국사기』의 사료적 가치는 낮추어 보고 있는 것이다.

『삼국사기』고구려본기 연구와 사료적 가치 평가

『삼국사기』고구려본기와 관련하여 먼저 다음 연구가 주목된다.

- 張芳, 2011,「《三國史記》高句麗本紀史料價値評析」,『通化師範學院學報』2011-1.
- 張芳, 2012,「高句麗"古史"辨: 一則史料引發的思考」,『東北史地』2012-1.

장방은『위서』를 중심으로 한 중국문헌 연구와 관련한 논문을 다수 제출하면서『삼국사기』에도 관심을 두었다. 그는『삼국사기』고구려본기 중 장수왕 대 평양천도 이후 기사의 대부분은 중국문헌을 전재했지만, 이전의 기사는 고유의 전거자료에 바탕을 둔다고 했다.『유기(留記)』와『신집(新集)』을 비롯한 고구려 측의 '고사(古史)'를 반영했다고 본 것이다. 고구려 측의 고사는 정사를 중심으로 한 중국문헌과 차이를 보이기도 하는데, 이 때문에 엄정한 사료비판이 요구된다고 했다(2011).

장방은 고구려 측 고사의 내용이 내적인 발전상을 보여줄 수 있다는 점에서 장점이 있다고 했다. 그러면서 고구려 측의 고사는 다수의 신화와 전설을 포함한다고 했다. 고구려본기의 전거자료가 된 고사의 사료적 가치를 낮추어 보려는 의도가 내재된 것으로 풀이된다. 즉 고구려의 고사가 신화를 포괄하고 설화적인 성격을 지닌다고 한다면, 사료의 신빙성 문제가 제기될 수 있는 것이다. 다만 그는 고구려 측 고사가 중국 정사 고구려전에 채록되었고, 중국 정사는 다시『삼국사기』고구려본기 편찬에 영향을 주었다고 했다(2012). 이렇듯 양자의 상호관계를 주목한 점은 흥미로운 관점이다.

고구려본기에 대한 본격적인 연구로 이대룡이 주목된다. 이대룡은 고구려와 관련한 문헌·고고 자료 및 그에 관한 연구 방법의 문제를 종합적으로 서술하면서,[23] 『삼국사기』가 기본 자료의 하나임을 분명히했다. 또한 그는『삼국사기』사료적 가치를 인정하지만 이를 맹목적으로 신뢰할 수 없다고 했다(23쪽). 이대룡의 본격적인 고구려본기 연구 논문은 다음과 같다.

- 李大龍, 2007,「高句麗與東漢王朝戰爭雜考 - 以《三國史記》高句麗本紀的記載爲中心」,『東北史地』2007 - 1.
- 李大龍, 2008,「《三國史記》高句麗本紀史料價値辨析 - 以高句麗和中原王朝關係的記載爲中心 - 」,『東北史地』2008 - 2.
- 李大龍, 2015,「黃龍與高句麗早期歷史 - 以〈好太王碑〉所載鄒牟, 儒留王事跡爲中心 - 」,『青海民族大學學報』(社會科學) 2015 - 1.

---

23 李大龍, 2014,「視覺, 資料與方法 - 對深化高句麗硏究的几点論識」,『東北史地』 2014 - 4.

이대룡은 위와 같이 『삼국사기』 고구려본기에 관한 일련의 연구를 제출했다. 이는 그의 박사학위논문 「《삼국사기 · 고구려본기》연구」(中央民族大學 博士學位論文, 2009)로 이어졌고, 이는 단행본으로도 출간되었다.[24]

이대룡은 『삼국사기』 고구려본기의 주요 내용과 중국 측의 사서를 비교 연구했다. 양자의 관계 및 연원 그리고 차이를 살피고, 그 차이가 나타난 원인을 밝히고자 한 것이다.

먼저 고구려본기 소재 고구려 건국신화 사료의 기원과 그와 관계된 문제를 검토했다. 고구려인은 전한(前漢) 시기부터 자국의 건국신화를 보

---

24 李大龍, 2013, 『《三國史記 · 高句麗本紀》研究』, 黑龍江敎育出版社.

유했는데, 그때까지 건국신화는 완전하지 않았다고 했다. 현전 건국신화는 광개토왕 대를 전후하여 형성되었다고 본 것이다. 현전 건국신화는 5세기『위서』고구려전에 그 완비된 형태가 전한다고 했다. 이 점은 기왕의 통설적인 이해와 크게 다르지 않다고 할 수 있다. 이대룡 또한 장방과 같이 고구려 측의 '고사(古史)'를 인정했다. 그의 경우 고사의 명칭을『해동고기』라고 했다. 그리고『해동고기』의 핵심적인 내용으로 건국신화를 주목했다. 다만 그는 고구려의『해동고기』보다 중국 측의 사서에 더 관심을 두었다.

조홍매·왕면후와 마찬가지로 고구려본기와『한서』「왕망전」을 비교·검토했고, 고구려의 한(漢)의 관계, 구체적으로 대무신왕 11년 요동태수와의 전쟁 기사, 낙랑왕 최리와 낙랑군의 귀속, 모본왕 2년 고구려 정권의 태원 습격 기사, 태조대왕 3년 요서10성 축성, 고구려와 전한 왕조의 전쟁 기사를 검토했다. 고구려본기와 중국 측 사서에 모두 나오는 역사적 사실을 쟁점으로 삼은 것이다. 그리고『삼국사기』가 중국 측의 사서보다 성서(成書)된 시점이 늦었다는 점에서 고구려본기의 신뢰도를 매우 낮게 평가한다고 했다. 김부식이 "우리 왕, 우리 군대"라고 표현한 것처럼 그는『해동고기』를 중시해 채록했고, 중국 사서와 기록이 모순된 데 대해 깊이 고증하지 않았다고 했다.

고구려와 손오·조위의 관계, 고구려와 위진남북조 시기의 각 왕조의 관계 기사 또한 검토했다. 마찬가지로 고구려본기와 중국 측의 사서에 모두 보이는 역사적 사실을 쟁점으로 삼은 것이다. 그중에서 몇몇 기사는 중국 사서에 보이지 않고 고구려본기에서만 찾아볼 수 있는데, 그럼에도 이와 같은 고구려본기 고유 기사가 중국 사서의 부족을 보충해 주기 어렵다고 했다. 중국 사서와 차이는 김부식이 중국 사서를 인용한 데서 비롯했으며, 고구려본기에 새로운 내용은 없다는 것이다. 반면 김부식은 몇 개의 기사를 삭제하여 새로운 문제를 남겼다고 했다. 고구려와 수·당의 관계 기사도 마찬가지라고 했다. 특히 고구려본기에 몇 개의 수정이 있는데, 수정은 명사를 바꾼 것으로, 그 사료적 가치를 중시하기는 어렵다고 했다.

이처럼 이대룡은 고구려본기의 고유 전거를『해동고기』로 상정하고, 그 주된 내용이 신화였다고 했다. 이를 제외한 고구려본기는 중국 사서를 전재한 것이고, 몇몇은 수정·요약해 불완전하다고 주장했다. 비록 고구려본기의 사료적 가치를 전면으로 부정하지는 않는다고 했지만, 중국문헌과 비교해 가치가 현저히 낮다고 평가했다.

주지하다시피 이대룡은 동북공정의 핵심 인사 중 한 명이었다. 그는 1986년부터 중국사회과학원 민족연구소에서 편집부 업무를 담당했는데, 1996년 '고구려 역사 연구' 과제를 수행하면서 고구려사에 관심을 갖게 되었다고 한다(「后記」, 363쪽). 이때의 성과가 마대정·양보륭·권혁수와 함께 쓴『고대중국고구려역사총론』[25]이었다고 한다. 이어 그는 마대정·경철화·권혁수와 함께『고대중국고구려역사속론』[26]을 집필했다. 이대룡의 고구려본기 연구는 그와 같은 연구에서 출발했다. 다만 당시까지는『삼국사기』편찬 경위와 체재, 그리고 고구려 관련 내용을 간략히 개관한 수준이었고,『삼국사기』에서 신라 정통의 역사인식이 표방된 사실

---

25 馬大正·李大龍·楊保隆·權赫秀, 2001,『古代中國高句麗歷史總論』, 黑龍江敎育出版社; 서길수 옮김, 2007,『중국이 쓴 고구려 역사』, 여유당.

26 馬大正·李大龍·楊保隆·權赫秀, 2003,『古代中國高句麗歷史總論』, 中國社會科學出版社.

을 강조한 정도였다.[27]

『삼국사기』 고구려본기의 설정은 신라 정통의 역사인식에 따랐음에
도 불구하고 고구려사를 한국사에 포함한다는 역사인식이 분명히 확인
된다. 이에 이대룡은 한국과 일본의 많은 학자가 고구려본기를 연구하고
있는 상황 속에서 어떠한 방식으로든 『삼국사기』 고구려본기의 사학사
적 의의를 정리해야 했고, 이를 위해서는 사료적 가치와 신뢰성 문제를
검토해야 한다고 생각했다고 한다. 실제 이대룡의 연구는 고구려본기에
관한 문헌의 계통과 전거자료를 탐색했다는 점에서 동북공정 단계보다
한층 심화된 연구라고 평가된다. 그러나 여전히 그 한계가 크다.

『삼국사기』 고구려본기의 고유 전거를 『해동고기』로 묶어서 본 점이
대표적이다. 『삼국사기』에서 고기류(古記類)는 '고기(古記)'로 가장 많이
나오지만, 삼한고기(三韓古記) · 신라고기(新羅古記) · 본국고기(本國古記)
로도 나온다. '해동고기'는 그러한 각종 고기의 범칭이었다.[28] 단일한 사
서가 아니었던 것이다. 그러므로 『삼국사기』 고구려본기의 전거 자료를

---

27 조인성, 2010, 앞의 논문, 186~187쪽. 이러한 입장은 姜維公, 『三國史記』〈新
羅本紀〉로 본 金富軾의 海東三國 系年에 대한 배치-고구려 건국시기를 중심으
로-」, 中國社會科學院 東北工程辦公室 · 延邊大學 中朝韓日關係史研究中心, 延
邊大學 옮김, 2007, 『2005년도 중국의 고구려사 연구』, 동북아역사재단에서도 표명
되었다.

28 한국 학계의 연구로 다음이 대표적이다. 한국정신문화연구원, 1995, 『三國史記의
原典 檢討』(研究論叢 95-17), 한국정신문화연구원; 李康來, 1996, 『三國史記 典
據論』, 民族社; 2007, 『三國史記 形成論』, 신서원; 임기환, 2006, 「고구려본기 전
거 자료의 계통과 성격」, 『한국고대사연구』 42호; 정호섭, 2011, 「《삼국사기》 고구
려본기 4~5세기의 기록에 대한 검토-국내 전승의 원전에서 채록한 기록을 중심으
로-」, 『신라문화』 38호, 동국대학교 신라문화연구소; 전덕재, 2016, 「《三國史記》
高句麗本紀의 原典과 完成-광개토왕 대 이전 기록을 중심으로-」, 『東洋學』 64호,
檀國大學校 東洋學研究院.

탐색하고자 한다면, 각종 고기의 존재를 염두에 두고 그 차이점을 해명해야 한다. 그동안의 연구에서 본문과 분주의 차이를 비롯해 서술상의 특징에 주목했던 것도 이 때문이었다.

하지만 이대룡을 비롯한 중국 학계의 연구에서는 고구려본기의 전거자료에 큰 관심을 두지 않았다. 그의 계통과 형성 과정을 간과했던 것이다. 이러한 이유에서 고구려본기 전거자료의 주요 내용이 신화 내지 설화였고, 중국 측의 사서와 비교해 사료적 가치가 떨어진다는 주장은 수용하기 어렵다. 고구려본기에만 보이는 사실의 사료적 가치를 낮게 평가한 점도 설득력을 갖추었다고 보기 힘들다.

이와 관련하여 존 씨. 재미슨(John C. Jamieson)의 「나당동맹의 와해: 한중기사 취사의 비교」가 참고된다.[29] 재미슨은 나당전쟁을 전후한 당의 주요 장군 6명(설인귀·고간·유인궤·양방·이필·이근행)에 대한 당 측의 사서와 신라 측의 사서(『삼국사기』) 내용을 비교했다. 그 결과 나당전쟁과 관련해서는 『삼국사기』의 사료적 가치가 높고 당 측의 사서는 불완전하다고 했다. 특히 당 주요 장군의 열전을 보면 나당전쟁과 관련한 언급이 없거나 있어도 의심을 자아낸다고 했다. 따라서 재미슨은 당 측의 고의적 침묵 또는 기피 현상을 지적하면서 이는 패전을 축소·은폐하기 위한 것이었다고 해석했다.

재미슨의 사례 연구를 통해 알 수 있듯이 중국 측의 사서가 항상 사료적 가치가 높다고 단언할 수 없다. 이 점은 비단 나당전쟁 관계 기사에 한정되지 않는다. 물론 재미슨의 연구는 주로 7세기 신라본기에 관한 것이

---

29 존 씨. 재미슨(John C. Jamieson), 1969, 「나당동맹(羅唐同盟)의 와해(瓦解): 한중기사(韓中記事) 취사(取捨)의 비교(比較)」, 『역사학보』 44호.

지만, 중국 측의 사서에 보이지 않는다고 해서『삼국사기』고유 전거 기사의 사료적 가치가 결코 낮다고 할 수 없으며, 오히려 높을 수 있음을 잘 말해 준다. 고구려본기와 중국 측 사서의 관계도 마찬가지라고 할 수 있다. 중국 측의 사서에 보이지 않는 사건의 일시와 인명·직명이 고구려본기에만 확인된다고 할 때, 이는 고구려본기 전거자료의 충실성을 말해 준다고 보아야 하며, 그 사료적 가치가 높음을 말해 준다.

이대룡의 연구는 고구려본기만을 대상으로 했다는 점에서도 한계가 있다. 잘 알려진 것처럼『삼국사기』는 이른바『구삼국사(舊三國史)』를 전거자료로 했고,[30]『구삼국사』는 해동고기·본국고기·삼한고기 등의 고기류를 참조했다고 이해된다.[31] 현재『구삼국사』의 편찬 시점이나 체재에 이견이 있을지언정, 그 안에 각종 고기류, 즉 삼국을 비롯한 한국 고대 여러 나라의 역사가 두루 포함되었음은 대부분의 연구자가 동의한다. 그중 일부는 고구려본기에 온전히 반영되었을 수 있는데, 또 일부는 열전과 각종 지(志), 그리고 백제본기·신라본기 등이 반영되었다고 여겨진다. 그러므로 고구려본기 연구는 고립적이기 어렵다. 백제본기·신라본기만 아니라 잡지·열전 및 그 분주와 세밀히 비교·검토했을 때 찬술 과정과 특징이 드러나기 때문이다. 그러함에도 고구려본기만 검토의 대상으로 삼았으므로 연구의 완성도 면에서 높은 평가를 받기 어렵다.

고구려본기의 사학사적 의의는 사론(史論)을 통해 생각해 볼 수 있

---

30 末松保和, 1966,「舊三國史と三國史記」,『朝鮮學報』39호; 田中俊明, 1977,「《三國史記》撰進と《舊三國史》」,『朝鮮學報』83호; 김석형, 1981,「구《삼국사》와《삼국사기》」,『력사과학』4호; 高寬敏, 1996,『三國史記の原典硏究』, 雄山閣; 이강래, 2007, 앞의 책.

31 이강래, 2007, 앞의 책, 319~320쪽.

다.[32] 사론에는 찬자의 주관적 평가가 개입된다. 따라서 사론을 보면 고구려본기 찬자의 역사인식을 파악할 수 있으며, 이는 개별적인 역사 사실에 대한 취사선택 기준을 가늠케 한다. 또 찬술할 당시의 시대적 배경 속에서 사료가 담고 있는 의미를 짐작하도록 한다. 최근 중국 학계에서도 『삼국사기』 고구려본기의 사론에 주목하기 시작했다.

- 李春祥, 2010, 「《三國史記》史論硏究」, 『通化師範學院學報』 2010-5.
- 張芳, 2011, 「《三國史記》高句麗本紀史論解析」, 『白城師範學院學報』 2011-4.

장방은 김부식이 사론에서 『춘추』·『상서』·『예기』·『역경』·『맹자』·『노자』·『장자』를 인용했다고 하고, 대체로 유교사상의 관점에서 사론을 작성했다고 했다. 고려 시기 국자감(國子監)을 비롯한 학교 교육을 통해 유교사상이 널리 수용되면서 이를 바탕으로 왕조의 통치이념으로 중시되었는데, 이러한 관점에서 고사(古史)를 재해석해 『삼국사기』 고구려본기를 구성했다고 본 것이다.

이춘상(李春祥)은 『삼국사기』 사론 전반을 검토하면서 유교 경전이 인용된 점에 주목했다.[33] 특히 『삼국사기』에 춘추필법(春秋筆法)과 같은 중

---

32 정구복, 1985, 『高麗時代 史學史 硏究-史論을 中心으로-』, 西江大學校 博士學位論文; E. J. Shultz, 1991, 「金富軾과 《三國史記》」, 『韓國史硏究』 73호; 李康來, 1996, 앞의 책.

33 이러한 관점에서 이춘상은 『삼국사기』와 『삼국유사』를 비교하기도 했는데, 『삼국유사』를 불교사 저작으로 평가했다. 李春祥, 2016, 「《三國史記》與《三國遺事》比較硏究」, 『東北史地』 2016-1. 이와 비교해 손손(孫遜)은 『삼국사기』와 『삼국유사』가 한국사를 이해하는 데 중요한 역사서였다고 하면서, 두 책이 모두 유교사상을 온축하

국 역사서의 서술 방식이 도입된 사실을 지적하고, 이를 중시했다. 『삼국사기』의 찬술에 각종 고전이 인용되었고, 그 바탕에 유교사상이 내재되어 있었으며, 그것이 고려 전기 문벌귀족사회의 정치적 지향을 반영한다는 사실은 일찍부터 널리 알려진 사실이다. 또 『삼국사기』가 유교사상에 입각해 사료를 취사선택했고, 신이사(神異史)를 개필(改筆)했음도 잘 알려져 있다.[34]

다만 최근 중국 학계의 연구에서는 고구려사 귀속 문제와 관련하여 『삼국사기』의 사학사적 의의를 논의했다는 점에서 주의가 요청된다.

이춘상의 경우 『삼국사기』가 고구려 · 백제 · 신라 삼국의 역사를 중원 왕조에 부속된 정권이라는 관점에서 서술했고, 이 때문에 『삼국사기』는 중국 사학사에서도 의의를 갖는다고 했다. 이와 비교되는 것이 묘위의 연구이다.

- 苗威, 2009, 「《三國史記》的歷史影响探析」, 『北京理工大學學報』(社會科學版) 2009 - 2.
- 苗威, 2012, 「關于金富軾歷史觀的探討」, 『社會科學戰線』 2012 - 3.

묘위는 『삼국사기』가 '조선' 역사학계의 영향을 받아 서술되었다고 했다. 그중에는 적지 않은 오류가 있지만, 후대에 그대로 영향을 미쳤다고

고 있다고 했다. 2015, 「朝鮮"三國"史傳文學中的儒學蘊蓄及其本土特色－以《三國史記》·《三國遺事》爲中心」, 『复旦學報』(社會科學版) 2015 - 2.

34 이기백, 2011, 『한국사학사』, 일조각, 58~59쪽. 이와 관련하여 다음과 같은 중국 학계의 연구도 참고된다. 徐健順, 2005, 「論《三國史記》對原典的改造與儒家思想觀念」, 『東疆學刊』 22 - 1.

했다. 고구려·백제·신라, 삼국이 '조선국사(朝鮮國史)'의 중심적인 위치를 차지한 영향도 여기서 비롯되었다고 했다(2009). 고구려를 한국사로 보는 관점이 김부식의 서술을 통해 비로소 만들어졌다는 것이다. 따라서 그는 고구려를 한국사의 일부로 보았다는 점에서 『삼국사기』의 한계를 찾았다. 이와 같은 묘위의 평가는 김부식의 고구려본기 서술이 당대의 역사적 현실을 반영한다고 하지만, 현재의 관점에서 중국의 지방정권이었다고 한 기존의 주장[35]을 되풀이하면서 『삼국사기』의 사학사적 가치를 평가한 것으로 이해된다.

반면 묘위는 『삼국사기』에서 발해사가 제외된 점을 중시했다. 그는 김부식이 『삼국사기』에 발해사를 포함시키지 않은 사실에 대해서는 그가 객관적이고 합리적인 면모를 보여준다고 했다(2012). 현재의 역사 귀속 문제를 논의의 전제로 삼아 『삼국사기』의 사학사적 위상을 평가했던 셈이다.

이처럼 이춘상이 『삼국사기』에서 중원 왕조와 고구려의 번속관계를 중시했다고 보면, 묘위는 『삼국사기』에서 시작된 한국사의 역사체계 내지 계승의식이 후대의 산물임을 강조했다. 다만 양자 모두 고구려사를 중원 왕조의 지방정권으로 보는 시각을 전제로 하여 각각 당대 및 후대의 사학사적 의의를 평가한 것이다.

---

35 苗威, 2004, 「從金富軾的高句麗觀看高句麗政权的性質及其歷史歸屬」, 『中國邊疆史地研究』 2004-4.

맺음말

2000년대 전반부터 중국의 역사학계에서는 정사(正史)는 물론이고 각종 유서(類書)에 관한 사학사적 연구를 심화했고, 이를 바탕으로 고구려 관련 문헌사료 연구에서도 어느 정도의 성과를 내고 있다. 『한원』에 인용된 『고려기』 연구가 대표적으로, 최근까지 『삼국지』·『위서』·『자치통감』 등 여러 역사서의 전거자료를 탐색한 연구가 축적되고 있다. 결과만 두고 보자면, 중국 학계의 연구는 한국 학계에 이미 상식적인 내용이 대부분이다. 그럼에도 불구하고 문헌사료의 전거자료와 계통을 추적해 역사적 사실을 추출하려는 시도로 이어지고 있다. 이는 연구 방법의 심화를 의미한다. 이 점에서 최근의 연구는 동북공정 단계의 연구와 비교해 질적인 성장을 거두고 있다고 판단된다. 더욱이 그러한 연구에 신진연구자가 다수 참여하고 있다는 점은 각별한 주의가 필요하다. 향후 중국 학계의 연구가 한층 단단한 토대를 구축해 가고 있음을 말해 주기 때문이다.

최근 중국 학계의 문헌사료 연구는 정사를 비롯한 중국문헌의 사료적 가치를 재확인하는 데 중점을 두고 있는데, 이는 한편으로 『삼국사기』 고구려본기를 염두에 둔 것이었다. 『삼국사기』에 고구려본기가 설정된 사실은 고구려사를 한국사에 포함한 역사체계 내지 역사계승의식이 오래되었음을 단적으로 보여준다. 동북공정 단계에서 고구려본기는 외면되는 사례가 많았다. 그런데 최근 문헌사료 연구를 바탕으로 고구려본기 연구가 추진되면서 이를 정면으로 다루게 되었다. 중국 학계의 『삼국사기』 고구려본기 연구는 중국문헌과 비교해 그 사료적 가치를 확인하는 방향으로 전개되고 있는데, 그 결과 고구려본기의 사료적 가치를 낮게 평가하고 있다. 이와 같은 연구는 고구려본기의 전거와 그 계통을 고려하지 않았다는 점에서 수용하기 어렵다. 연구 방법이란 측면에서 보아 아직까지 한계가 큰 것이다. 하지만 연구 방법이 심화되고 있는 추이 속에서 보자면, 차후 보다 정밀한 연구가 이어질 가능성이 높다. 지속적인 관심이 요청된다.

6장

고구려 전쟁사

정동민

머리말

　고대 동북아시아에서는 다수의 국가와 부족들이 출현했다가 사라져 갔다. 이러한 동북아시아에서 고구려는 700여 년간 군림하면서 영역을 크게 넓히고 독자적인 천하관을 확립하는 등 강대국으로 성장했다. 고구려는 동북아시아에 출현했던 국가 및 부족과 외교를 통해 평화적인 교섭을 하기도 했으나, 갈등이 생기고 합의를 도출할 방법이 없을 때에는 전쟁을 중재자로 삼아 문제를 해결했다. 즉 고구려는 주변 국가 및 부족과 끊임없이 전쟁을 했고, 그 과정 속에서 강대국으로 성장할 수 있었던 것이다. 그러한 만큼 고구려 전쟁사는 학계에서 큰 관심을 받아 왔다.

　고구려사는 2002년 2월에 시작되어 2007년 1월에 공식적으로 종료된 동북공정의 핵심 쟁점 가운데 하나였다. 중국 학계는 고구려를 중국 소수민족이 세운 중원 왕조의 지방정권으로 간주하면서 중국사의 일부분으로 편입시키고자 했다. 이러한 중국 학계의 인식은 고구려 전쟁사 연구에도 그대로 이어지는데, 중국 왕조와 고구려의 충돌을 중원 왕조와 지방정권의 충돌로 간주하고, 양국 간의 전쟁을 대외 전쟁이 아닌 대내적 통일 전쟁으로 바라보고 있는 것이다. 현재 중국 학계의 고구려 전쟁사 연구는 대부분 이러한 인식을 기반으로 전개되고 있다.

　중국 학계의 고구려 전쟁사 연구는 조공·책봉을 통한 신속관계 연구에 비해 상대적으로 적다고 할 수 있다. 고구려의 전쟁 수행 과정이 부각될 경우 고구려의 강성함이 드러나게 되면서, 고구려가 중국 소수민족이 세운 중원 왕조의 지방정권이라고 주장하는 그들의 논리가 약해질 수 있기 때문이다.[1] 전쟁사 연구를 통해 전쟁이 일어난 원인이나 배경을 명확하게 밝히고 고구려의 강성함을 부각할 수 있다면, 고구려가 중원 왕조의 지방정권이라는 중국 학계의 기본적인 인식을 반박할 수 있는 논리를 마련할 수 있다. 그러므로 고구려 전쟁사에 보다 큰 관심을 기울일 필요가 있다.

전쟁사는 크게 전쟁의 원인, 배경, 성격, 전쟁 당사자 간의 관계 혹은 주변 집단들과의 관계 등을 파악하는 연구와 전략, 전술, 무기체계, 방어체계 등 군사 관련 현황을 파악하는 연구로 나누어 볼 수 있다.[2] 이를 중심으로 이 글에서는 동북공정이 종료된 2007년 이후 중국 학계의 고구려 전쟁사 관련 연구 성과들을 살펴보고 새로운 견해나 주목되는 견해에 대해서는 자세히 검토·분석하면서, 고구려 전쟁사와 관련한 중국 학계의 전체적인 연구 동향과 고구려사에 대한 인식을 파악해 보고자 한다.

6세기 이전 고구려의 전쟁

동북공정이 종료된 이후에도 중국 학계에서 고구려 전쟁사 관련 연구

---

1 이인철, 2004, 「중국 학계의 고구려 사회경제 및 대외관계 분야 연구 동향 분석」, 『중국의 고구려사 연구 동향 분석』, 고구려연구재단, 190쪽.
2 임기환, 2014, 「7세기 동북아 전쟁에 대한 연구 동향과 과제–고구려와 수, 당의 전쟁을 중심으로」, 『역사문화논총』 8호, 신구문화사, 10쪽.

는 꾸준하게 이루어졌고, 많은 연구 성과들이 소개되었다. 특히 양수조(楊秀祖)는 고구려 전 시기를 대상으로 고구려의 전쟁 수행 과정과 군사에 관해 저술한『고구려 군대와 전쟁 연구(高句麗軍隊與戰爭硏究)』를 출간하기도 했다.[3]

이 책은 '1장 양한(兩漢) 시기 고구려 정권의 건립과 군사 확장 활동, 2장 위진(魏晉) 시기 고구려의 군사 확장, 3장 남북조(南北朝) 시기 고구려의 조선 반도 남부지역으로의 발전, 4장 수당(隋唐) 시기 고구려의 중원 왕조와의 전쟁 추세와 멸망, 5장 고구려 각 시기 군대의 기본적 상황과 무기·무장, 6장 고구려 군대의 전략·전술과 방어시설' 등 모두 6장으로 구성되어 있다. 전체적으로 1~4장까지는 시간순으로 각 시기별 고구려의 전쟁 수행 과정을 기술하고 있고, 5장과 6장에서는 고구려의 군사 관련 내용을 기술하고 있다. 1~4장을 보면 고구려 입장에서 각 시기별 전쟁을 다루고 있음에도 불구하고, 장 제목 처음에 각각 '양한 시기·위진 시기·남북조 시기·수당 시기' 등 중국 왕조명을 삽입했고, 각 장 도입부에는 당시 중국 대륙의 전체적인 상황을 서술하고 있다. 즉 고구려사를 중국 중심으로 바라보며 중국 역사 속에 종속되었다는 시각에서 파악하려는 경향이 강하게 반영되어 있음을 알 수 있다.

1장에서는 동명성왕·유리왕·대무신왕·태조왕 대를 중심으로 고구려의 건국 과정과 군사 활동을 서술하고 있는데, 1절로 들어가기 전에 고구려가 중국 동북지역의 지방 소수민족정권이었다고 전제하고 전체 논지를 전개해 가고 있다. 예컨대 중국 동북지역에 대해 요동군·위씨 조

---

3 楊秀祖, 2010,『高句麗軍隊與戰爭硏究』, 吉林大學出版社.

선·한사군 등을 언급하면서 일찍부터 중원 왕조의 관할로 그 통제력이 강했던 지역이라고 서술한 다음, 이러한 지역에서 고구려가 건국되었음을 강조하면서, 고구려가 한(漢)의 관할 아래에 있던 변강군국(邊疆郡國)이었다고 주장했다.[4]

이러한 주장은 동명왕의 고구려 건국 과정을 기술할 때도 그대로 표출되고 있는데, 고구려가 한사군의 하나인 현도군에서 건국되었다는 점, 주몽이 중국의 지방정권 가운데 하나인 부여 출신이라는 점, 고구려인이 중국 전설상의 인물인 전욱(顓頊) 고양씨(高陽氏)의 후손 '고이(高夷)'와 관련 있다는 점 등을 들면서 고구려가 중국의 지방정권임을 계속해서 강조하고 있다.[5] 전체적으로 고구려가 양한 시기에 전쟁을 수행하는 과정에서 요령성·길림성 지역 등 중국 동부지역 그리고 북한 북부지역으로 영역을 확장하는 발전이 있었으나, 어디까지나 지방 소수민족정권으로서의 발전일 뿐,[6] 중원 왕조의 통제 아래에 있었다고 주장했다.

2장에서는 동천왕~소수림왕 시기, 그리고 고국양왕~광개토대왕 시기로 나누어서 고구려의 군사 활동에 대하여 서술했다. 동천왕~소수림왕 시기에는 주로 관구검(毌丘儉)의 침입과 모용 선비 및 전연의 침입, 숙신 공격 등을 다루고 있으며, 고국양왕~광개토대왕 시기에는 후연·거란·백제·왜·부여와의 전쟁을 다루고 있다. 그런데 이 장에서 고구려와 백제의 관계에 대해 광개토대왕릉비의 "백잔(百殘)·신라(新羅), 구시속민(舊是屬民), 유래조공(由來朝貢)" 기사를 토대로 백제가 오래전부터 고구

---

4 楊秀祖, 2010, 위의 책, 3~5쪽.
5 楊秀祖, 2010, 위의 책, 5~7쪽.
6 楊秀祖, 2010, 위의 책, 31쪽.

려의 속민이었다고 보고 있다. 그리고 소수림왕 대에 고구려가 백제를 주
도적으로 공격한 기록을 토대로 당시 양국 사이에 현저한 전략 차이가 있
었다고 보았다.[7]

또한 왜에 대해서 3세기경에 한반도 남단으로 진출하여 임나를 차지
하고 백제와 신라를 굴복시켰다고 기술하는 등[8] 왜가 한반도 남부를 경영
했다는 임나일본부설(任那日本府說)을 긍정하면서 논지를 전개해 가고 있
다. 이러한 인식들은 우리 학계의 일반적인 인식과는 다르다고 할 수 있
다. 중국 위진 시기에 해당하는 시기의 고구려에 대해 요동과 낙랑 지역
을 차지하는 등 중국 동북지역 더 나아가 동북아시아에서 유래를 찾아볼
수 없는 강대국으로 성장했다고 평가했으나, 여전히 지방의 소수민족정
권으로, 중원 왕조에 귀속된 존재로 파악하고 있다.[9]

3장에서는 장수왕 대와 문자명왕~양원왕 대로 나누어 고구려 군사
활동에 대하여 서술했다. 장수왕 대와 관련해서는 북연을 둘러싼 북위와
의 갈등, 평양 천도의 원인, 한반도로의 남진 등을 서술했고, 문자명왕~
양원왕 대에는 고구려와 백제·신라의 전투 및 관계 변화, 돌궐과의 군사
적 충돌 등을 서술했다. 중국 남북조 시기에 해당하는 시기의 고구려가
막강한 군사력을 바탕으로 영토를 크게 넓히고, 농업·목축업·수공업
등에서도 발전을 이루는 등 강대한 국가로 성장했다는 점은 인정했다. 하
지만 고구려가 중원 왕조 관할 아래의 지방 소수민족으로서 중원 왕조에
조공·칭신을 함으로써, 고구려와 중원 왕조 간에 전쟁이 발생하지 않았

---

7 楊秀祖, 2010, 위의 책, 63~64쪽.

8 楊秀祖, 2010, 위의 책, 67~68쪽.

9 楊秀祖, 2010, 위의 책, 75쪽.

다고 보았다.[10]

4장에서는 고구려와 수·당의 전쟁을 다루고 있는데, 장 가운데 가장 많은 분량을 차지하고 있다. 고구려와 수·당의 전쟁이 일어난 원인과 전개 과정 그리고 그 영향 등을 서술했다. 특히 전쟁이 일어난 원인과 관련하여 598년 고구려의 요서(遼西) 공격에 대해서는 말갈과 거란의 이탈 방지와 관련이 있다고 보았고,[11] 수 문제의 원정에 대해서는 수 문제가 고구려에 보낸 조서의 내용을 그대로 서술했다.[12] 또한 612년 수 양제가 전쟁을 일으킨 원인에 대해서는 '천하일통(天下一統)' 사상의 적용, 동북아시아 최강국으로 부상한 고구려에 대한 군사적 영향력 확대, 수에 대한 조공 거부 등을 제시했다.[13] 그리고 고구려-당 전쟁의 원인에 대해서는 요동 고토(古土)의 수복, 연개소문에 대한 징벌[14] 등을 제시했다. 전체적으로 고구려-수·당 전쟁의 원인에 대해서 신속체제론·책봉체제론 등 중국 중심의 천하 질서 구현에서 찾는 경향을 보여준다.

5장에서는 시기별 고구려 군대의 병력 수와 병력 구성원 등의 변화 양상을 서술했다. 그리고 고구려 유적과 고구려 고분벽화를 토대로 공격용 무기, 방어용 무기, 기병과 관련한 장비, 수군(水軍)과 관련한 장비 등을 소개하면서 고구려의 우수한 무기가 군대의 전투력 강화에 크게 이바지했다고 서술했다.[15] 6장에서는 고구려군이 구사했던 12개의 전법을 소

---

10 楊秀祖, 2010, 위의 책, 107~108쪽.

11 楊秀祖, 2010, 위의 책, 118~119쪽.

12 楊秀祖, 2010, 위의 책, 119쪽.

13 楊秀祖, 2010, 위의 책, 121쪽, 123쪽.

14 楊秀祖, 2010, 위의 책, 156~157쪽.

15 楊秀祖 2010, 위의 책, 236쪽.

개하면서 그 특징과 전례를 언급했다. 또한 고구려의 방어시설로 성곽을 주목하면서 지역별 대표적인 성곽을 소개했다. 아울러 영류왕 대 축조했다는 천리장성(千里長城)에 대해서도 언급했는데, 대형 산성이 중심이 되고 중형 산성·소형 산성·평원성 등이 보조하면서 일부 구간에 토벽을 구축했던 방어시설로 보았다.[16]

양수조의 연구는 고구려 전 시기를 대상으로 각 시기별 전쟁 수행 과정을 서술함은 물론, 군사·무기·방어시설 등 주제별로 일목요연하게 정리함으로써 고구려 전쟁사의 연구 방향을 한눈에 볼 수 있다는 점에서 의의가 있다. 하지만 다른 학자의 연구 성과들을 거의 반영하지 않으면서[17] 심도 깊은 분석을 가하지 못하고, 전쟁과 관련한 문헌 기록을 단순히 나열하는 식이어서 평면적이고 개설적이라는 한계가 있다.

전술했듯이 양수조의 연구를 보면 먼저 시기별로 고구려의 전쟁 수행 과정을 소개한 다음에 고구려의 군사 관련 내용을 서술했다. 이 글에서는 이를 참고하여 중국 학계의 연구 성과들을 살펴보고자 하는데, 시기의 경우에는 크게 건국 후~6세기 이전과 수·당 전쟁 시기로 나누어 살

---

16 楊秀祖, 2010, 위의 책, 277쪽.
17 천리장성 부분을 제외하고 양수조가 저서에서 인용한 참고문헌은 李文信, 1962, 『遼寧史跡資料』, 遼寧省博物館; 吉林省博物館文物工作隊, 1977, 「吉林集安的兩座高句麗墓」, 『考古』 1977-2; 吉林省博物館文物考古隊, 1979, 「集安兩座高句麗積石墓的淸理」, 『考古』 1979-1; 吉林集安縣文管所, 1982, 「集安萬寶汀墓區242號古墳淸理簡報」, 『考古與文物』 1982-6; 佟冬, 1987, 『中國東北史』, 吉林文史出版社; 李殿福·孫玉良, 1990, 『高句麗簡史』; 薛虹·李澍田, 1991, 『中國東北通史』, 吉林文史出版社; 魏存成, 1994, 『高句麗考古』, 吉林大學校出版社; 耿鐵華, 1994, 『好太王碑新考』, 吉林人民出版社; 李健才, 2001, 「北夫餘, 東夫餘, 豆莫婁的由來」, 『東北史地考略』, 吉林文史出版社; 耿鐵華, 2002, 『中國高句麗史』, 吉林人民出版社; 耿鐵華, 2005, 「毌丘儉征高句麗的幾個問題」, 『高句麗史論稿』, 吉林人民出版社 등 12편에 지나지 않는다.

펴보고자 한다. 이 장에서는 먼저 건국 후~6세기 이전 고구려의 전쟁 관련 연구 성과들을 살펴본다.

고구려는 건국 후~수·당 전쟁 이전, 즉 기원 전후부터 6세기까지 다양한 국가 및 부족과 전쟁을 치렀다. 3세기 대까지 고구려는 한(漢)·위(魏)·공손씨 등 중국 세력과 부여를 제외하면 말갈·비류국·행인국·북옥저·선비·양맥·개마국·동옥저·조나·주나·부산적·숙신 등 주로 부족이나 작은 소국들과 전투를 벌였다. 그러다가 4세기~5세기 초반에는 주로 전연 및 후연과 전쟁을 치렀고, 5세기 중반~6세기 중반에는 주로 백제 및 신라와 전쟁을 치렀다. 이 시기 고구려의 전쟁을 다룬 중국 학계의 연구 성과는 그리 많지 않은데, 고구려-한(漢),[18] 고구려-공손씨,[19] 고구려-부여,[20] 고구려-위(魏),[21] 고구려-왜[22] 사이의 전쟁에 대한 연구 성과가 소개되었다.

먼저 고구려와 한(漢) 사이의 전쟁을 다룬 연구 성과를 보면, 전쟁 자체보다는 양국 간의 관계를 규명하는 데 초점을 두고 있다. 조홍매(趙紅梅)는 고구려와 현도군의 충돌 과정을 나열하면서, 현도군의 위치와 고구

18 趙紅梅, 2007, 「玄菟郡經略高句麗」, 『東北史地』 2007-5; 李大龍, 2007, 「高句麗與東漢王朝戰事雜考」, 『東北史地』 2007-1; 呂文秀, 2014, 「兩漢時期的高句麗-高漢爭遼的研究」, 『新課程學習』(中) 2014-4.

19 孫煒冉, 2015a, 「遼東公孫氏征伐高句麗的原因分析」, 『通化師範學院學報』 2015-6.

20 趙欣, 2009, 「夫餘與高句麗的關系探略」, 『東北史地』 2009-6; 劉洪峰, 2013, 「高句麗與夫餘軍事關系探析」, 『白城師範學院學報』 2013-4; 劉子敏, 2008, 「也談大武神王伐扶餘」, 『東北史地』 2008-3.

21 周向永, 2007, 「何處梁口」, 『東北史地』 2007-3.

22 孫煒冉, 2014, 「五世紀的麗倭戰爭述論」, 『東北史地』 2014-3.

려와 현도군의 관계 등을 서술했다. 그는 현도군이 지금의 북한 함경남도 일대에 설치되었고, 제2현도군 시기(기원전 82~107년)에 '구려의 땅'으로 옮겨졌다고 보았다. 그리고 제2현도군 내 고구려현(高句麗縣)에서 고구려가 건국되었는데, 현도군의 통제력이 그리 강하지 않았음에도 불구하고 고구려가 현도군의 통치를 그대로 수용했다고 보았다.

또한 유리왕~대무신왕 시기에 이르러 고구려가 제2현도군 전체 영역을 점유했고 동옥저지역까지 영향을 미쳤으며, 특히 대무신왕 9년(26년)에는 고구려가 개마국을 점령하면서 압록강 이남까지 그 세력을 확장했다고 보았는데, 바로 제2현도군 관할의 서개마현(西蓋馬縣)을 개마국으로 파악했다. 제3현도군 시기에도 고구려가 비록 현도군에 대해 배반과 귀속(107·111·122·169·172년)을 거듭했지만 결국에는 현도군의 통제를 계속 받았다고 보면서, 결론적으로 양한 시기부터 위진남북조 시기에 이르기까지 고구려가 계속해서 현도군의 통제 아래에 있었다고 주장했다.[23]

여문수(呂文秀) 또한 고구려와 한(漢)의 충돌 과정을 서술하면서 고구려와 한(漢)의 관계를 규명하는 데 중점을 두었다. 그는 『삼국지』 「위서」 동이전, 『후한서』, 『삼국사기』 등의 기록을 그대로 인용하여 전투 상황을 기술하면서, 한(漢)에 대한 고구려의 승리를 "대부분 지형에 의지하여 승리한 것"뿐이라고 평가절하했다. 그리고 당시 고구려는 한(漢)에게 이길 수 있는 힘을 가지지 못한 상황이었기 때문에 계속해서 한(漢)의 통제

---

23 趙紅梅, 2007, 앞의 논문, 35~39쪽.

를 받았다고 주장했다.[24] 조홍매와 여문수 모두 고구려와 한(漢)의 충돌을 설명하는 과정에서 고구려가 승리한 부분에 대해서는 평가절하하고 계속해서 한(漢)의 통제를 받았다고 하면서, 고구려가 '중국 동북지방의 민족정권',[25] '양한 변경지역의 봉국(封國)이면서 소수민족이 세운 정권'[26]이라는 자신들의 주장을 뒷받침하고 있다.

한편 이대룡(李大龍)은 고구려와 후한 사이의 전쟁 기록에 있어『삼국사기』고구려본기와 중국 사서 간에 차이가 있음을 확인하고, 그 원인에 대해서 분석했다. 그는 그 차이의 원인을 김부식이『해동고기(海東古記)』와 중국 사서 사이에서 모순된 기록이 나타났을 때 심층적인 고증 없이『해동고기』의 기록을 채용했고, 또한 사서들 사이의 모순된 기록에 대해 스스로 선택하고 개술했기 때문이라고 보았다. 그리고 그는『해동고기』를 대하는 김부식의 태도와『삼국사기』를 대하는 지금의 일부 남·북한 학자의 태도가 비슷하다고 하면서『삼국사기』를 지은 저자가 '한반도인'이고 고구려가 한반도 북부지역을 차지했다는 이유로『삼국사기』의 기록을 의심하지 않고 그대로 믿고 있는 남·북한 학자를 비판했다. 아울러 "아무 생각 없이『삼국사기』고구려본기의 기록을 인용하거나『삼국사기』고구려본기를 기준으로 기타 역사서의 기록을 부정하면 새로운 문제를 야기하여 고구려 역사 연구에 부정적인 영향을 미칠 수 있다"[27]고 하면서『삼국사기』고구려본기의 기록을 평가절하했다.

---

24 呂文秀, 2014, 앞의 논문, 17쪽.
25 趙紅梅, 2007, 앞의 논문, 35쪽.
26 呂文秀, 2014, 앞의 논문, 17쪽.
27 李大龍, 2007, 앞의 논문, 13쪽.

고구려와 공손씨의 충돌을 다룬 연구에서는 고구려와 공손씨가 충돌하게 된 원인에 대하여 분석했다. 손위염(孫煒冉)은 고구려와 공손씨의 충돌에 대해『삼국지』에서 제기한 원인, 즉 "고구려가 신대왕부터 요동을 자주 침범하고, 도망 온 호(胡) 500여 호를 받아들였기 때문"이라는 기록 가운데,[28] 고구려가 요동을 마지막으로 침범한 시기가 169년이므로 30여 년 전 일을 두고 전쟁을 일으키지는 않았을 것이라고 생각하면서, 고구려로 '도망 온 호(胡) 500여 호'에 주목했다. 그는 도망 온 호(胡)에 대해 중국 사서에서 '호(胡)'가 초원의 유목민족을 가리키고, 공손씨로 대표되는 후한 왕조가 받아들일 수 없었던 존재였다는 점을 감안하여, 184~189년 장순(張純)·장거(張擧)의 반란에 참전했던 오환(烏桓)의 세 부락과 답돈(蹋頓)이었을 것이라고 추정했다. 즉 197년 공손씨의 고구려 공격은 고구려로 도망간 '오환의 세 부락과 답돈'에 대한 토벌이었고, 이들이 고구려를 떠나면서 공손씨도 철군했다는 것이다.[29]

그동안 연구에서는 공손씨의 고구려 공격 원인에 대해서『삼국사기』 기록에 의거하여 고구려 내부의 발기·연우 간 왕위 다툼 개입과 연관해 설명했었는데, 유주(幽州)의 정치 동향과 연관해 공손씨의 고구려 공격 원인을 파악했다는 점에서 참신한 견해라고 할 수 있다. 다만 오환의 세 부락과 답돈의 이동 경로가 명확하게 파악되지 않은 상황이므로 고구려로 들어갔다고 볼 수 있는 근거가 미약하다. 또 한편으로는 왕위 계승 초기라는 혼란한 상황에서 고구려가 공손씨와 충돌할 가능성을 무릅쓰고

---

28 『三國志』권30 魏書東夷傳 高句麗: "自伯固時, 數寇遼東, 又受亡胡五百餘家."
29 孫煒冉, 2015a, 앞의 논문, 12~14쪽.

그들을 받아들인 이유, 그리고 고구려가 그들을 받아들인 지 거의 10여 년이 지나서야 공격한 이유에 대한 구체적인 설명이 있어야 보다 설득력을 가질 수 있다고 생각한다.

고구려와 부여의 전쟁을 다룬 연구에서는 고구려와 부여의 전투 과정, 고구려와 부여의 군사적 관계 및 고구려가 승리할 수 있었던 요인, 그리고 고구려의 부여 진군로 등이 소개되었다. 조흔(趙欣)은 고구려와 부여의 전쟁 수행 과정을 사료 그대로 서술했고,[30] 류흥봉(劉洪峰)은 『삼국사기』 고구려본기에 나타난 양국의 군사 관련 자료를 분석하면서, 양국 군사적 관계의 특징과 고구려가 부여를 압도하게 된 요인에 대해 서술했다. 그는 양국 간 관계에 대해서 ① 우호적인 관계, ② 부여가 고구려를 주도적으로 공격한 단계, ③ 고구려가 부여를 주도적으로 공격한 단계, ④ 부여가 고구려에 투항한 단계 등 4단계로 파악했다.

그리고 고구려가 부여를 압도하게 된 요인에 대해서는 부여의 노예제 사회가 빠르게 발전한 만큼 빠르게 몰락했다는 점, 부여에 의해 억압과 탈취를 당했던 제 민족이 고구려를 지지했다는 점, 부여가 평원이 많은 반면 고구려는 산이 많아서 전쟁에 유리했다는 점, 부여인은 노략질을 좋아하지 않았지만 고구려인은 흉폭하고 노략질을 좋아했다는 점, 그리고 모용 선비 침입에 따른 양국의 타격 정도가 달랐다는 점 등을 들었다.[31] 조흔과 류흥봉의 연구는 고구려와 부여의 충돌에 대해서 사료의 내용을 그대로 기술하고 있는 한계를 보이고 있고, 특히 류흥봉이 고구려

---

30 趙欣, 2009, 앞의 논문, 75쪽. 조흔은 부여의 멸망을 두고 "중국의 역사 속에서 사라졌다"고 기술하면서 부여가 중국에 귀속된 역사임을 표명했다.

31 劉洪峰, 2013, 앞의 논문, 49~50쪽.

가 부여를 압도한 요인으로 거론한 '기질의 차이' 등은 다소 받아들이기 힘든 면이 있다.

류자민(劉子敏)은 장복유(張福有)·손인걸(孫仁傑)·지용(遲勇) 등이「집안 옛 길에서 새롭게 발견된 두 석비(集安古道新發現兩通石碑)」에서 언급했던 대무신왕의 부여 정벌과 관련한 견해를 비판하면서,[32] 21∼22년 고구려 대무신왕의 부여 진군 노선에 대해 서술했다. 그는 먼저 고구려군이 부여로 출발한 곳, 즉 위나암성(尉那巖城)을 중국 길림성 집안(集安)에 위치한 패왕조산성(霸王朝山城)으로 파악했다. 그리고 고구려가 진군로로 택한 비류수(沸流水)는 부이강(富爾江), 고구려군이 진군한 부여국 남쪽은 지금의 요원(遼源)·반석(磐石)·화전(樺甸) 일대로 보았다. 그러면서 대무신왕이 부여로 진군한 노선에 대해서는 부이강 – 일통하(一統河) – 휘발하(輝發河)로 보았다.

한편 그는 훈고지학(訓詁之學)을 토대로 한 지명 연구에 대해 하나의 연구 방법이 될 수는 있으나, 음운의 유사를 근거로 논리를 전개해 가는 것은 문제가 있다고 보았다. 예컨대 청(淸)대 옛 고구려 지역은 봉금지역이었고, 후대에 해금되면서 이주한 만주족·한족(漢族)·조선족 등은 고구려의 지명을 기억할 리가 없기 때문에 청대 이후의 지명과 고구려 시기의 지명을 연결시키는 것은 무리가 있다고 보았다.[33]

정시(正始) 연간(240∼248년)에 일어난 고구려와 위(魏)의 전쟁과 관련해서는 전장이었던 '양구(梁口)'의 위치를 규명하려는 연구가 있었다. 주

---

32 張福有·孫仁傑·遲勇, 2008,「集安古道新發現兩通石碑」,『東北史地』2008-1.
33 劉子敏, 2008, 앞의 논문, 29∼31쪽.

향영(周向永)은 양구를 태자하(太子河)의 옛 명칭인 '양수(梁水)'와 연관시키고 양구의 '구(口)'가 '하구(河口)' 혹은 '두 강이 합류하는 지점'일 것이라는 기존의 통설을 부정했는데, 『삼국사기』에서 양구 대신 '양맥지곡(梁貊之谷)'이라고 기록한 점을 결정적인 근거로 삼았다.[34] 그는 구(口)의 의미를 '육상의 중요한 길목'이라고 파악하면서 양구, 즉 양맥지곡을 '양맥이 사는 골짜기'라고 해석했다. 또한 양구의 위치에 대해서는 소수맥(小水貊)의 거주지와 같고 고구려 중심구역에서 한위서안평(漢魏西安平)·요동군성(遼東郡城)으로 가는 길 도중에 있었을 것이라고 추정하면서, 지금의 요령성 관전(寬甸) 부근 포석하(蒲石河) 상류지역으로 비정했다.[35]

광개토대왕릉비에 기록된 고구려와 왜의 충돌을 다룬 연구에서는 고구려와 왜의 충돌 과정과 전쟁에 따른 왜의 대외정책 변화, 그리고 전쟁의 영향 등을 서술했다. 손위염은 왜의 대화(大和) 조정이 일본 본토를 통일하기 전인 신공왕후(神功王后) 때부터 한반도 진출을 시도했고, 백제와의 연합을 통해 보다 적극적인 공세를 취하는 도중에 400·404·407년에 고구려와 전투를 벌였다고 서술했다. 이때 고구려군과 전투를 벌인 '왜'의 실체에 대해서는 조직적인 전투를 벌였고 신라를 위기 상황까지 몰았던 점 등을 들어 단순한 해적이 아닌 왜국 혹은 왜국을 수장으로 받들던 정치세력이 파견한 군대로 보았다. 그리고 왜가 연이어 고구려에 패배하면서 중국 왕조의 권위를 빌려 조선을 통제하는 '전통적인 대조선 정

---

34 『三國史記』권17 高句麗本紀 제5 東川王 20년 8월조: "魏遣幽州刺史毌丘儉, 將萬人, 出玄菟來侵. 王將步騎二萬人, 逆戰於沸流水上, 敗之, 斬首三千餘級. 又引兵再戰於梁貊之谷, 又敗之."

35 周向永, 2007, 앞의 논문, 36~38쪽.

책'을 시행했고 이 과정에서 중국 왕조에게 '도독(都督) 6개국' 혹은 '7개국의 모든 군사(軍事)' 칭호를 요구했다고 주장했다.[36]

손위염은 기본적으로 『삼국사기』 신라본기 초기 기사, 『일본서기(日本書紀)』, 그리고 광개토대왕릉비 기사를 무비판적으로 그대로 신빙하면서 논지를 전개했다. 특히 『일본서기』 기록을 바탕으로 왜가 백제·신라보다 군사적으로 우위에 있었다고 보고 삼국과 왜의 관계를 설정하면서, 한국 학계와는 전혀 다른 인식을 보여준다. 또한 광개토대왕릉비 정미년(407년) 기사에 나타난 고구려가 보기 5만 명을 보내 격파했던 대상에 대해서 한국 학계에서는 백제[37]나 후연[38]으로 보고 있는 등 의견이 분분한데, 그는 아무런 부연 설명 없이 이를 '왜'라고 단정하면서 논지를 전개했다. 그리고 왜가 삼국에 대해 '전통적인 대조선정책'을 시행했다고 했는데,[39] 구체적으로 왜가 시행했다는 '전통적인 대조선정책'이 무엇인지에 대한 설명이 필요하다.

---

36 孫煒冉, 2014, 앞의 논문, 30~33쪽.

37 서영수, 1988, 「廣開土大王陵碑文의 征服記事 再檢討」, 『역사학보』 119호, 117쪽; 이도학, 1996, 「광개토왕릉비문에 보이는 전쟁 기사의 분석」, 『고구려연구』 2호, 761쪽; 여호규, 2005, 「광개토왕릉비에 나타난 대중인식과 대외정책」, 『역사와 현실』 55호, 29쪽.

38 천관우, 1979, 「廣開土王陵碑文再論」, 『全海宗博士華甲紀念史學論叢』, 546~555쪽; 임기환, 1996, 「광개토왕릉비문에 보이는 '民'의 성격」, 『고구려연구』 2호, 773~774쪽; 이인철, 2000, 『고구려의 대외정복 연구』, 백산연구원, 196~198쪽; 문상종, 2001, 「광개토왕릉비 영락17년조 기사에 대한 재검토」, 『호서고고학』 5호, 233쪽.

39 孫煒冉, 2014, 앞의 논문, 33쪽.

고구려와 수·당의 전쟁

6세기 후반부터 고구려는 한반도에서 백제, 신라와 전쟁을 수행하면서, 또 한편으로는 중국 대륙에서 수·당과 전쟁을 수행해야만 했다. 이 가운데 고구려-수·당 전쟁은 7세기 동북아시아의 국제질서를 뒤흔든 대규모 전쟁이었던 만큼 학계의 큰 주목을 받았고, 고구려 전쟁사 관련 연구 가운데에서도 가장 큰 비중을 차지한다.

동북공정이 종료된 2007년 이후 중국 학계의 고구려 전쟁사 연구 현황을 보면, 현재 이 글에서 파악한 48편의 연구 성과 가운데 수·당 이외의 국가 및 집단과의 전쟁을 다룬 연구 성과는 9편으로 약 19%를 차지하고, 고구려 전 시기를 다루거나 고구려 내부에 관심을 두었던 연구 성과는 11편으로 약 23%를 차지한 반면에, 고구려-수·당 전쟁 관련 연구 성과는 28편으로 약 58%를 차지한다.

한편 고구려 전쟁사 관련 연구 성과를 제출한 52명의 필자 가운데 동북 3성 출신 및 소속은 36명으로 69%를 차지하고, 동북 3성 이외 출신 및 소속은 12명으로 약 23%를 차지한다. 그런데 동북 3성 이외의 출신 및 소속으로 고구려-수·당 전쟁 이외의 연구 성과를 제출한 필자는 2명으로 단 4%에 불과하다. 즉 동북 3성 이외 출신 및 소속 학자의 고구려 전쟁사에 대한 관심은 주로 고구려-수·당 전쟁이었음을 알 수 있다.

이 장에서는 고구려-수·당 전쟁과 관련하여, 전쟁이 발생하게 된 원인·배경 등을 서술한 연구 성과와 전략·전술·무기·방어체계 등 군사와 관련한 연구 성과로 나누어 살펴본다.

전쟁의 원인·배경 연구

고구려-수·당 전쟁의 원인과 배경 혹은 성격이나 영향에 대한 연구는 전쟁과 관련하여 가장 많은 관심을 받아 온 주제 가운데 하나다. 동북 공정이 마무리된 2007년 이후에도 이에 대한 관심은 여전히 계속되었는데, 고구려-수·당 전쟁과 관련한 28편의 연구 성과 가운데 9편으로, 약 29%를 차지한다.[40]

전쟁이 일어난 원인이나 배경과 관련해서는 크게 전쟁 당사국 사이의 관계나 전쟁 당사국을 둘러싼 국제정세의 움직임 속에서 찾는 견해, 그리고 전쟁 당사국의 정치 동향이나 변화에서 찾는 견해가 있는데,[41] 동북 공정이 종료된 이후의 연구 성과를 보면, 주로 전자에서 찾고 있다.

먼저 고구려-수 전쟁의 시발점이 되었던 598년 고구려의 요서 공격에 대해서는 말갈 및 거란 통제와 관련시켰던 연구 이외에[42] 차후 수군과 전쟁이 벌어졌을 때 교전 지역을 좀 더 서쪽으로 옮기려는 목적에서 이루

---

40 姜明勝, 2008, 「隋唐與高句爭原因及影向探析」, 延邊大學 碩士學位論文; 金金花, 2009, 「試析隋朝與高句麗關系由"和"到"戰"變化的原因」, 『黑龍江史志』 2009-3; 劉軍, 2009, 「地緣政治視野下的隋唐征高句麗之戰」, 『黑龍江史志』 2009-2; 楊秀祖, 2010, 앞의 책; 劉琴麗, 2012, 「碑志所見唐初士人對唐與高句麗之間戰爭起因的認識」, 『東北史地』 2012-1; 祝立業, 2014, 「略論唐麗戰爭與唐代東亞秩序構建」, 『社會科學戰線』 2014-5; 董健, 2015a, 「試析隋朝首次東征高句麗之原因」, 『通化師範學院學報』 2015-11; 祝立業, 2015a, 「唐麗戰爭期間麗倭交往述析」, 『北方文物』 2015-1; 祝立業, 2015b, 「唐麗戰爭期間的麗倭關系」, 『陝西學前師範學院學報』 2015-2; 張豔, 2015, 「朝貢關系下隋唐對高句麗戰爭的原因分析」, 『周口師範學院學報』 2015-6.

41 임기환, 2014, 앞의 논문, 8쪽.

42 楊秀祖, 2010, 앞의 책, 118~119쪽.

어졌다는 견해가 제시되었다.[43] 즉 고구려가 수와의 전쟁을 필연적이라고 생각하고, 다가올 전쟁에 대한 피해를 최소화하기 위한 방책 속에서 선제공격을 했다는 것이다. 한편 고구려의 요서 공격에 전략적인 의도가 담겨 있지 않았다는 견해가 제시되기도 했다. 즉 고구려가 많지 않은 군사를 동원했고 사료에 구체적인 전투 과정이나 사상자에 대한 기록 없이 단순히 승전했다는 기록만 있다는 점을 들어, 전투 규모가 크지 않았고 전투 기간도 길지 않은 작은 충돌에 불과했다고 본 것이다.[44] 하지만 고구려가 의도적으로 말갈족을 대거 전투에 참전시킨 점, 동원된 기병 1만여 기가 그리 적지 않은 병력수라는 점, 전투 이후에 수가 고구려를 공격했다는 점, 그리고 고구려의 왕인 영양왕이 직접 전투를 지휘했다는 점에서 단순한 공격으로 보기에는 무리가 있다.

고구려-수·당 전쟁이 발생하게 된 원인이나 배경과 관련해서는 여러 견해가 제시되었다. 먼저 고구려-수 전쟁의 원인에 대해서 동건(董健)은 역사적·현실적·직접적 원인이 있었다고 보았는데, 역사적 원인으로는 '고강(故疆)의 회복', 즉 고구려가 잠식한 중원 왕조의 영토 회복, 현실적 원인으로는 풍부한 부를 바탕으로 한 영역 확장 시도, 직접적인 원인으로는 수 문제의 경고 무시 등을 들었다.[45]

김금화(金金花)는 고구려가 중원 왕조와 조공·책봉관계를 맺고 신속하고 있었는데, 고구려가 동북아시아에 대한 패권을 차지하려는 야심을 드러냄으로써 수 문제가 불만을 품었고, 수가 중심이 되는 동북아시아

43 姜明勝, 2008, 앞의 논문, 8쪽.
44 董健, 2015a, 앞의 논문, 15쪽.
45 董健, 2015a, 위의 논문, 15쪽.

국제질서를 재건하기 위해 전쟁을 일으켰다고 보았다.[46] 축립업(祝立業)은 옛 강역에 대한 회복, 전 왕조에 대한 복수, 고구려가 후대에 우환이 될 수 있다는 우려, 종주국의 권위를 유지하고 '천가한(天可汗)'의 지위를 견고히 하여 실질적인 동아시아의 질서를 구축하려는 의도 속에서 전쟁이 발발했다고 보았다.[47]

장염(張豔)은 고구려-수·당 전쟁의 원인에 대해 조공관계 측면에서 심층적으로 분석했다. 그는 한(漢)부터 북위가 중국 북방을 통일하기 전까지 중원 왕조와 고구려의 관계를 번속관계로 설정하면서 정치 예속이 강한 중앙과 지방 간의 조공관계로 파악했다. 그러다가 중국 대륙이 장기간 분열된 정세 속에서 중원 왕조는 요동에 대한 통제력이 약해졌고 반대로 고구려는 발전을 거듭하면서 정치 예속성이 약한 조공관계로 변모하게 되었다고 보았다. 바로 이때 중원 왕조가 고구려를 '독립된 변강민족국가'로서 인정했다고 보았는데, 그 근거로서 북위의 태무제가 장수왕을 '고구려왕(高句麗王)'으로 봉한 사례를 들었다.[48]

그런데 수·당 시기에 이르러 예로부터 이어져 오던 '대일통(大一統)' 사상과 고구려의 땅이 한(漢)군현이었다는 인식을 토대로 더 이상 고구려를 '독립된 변강민족국가'임을 인정하지 않았다고 보았다. 그리고 그 근

---

46 金金花, 2009, 앞의 논문, 31~32쪽.

47 祝立業, 2014, 앞의 논문, 117쪽.

48 고구려가 중원 왕조의 예속에서 벗어난 시기에 대해서 중국 학자들 간에 차이가 있다. 전술했듯이 장염은 고구려가 독립된 변강민족국가로 변모한 시기를 위진남북조 시기로 보고 있는 반면에, 조유려는 위진남북조 시기에 중원 정권의 빈번한 교체로 인해 전쟁이 끊이지 않아 고구려에 대한 관리가 점차 소홀해지는 상황 속에서 수·당 시기에 이르러 독립을 하게 되었다고 본다. 曹柳麗, 2013, 「隋煬帝·唐太宗征高句麗的軍事后勤建設比較研究」, 江西師範大學 碩士學位論文, 2쪽.

거로 고구려 왕을 수 문제가 '요동군공(遼東郡公)', 당 고조가 '요동군왕(遼東郡王)'으로 봉한 사례를 들었다. 즉 수와 당은 고구려를 중국의 군(郡)과 같은 지위로 보면서 북위와 다른 조공관계를 원했고, 반면 고구려는 수·당 시기에도 여전히 국가와 국가 사이의 정치 예속성이 약한 중외(中外) 조공관계를 유지하기 원했기 때문에 고구려-수·당 전쟁이 벌어졌다고 본 것이다.[49]

류군(劉軍)은 수·당 통치자들이 고구려를 중원 왕조의 군현으로 보면서 고구려 정벌을 중원 왕조 통일의 일환으로 보았고, 고구려가 강력한 지연(地緣) 실체로 등장하면서 사전에 위협을 제거할 필요성을 느꼈으며, 수·당이 중심이 되는 조공체제를 공고히 하기 위해 전쟁이 일어났다고 보았다.[50]

한편 류금려(劉琴麗)는 당나라 초기 사인(士人)들의 묘지명을 분석하여 그들이 인식하고 있던 고구려-당 전쟁의 원인과 『당대조령집(唐大詔令集)』에 수록된 「파고려조(破高麗詔)」와 「항고려반시천하조(降高麗頒示天下詔)」 등에 드러난 전쟁 원인을 비교하고, 당나라 초기 사인들이 가지고 있었던 고구려-당 전쟁에 대한 인식을 서술했다. 류금려에 따르면 당나라 초기 사인들은 고구려-당 전쟁의 주요 원인으로 신라와의 휴전 제안에 대한 고구려의 거부, 고구려의 신라 공격, 고구려의 미복속 등이라고 인식했고, 일부는 고구려 변경지역에 군사시설 축조, 고구려 내란 및 연개소문의 잔혹한 통치를 받는 고구려인에 대한 동정심 등을 인식했다

---

49 張豔, 2015, 앞의 논문, 113쪽.
50 劉軍, 2009, 앞의 논문, 31~32쪽.

고 한다.

반면「파고려조」와「항고려반시천하조」등에서는 고구려의 내란과 신하의 군주 시해, 당의 말을 듣지 않고 신라 공격, 신라의 구원, 고구려 변경에 군사시설 축조, 연개소문의 잔혹한 통치로 인한 고구려인들의 고통 구원 등을 제기했다고 한다. 그러면서 사인들이 전쟁 원인에 대해서「파고려조」나「항고려반시천하조」와 일부 다르게 인식하고 있던 이유는 사인들이 조정에서 내세우고 있는 이유를 선택적으로 수용했기 때문이라고 보았다. 한편 사인들의 묘지명에 드러난 고구려 – 당 전쟁의 원인 가운데 하나인 '고구려의 미복속'은 사인들의 독립적인 사고가 반영된 것으로 보았는데, 사인들이 가지고 있는 '짙은 중화인식'이 드러난 것으로 고구려가 당이 건립한 새로운 국제질서를 따르기를 바라는 기대와 희망이 반영된 것으로 파악했다. 그리고 사인들이 조정에서 내세우는 전쟁의 명분을 대부분 받아들여 고구려 원정을 지지했고 민들에게까지 영향을 미침으로써, 결국에는 민중의 지지라는 토대 아래 당이 승리를 거둘 수 있었다고 보았다.[51]

기존의 연구 성과들은『수서(隋書)』·『구당서(舊唐書)』·『신당서(新唐書)』·『전당문(全唐文)』·『책부원구(冊府元龜)』·『자치통감(資治通鑑)』 등의 한정된 사료에 의존했다. 하지만 이 연구는 기존에 많이 활용되지 않던 당대 사인들의 묘지명과『당대조령집』 등을 활용하는 등 기존의 사료 범위를 벗어나 새로운 시각을 보여주었다는 점에서 의미가 있다.

위의 연구 성과들을 보면 대체로 고구려 – 수·당 전쟁의 원인으로 고

51　劉琴麗, 2012, 앞의 논문, 15~19쪽.

토의 회복, 중국 중심의 동북아시아 질서 구축, 유일한 미복속국 정벌을 통한 중원 왕조 통일의 완성, 고구려가 동북아시아 패권을 도모하려는 것에 대한 반발, 정치 예속성이 강한 조공관계의 회복, 중화 책봉체제의 동요 방지 등을 제시하고 있는데, 치밀한 분석이 이루어졌다기보다는 기존의 견해를 답습·반복하는 데 그쳤다. 그리고 그 원인을 신속체제론 및 책봉체제론 등 중국 중심의 천하 질서 구현에서 찾으려는 경향이 강하게 드러난다.

2007년 이전의 연구 성과들을 보면, 중국 학계에서는 수 양제의 자만과 영토 팽창에 대한 욕심,[52] 정통성 확보에 따른 절대 황제권의 실현[53]과 연관시키려는 견해가 있었다. 또한 한국과 일본 학계에서는 무천진(武川鎭) 출신 군벌의 전쟁 욕심 및 권력 유지,[54] 남조계 군대의 축출,[55] 수 양제에 아첨하는 집단들의 부추김[56] 등을 제기하는 등 수 내부의 정치적 동향에서 찾는 견해가 있었다. 그 이외에도 동북아시아와 남조까지 포괄하는 고구려 중심의 교역망 장악[57] 등 경제적인 측면에서 찾으려는 견해도 제시되는 등 다양한 관점에서 전쟁의 원인을 규명하고자 했다.

그런데 동북공정이 종료된 이후의 중국 학계를 보면 주로 신속체제론 및 책봉체제론 등 중국 중심의 천하 질서 구현과 연결시킴으로써, 고구

---

52 『隋書』권4 本紀 제4 煬帝 논찬.

53 楊秀祖, 1996, 「隋煬帝征高句麗的幾個問題」, 『通化師院學報』 1996-1, 50쪽.

54 宮崎市定, 1987, 『隋の煬帝』, 中央公論社.

55 山崎宏, 1965, 「隋朝官僚性格」, 『東京敎育大學敎文學部紀要』 6호, 東京大學出版部.

56 堀敏一, 1993, 『中國と古代東アジア−中華的世界と諸民族』, 岩波書店.

57 김창석, 2007, 「고구려·수전쟁의 배경과 전개」, 『동북아역사논총』 15호, 133쪽.

려가 중국의 지방정권이라는 점을 강조하고, 고구려사를 중국사에 귀속하려는 모습을 강하게 표출하고 있다. 이러한 중국 학계의 동향을 보았을 때 다음의 연구 성과가 주목된다.

동건은 598년 수의 고구려 원정이 고구려의 도발에 의해서 이루어졌다는 견해를 제시했는데, 그 도발의 중심에 당시 고구려의 최고 집정자로 추정되는 연자유(淵子遊)가 있었다고 보았다. 그는 연자유가 등장한 시기가 말갈족이 쇠퇴한 시기와 부합한다고 보면서, 연자유가 말갈과의 전투에서 공을 세움으로써 고구려의 최고 집정자 자리에 올랐을 것으로 추정했다. 그리고 고구려 최고 관직인 대대로(大對盧) 자리에 오르려는 야욕 속에서 자신의 명망을 제고할 필요성을 느꼈고, 결국 수와의 충돌을 야기했다고 보았다.

즉 강대국인 수에 대항하는 형상을 고구려 귀족들에게 보여줌으로써 자신의 명망을 높이고, 전쟁으로 인해 위기의식이 높아진 고구려 귀족들을 자신을 중심으로 단결하게 함으로써 개인의 야심을 실현하고자 했다는 것이다.[58] 비록 그의 견해가 명확한 사료를 바탕으로 추론한 것이 아니고, 추론에 추론을 더하면서 설득력을 갖추었다고 보기는 힘들지만, 고구려-수 전쟁의 원인을 고구려 내부 동향에서 찾는 새로운 관점을 보여주었다는 점에서 의미를 부여할 수 있다.

강명승(姜明勝)은 고구려-수·당 전쟁이 고구려가 동북아시아지역에 대한 패권을 강구하고 수·당과 동등한 대국이 되고자 했기 때문에 벌어졌다고 하면서, '두 독립된 정치 실체 사이에서 국가 이익이 충돌한 필연

---

58 董健, 2015a, 앞의 논문, 14~15쪽.

적인 결과'로 보았다. 그는 고구려가 비록 장기간에 걸쳐 중원 왕조와 책봉관계를 유지하고 있었지만, 동북아시아에서 장기간 존재했고, 독자적인 정치·경제·토지·군사제도 등을 보유하고 있었으며, 독립적인 외교 형식을 갖추고 있었고, 통치 구역에 대한 임명·형벌 등에 대해 중원 왕조의 통제를 받지 않았으므로, 토욕혼·돌궐 등과 같은 소수민족이 세운 정권과는 다른 독립된 정치적 실체였다고 주장했다. 즉 고구려가 '중국의 소수민족이 세운 지방정권'이고 고구려-수·당 전쟁의 성격이 '통일과 분열의 대립'이었다는 중국 학계의 주장을 정면으로 반박한 것이다.[59] 그의 이러한 견해는 연변대학 석사학위논문에서 제기한 것인데, 연변대학의 고구려사에 대한 인식을 파악할 수 있다는 점에서도 주목된다.

전쟁의 원인이나 배경을 규명하려는 연구 이외에도 전술했듯이 전쟁의 성격이나 영향 등을 규명한 연구도 있었다. 고구려-당 전쟁의 성격과 관련하여, 축립업은 당이 종주국의 권위를 유지하고 '천가한(天可汗)'의 지위를 견고히 하기 위해 전쟁을 일으켰다고 보면서 고구려-당 전쟁을 '동아시아 질서 구축의 실질적인 서막'으로 파악했다. 또한 고구려-당 전쟁이 당·고구려·백제·신라·왜 사이의 분화와 연합을 촉진했고 결국 신라·당과 고구려·백제·왜 사이의 대결로 귀결시켰다고 보았다.[60]

한편 축립업은 고구려-당 전쟁 동안의 고구려와 왜의 관계를 주목하기도 했는데, 고구려는 '연횡지세(連橫之勢)'를 실현하여 전략적으로 당과 맞서기 위해서, 반면 왜는 한반도에서 자신의 천하 질서 구현을 위해서

59 姜明勝, 2008, 앞의 논문, 7~8쪽.
60 祝立業, 2014, 앞의 논문, 116~120쪽.

양국이 서로 간 관계 개선에 힘을 기울였다고 보았다. 그는 기본적으로 『일본서기』와 광개토대왕릉비의 신묘년 기사를 바탕으로 임나일본부설을 긍정하면서 논지를 전개했다. 이러한 관점에서 왜가 당과 전투를 벌인 이유에 대해, 한반도를 200여 년간 경영하면서 얻은 성과를 지키고 당이 구축하고자 하는 동아시아 질서를 저지하면서 자신의 천하 질서를 유지하기 위함이라고 보았다. 그러면서 백강(白江) 전투에 대해서는 당과 왜 사이의 천하 질서체계를 구축하기 위한 대결로 보았다.[61] 양수조 또한 임나일본부설을 긍정하는 입장에서 논지를 전개한 바 있는데,[62] 이와 같이 중국 학계에서 임나일본부설을 수용하는 학자를 종종 볼 수 있다.

일부 일본 학자가 주장하는 임나일본부설과 그 근거로 삼고 있는 광개토대왕릉비 신묘년조에 관련하여 기존의 중국 학계의 동향을 살펴보면, 1920년대 류절(劉節)이 일본 관학의 영향을 받아 백제와 신라가 왜에 동부(同附)했다고 본 바 있지만,[63] 1980~1990년대 연구를 보면 광개토대왕릉비 신묘년조의 주어를 왜로 보면서도, 왜가 한반도 남부를 다스렸다는 견해는 인정하지 않았다.[64] 왕건군(王健群)의 경우 광개토대왕릉비에 보이는 왜의 백제·신라 침략은 북구주(北九州) 일대의 약탈자들이 무리를 지어 해적처럼 한반도 남부를 침략한 것이고, 이위신민(以爲臣民)했다는 기록은 일시적인 굴복일 뿐 나라와 나라 사이에 지배관계가 성립된

---

61 祝立業, 2015a, 앞의 논문, 60~63쪽; 2015b, 앞의 논문, 95~98쪽.

62 楊秀祖, 2010, 앞의 책, 67~68쪽.

63 劉節, 1928, 『好太王碑考釋』(서영수, 1996, 「신묘년기사의 변상과 원상」, 『고구려연구』 2호, 396쪽에서 재인용).

64 徐建新, 1996, 「中國學界에서의 高句麗好太王碑 碑文과 拓本 研究」, 『고구려연구』 2호, 97쪽.

것은 아니라고 보았다.[65]

　류영지(劉永智) 또한 왜가 한반도 남쪽을 경영했다는 설은 신화적인 색채가 강하고 문헌 기사와 광개토대왕릉비 사이에 많은 시간상 차이가 있다는 점을 들어 믿을 수 없다고 했다. 그리고 "백잔신라(百殘新羅), 구시속민(舊是屬民), 유래조공(由來朝貢)" 기사를 비문 작자가 과장한 언사로 파악하며 불평등 무역관계나 특정한 시기의 임시적 타협·굴복·종속으로 보았다.[66] 즉 양수조와 축립업은 기존 중국 학계에서조차 인정하지 않던 임나일본부설을 받아들였던 것이다. 임나일본부설은 주지하듯이 한국 학계는 물론 일본 학계에서조차 받아들여지고 있지 않다. 양수조·축립업의 연구 성과를 보면 한국 학계나 일본 학계의 연구 성과들을 거의 참고하지 않았는데, 임나일본부설에 대한 한국 학계와 일본 학계의 이러한 동향을 알고도 표출한 견해인지 의문스럽다.

　한편 고구려-수 전쟁이 미친 영향과 관련해서는 고구려-수 전쟁 이후 새롭게 일어난 중원 왕조의 통치자들이 고구려-수 전쟁을 거울로 삼아 주변 국가에 경솔하게 출병하지 않게 됨으로써 천 년간 변경지역이 교착되었고 변경 밖으로는 수많은 신흥 정권이 들어서게 되었다고 보았다.[67]

---

65 王健群, 1996, 「廣開土王碑文中 "倭"의 實體」, 『고구려연구』 2호, 447쪽.

66 劉永智, 1996, 「好太王碑의 發見과 釋文研究」, 『고구려연구』 2호, 279쪽.

67 呂蕾, 2014, 「隋煬帝征伐高句麗失敗原因及其影響探析」, 『蘭臺世界』, 138쪽.

군사 관련 연구

전쟁사를 보다 풍부하게 만드는 주제는 전략·전술·무기체계·방어 체계 등 군사와 관련한 주제일 것이다. 하지만 고구려-수·당 전쟁과 관련해서 이러한 주제를 다룬 연구 성과는 그리 많다고 볼 수는 없다. 하지만 다양한 주제로 연구 방향을 넓혀 가고 있음을 확인할 수 있는데, 고구려-수·당 전쟁의 전개 과정과 전략·전술에 보이는 고구려의 승리 요인 및 수·당의 패배 요인,[68] 수군과 당군의 병참 지원 모습,[69] 당의 수군(水軍) 운용,[70] 군대의 진군로,[71] 전쟁과 관련된 지명 및 성에 대한 위치 비정,[72] 전쟁을 이끈 인물,[73] 고구려-당 전쟁 당시 당에 끌려간 고구려인의

68 王春强, 2007, 「隋唐五代時期幽州地區戰爭與軍事研究」, 首都師範大學 碩士學位論文; 姜明勝, 2008, 앞의 논문; 馬正兵, 2008, 「唐太宗三次東征的軍事失誤」, 『文史春秋』 2008-9; 楊秀祖, 2010, 앞의 책; 天行健, 2012, 「隋唐爲何一定要征服高句麗」, 『工會博覽』(下旬刊) 2012-6; 拯救夢想, 2013, 「隋唐皇帝禦駕親征爲何屢屢失敗」, 『時代靑年』 2013-9; 呂蕾, 2014, 위의 논문; 董健, 2015b, 「楊諒東征高句麗失敗原因探析」, 『東北史地』 2015-4.

69 曹柳麗, 2013, 앞의 논문.

70 張曉東, 2011, 「唐太宗與高句麗之戰跨海戰略」, 『史林』 2011-4.

71 崔豔茹, 2012, 「貞觀十九年唐軍攻打高句麗建安城的進軍路線考」, 『東北史地』 2012-1.

72 馮永謙, 2012a, 「武厲邏新考(上)」, 『東北史地』 2012-1; 馮永謙, 2012b, 「武厲邏新考」(下), 『東北史地』 2012-2; 張士尊·蘇衛國, 2013, 「高句麗"安市城"地點再探」, 『鞍山師範學院學報』 2013-3.

73 孫煒冉, 2015b, 「乙支文德考」, 『通化師範學院學報』 2015-7; 劉炬, 2011, 「試論 "安市城主"」, 『東北史地』 2011-5; 華陽, 2012, 「論李勣東征事跡考」, 『黑河學刊』 2012-11.

수,[74] 영주(營州) 지역의 고구려 무인집단[75] 등에 대한 연구가 진행되었다.

먼저 고구려-수·당 전쟁의 전개 과정과 관련해서는 왕춘강(王春強)·강명승·양수조 등[76]의 연구 성과가 대표적이다. 그런데 이들 연구는 『수서』·『구당서』·『신당서』·『자치통감』 등 한정된 사료만을 활용하면서 사료의 내용을 그대로 인용하고 나열하는 식의 평면적이고 개설적인 모습을 보인다. 다음으로 고구려-수 전쟁에서 고구려의 승리 요인 혹은 수의 패배 요인을 분석한 연구 성과를 보면 그 요인으로서 수군의 자만심,[77] 수 내부의 혼란과 외부의 저항,[78] 지형 및 기후 등의 불리함으로 인한 원활한 치중 운송의 실패[79] 및 수군의 부적응,[80] 지휘체계의 문제,[81] 대규모 병력 운용에 대한 미숙,[82] 고구려의 뛰어난 전술[83] 등이 제시되었다. 전체적으로 고구려의 군사적 역량을 내세우기보다는 수군 내부의 모순이나 지형 및 기후라는 어쩔 수 없는 요소 때문으로 돌리려는 경향이 강하다.

한편 동건은 598년 수군의 고구려 원정 실패에 대해서 기후와 지리

---

74 趙智濱, 2015, 「唐太宗親征之役高句麗人移民內地人數考」, 『通化師範學院學報』 2015-5.

75 張春海, 2007, 「試論唐代營州的高句麗武人集團」, 『江蘇社會科學』 2007-2.

76 王春強, 2007, 앞의 논문; 姜明勝, 2008, 앞의 논문; 楊秀祖, 2010, 앞의 책.

77 姜明勝, 2008, 앞의 논문, 17쪽.

78 呂蕾, 2014, 앞의 논문, 137쪽.

79 姜明勝, 2008, 앞의 논문, 17쪽; 曹柳麗, 2013, 앞의 논문, 34쪽; 呂蕾, 2014, 위의 논문, 137쪽.

80 呂蕾, 2014, 위의 논문, 137쪽.

81 姜明勝, 2008, 앞의 논문, 17쪽; 拯救夢想, 2013, 앞의 논문, 61쪽.

82 呂蕾, 2014, 앞의 논문, 138쪽.

83 姜明勝, 2008, 앞의 논문, 17쪽.

등의 요소는 직접적인 실패 원인이 될 수 없다고 하면서 수군의 자만으로 인한 정보 수집 및 전쟁 준비 부족, 수군 통수권자인 한왕(漢王) 양량(楊諒)의 무능함, 장수(將帥) 사이의 불화, 명확하지 않은 지휘관의 상하관계 등을 거론했다.[84] 중국 학계를 보면 598년 고구려 원정의 주요 실패 요인으로 장마로 인한 군량 운반의 어려움과 전염병의 유행 등을 언급하면서 인간이 어찌할 수 없는 변수인 기후 탓으로 돌리는 경향이 있었다. 그러나 전쟁은 기본적으로 전쟁 당사자가 판단하고 수행하는 행위다. 전쟁 수행 과정에서 나올 수 있는 변수 또한 전쟁 당사자가 미리 판단하여 대처해야 하는 부분이기 때문에 기후로 인해 패배했다는 인식은 옳지 못하다. 그런 면에서 동건의 연구는 수군의 패배 요인에 대하여 보다 객관적인 측면에서 접근했다고 볼 수 있다.

또한 그는 중국 사서에서는 기록되어 있지 않지만, 북한 학자와 일부 한국 학자가 제기하고 있는 598년 수군의 고구려 원정 당시 양국 간에 직접적인 군사 충돌이 있었다는 주장도 소개했다. 그는 요수(遼水)가 당시 고구려의 중요 방어선이었음을 감안하면 고구려군과 수군 사이에 교전이 있었을 가능성이 있지만, ①당의 역사가들이 기후와 지리 때문에 어쩔 수 없이 철군했다고 수나라를 감싸줄 이유가 없다는 점, ②『수서』등 사료가 편찬된 시기에 598년 고구려 원정에 참전한 인물들이 일부 생존하고 있어 당시 상황을 아는 데 그리 어렵지 않았고 설사 전투에서 패배하여 철군했음을 감추기 위해 왜곡했더라도 당의 역사가들이 바로잡았을 것이라는 점, ③원정에 참전했던 지휘관에 대한 처벌 기록이 보이지

---

84 董健, 2015b, 앞의 논문, 53쪽.

않는다는 점을 들어, 전투 없이 철군했다는 사료의 기록을 믿을 수 있다고 보았다.[85]

한편 고구려-당 전쟁과 관련해서는 당의 패배 요인으로 정면으로 강공을 펼치면서 전투 시기를 잃어버린 점과 전략의 중심을 고구려에 두지 않으면서 서부 변경의 구자(龜茲)·취미(翠微)·옥화(玉華)·영선(營繕)과 전투를 벌인 점[86] 등을 제시하기도 했다. 그러나 최종적으로는 당이 승리했다는 점을 토대로 주로 당군의 승리 요인에 대하여 서술했다.

장국량(張國亮)은 당군의 승리 요인에 대해서 당군의 탄력적인 전략 운용과 이에 대한 고구려군의 고지식적인 대응을 들었다. 당이 당 태종의 친정-유격전-총공격 순으로 전쟁 상황에 맞게 유연한 전략을 구사한 반면, 고구려는 계속해서 유리한 지형과 성곽에 의존하는 방어체계만을 고집하고 유연하게 대처하지 못함으로써 결국 패배하게 되었다는 것이다. 아울러 고구려가 한반도에서 백제의 멸망을 막지 못하면서 북쪽으로는 당, 남쪽으로는 신라에게 협공을 받는 상황에 이르게 된 점도 당의 승리 요인으로 제시했다.[87]

장효동(張曉東)은 당 태종의 수군(水軍) 운용 양상을 소개하면서, 당이 고구려에 승리를 거둘 수 있었던 요인으로 강력한 수군의 육성을 들었다. 즉 수군 육성을 통해 동북아시아의 중간 항로에 위치하면서 허브 역할을 했던 백제를 정벌했고, 이로 인하여 동북아시아에서 지정학적 우위를 점

---

85 董健, 2015b, 위의 논문, 53쪽.

86 馬正兵, 2008, 앞의 논문, 61~63쪽.

87 張國亮, 2008, 「唐征高句麗之戰的戰略研究」, 吉林大學 碩士學位論文, 29쪽.

하게 되면서 결국에는 고구려를 무너뜨리는 데 성공했다는 것이다.[88]

조유려(曹柳麗)는 수 양제·당 태종의 고구려 원정에서 보이는 병참 지원 상황에 대해서 병참 지원 관리 부서, 병참 지원 준비 과정, 군비나 양말(糧秣) 조달 방법, 양말의 저장, 무기의 종류·공급·관리, 의료 위생, 운송로 및 운송 방법 등으로 나누어 자세하게 서술한 뒤, 두 원정에 보이는 병참 지원 상황을 비교·분석하고, 병참 지원이 전쟁의 승패에 미친 영향에 대해서 서술했다. 그는 수 양제가 병참 지원을 그다지 중시하지 않았기 때문에 군사들에게 충분한 병참 지원을 하지 않았고, 특히 병참 지원의 근원이라고 할 수 있는 민을 홀대하여 농민 봉기를 야기함으로써 결국에는 고구려와의 전쟁에서 패배했다고 보았다. 반면 당 태종은 수양제의 고구려 원정 실패를 교훈 삼아 양식 공급, 운수 공구의 개선, 민심획득 등 여러 방면에 노력을 기울여 원활한 병참 지원을 이끌어냈고, 결국 이러한 경험이 당 고종 대에 이어져 궁극적으로는 고구려에 대해 승리를 거두게 되었다고 보았다.[89]

조유려는 수 양제·당 태종의 고구려 원정에서 보이는 병참 지원 상황에 주목하고자 했으나, 그보다는 수와 당의 병참 지원 제도에 대해서 서술하고 있다. 즉 수와 당의 병참 지원 제도와 수 양제·당 태종 대 고구려원정의 병참 지원 모습을 유기적으로 연관시키지 못하고 있는 것이다. 그리고 과연 수 양제가 병참 지원에 대해서 소홀하게 생각했는지 의문이 든다. 수 양제는 598년 수 문제의 고구려 원정 때 병참 지원의 실패로 철군

---

88 張曉東, 2011, 앞의 논문, 38쪽.

89 曹柳麗, 2013, 앞의 논문, 41쪽.

한 상황을 직접 목도한 바 있고, 그때의 실패를 거울 삼아 장기간에 걸쳐 체계적으로 고구려 원정을 준비했다. 수 양제는 군수물자를 원활하게 보급하기 위하여 운하를 개발했고, 군사들에게 부족하지 않게 병참 지원을 하는 과정에서 민들이 고통을 받아 봉기를 일으킴으로써 결국 원정을 실패했다고 볼 수 있다.

고구려-수·당 전쟁의 전개 과정과 전략·전술에 보이는 고구려의 승리 요인 및 수·당의 패배 요인 이외에도 다양한 주제의 군사 관련 연구가 소개되었다. 최염여(崔艶茹)는 645년 고구려-당 전쟁 당시 건안성(建安城)을 공격했던 영주도독(營州都督) 장검(張儉)의 진군 노선에 대해 서술했다. 그는 장검이 이끄는 당군이 영주에서 출발하여 의현(義縣)과 북진(北鎮)을 지났고, 요택(遼澤)의 수렁을 피하기 위해 요택의 서쪽 가장자리를 따라 남하하면서 호가(胡家)를 지나 요양하(繞陽河)를 건넜으며, 동남쪽으로 꺾어 대황(大荒)을 거쳐 고승진(高升鎮)을 지났고, 남하하여 사령진(沙嶺鎮)을 거쳐 반금시(盤錦市) 서우고성촌(西牛古城村)에서 요수를 넘었다고 보았다. 그는 서우고성촌에서 요수를 건넌 이유를, 서우고성촌이 요수·혼하(渾河)·태자하가 합류하는 지점이어서 한 번 도하로 세 하천을 넘을 수 있었고 또한 세 하천의 상황을 모두 알 수 있었다는 점, 그리고 동쪽으로 10여 km 떨어진 지점에 고구려 천리장성이 있었지만 비교적 넓은 평원지대여서 당군이 진군하는 데 매우 유리한 조건을 갖추고 있었다는 점 등을 들었다.

요수를 넘은 후에는 동쪽으로 10km 진군하여 우장진(牛莊鎮)에 이르렀고, 그곳에서 천리장성을 돌파했던 것으로 추정했다. 그리고 장성을 따라 남하하면서 대석교시(大石橋市) 기구진(旗口鎮) 이도변촌(二道邊村)-후로장두촌(后老牆頭村)-전로장두촌(前老牆頭村)-기구(旗口)-장둔촌(長

屯村)-고감진(高坎鎭)-전고감촌(前高坎村)-하토대촌(下土臺村)-주가강자(周家崗子)-손가강촌(孫家崗村)-노변촌(老邊村)-노야묘촌(老爺廟村)-소평산촌(小平山村)-소변촌(小邊村)-서대평산촌(西大平山村)을 거쳐, 전강자촌(前崗子村)과 후강자촌(后崗子村) 사이의 어니하(淤泥河) 입해구(入海口)에 이르렀고, 어니하를 넘어 계속 남진하여 건안성으로 추정되는 개주(蓋州) 고려성산성(高麗城山城) 서북 황량퇴촌(黃糧堆村) 남쪽에 이르렀다고 보았다.

한편 그가 황량퇴촌을 최종 도착지로 설정한 것을 볼 때[90] 『개평현지(蓋平縣志)』에 수록된 황량퇴(黃糧堆)설화를 신빙하고 있음을 알 수 있다.[91] 황량퇴는 당 태종의 군대가 연개소문 남매의 군대에 포위당하면서 군량미가 부족해지자 밤에 흙무더기를 쌓고 그 위에 쌀을 덮어 군량미의 부족을 은폐했다는 데서 생겨난 지명이라고 하는데,[92] 설화적인 성격이 강한 만큼 좀 더 신중한 접근이 필요하다.

고구려-수·당 전쟁과 관련된 지명 및 성에 대한 위치 비정과 관련해서는 먼저 612년 고구려-수 전쟁 때, 요수 서쪽에 있는 고구려의 성이었다가 수군에 의해 함락되었던 '무려라(武厲邏)'의 위치를 규명하려는 연구가 있었다.[93] 무려라의 위치에 대해서는 대체로 요령성 신민시(新民市) 경내에서 찾고 있는데, 구체적으로 요빈탑촌고성(遼濱塔村古城)·고대산유

---

90 崔艶茹, 2012, 앞의 논문, 25~27쪽.

91 『蓋平縣志』卷下 山川志.

92 이승수, 2009, 「요동지역 고구려 관련 설화의 문헌 및 현장 조사 연구」, 『고구려의 등장과 그 주변』, 동북아역사재단, 324쪽.

93 『隋書』권4 帝紀 제4 煬帝下 大業 8년.

적(高臺山遺蹟)·공주둔후산유적(公主屯后山遺蹟) 등이 제기되었다.[94]

그런데 풍영겸(馮永謙)은 기존에 제기된 유적지들은 고성이 존재하지 않는다거나 고구려의 유적·유물이 발견되지 않는 등 고고학적 한계를 보인다고 지적하면서 신민시 거류하촌(巨流河村) 동쪽 산 위에 있는 고려 성자(高麗城子), 즉 거류하산성(巨流河山城)을 주목했다. 그는 거류하산성 이 고구려 성곽의 대표적인 유형인 산성이라는 점, 산 위에 위치하여 시 야가 개활하기 때문에 요하를 감시·통제할 수 있다는 점, 수당 시기 영 주에서 개모(蓋牟)·신성(新城)·현도(玄菟)로 가는 북도 상에 있으면서 반 드시 통과해야 하는 요충지에 위치한다는 점, 그리고 요하 서쪽에서 발 견되는 유일한 고구려 성곽이라는 점 등을 들어 무려라로 비정했다.[95]

거류하산성 판축 성벽 안에는 고대산(高臺山) 문화 토기편이 들어가 있고 지면 위에는 요대(遼代) 유물이 산재되어 있다. 그러나 기존에 무려 라로 비정되었던 유적지와 마찬가지로 고구려와 관련 있는 유적·유물은 발견되지 않았다. 이에 대해서 풍영겸은 만약 요대에 성이 축조되었다면 판축 성벽에 고대산 문화 유물은 물론 고구려 혹은 수당 시기의 유물이 들어가 있어야 한다면서 고구려 시기에 축조된 성곽이라고 주장했다.[96] 기존에 제기된 유적지에 대해서는 고구려 성곽이나 고구려와 관련된 유 물이 나오지 않는다고 하여 무려라일 가능성이 희박하다고 보면서 거류 하산성에 대해서만 예외를 두는 것은 다소 문제가 있어 보인다. 거류하산

---

94 요빈탑촌고성·고대산유적지·공주둔후산유적지 등으로 보는 견해에 대한 자세한 내용은 이성제, 2013, 「고구려의 서부 국경선과 무려라」, 『대구사학』 113호, 4~5쪽 각주 8)·9)·10) 참조.

95 馮永謙, 2012a, 앞의 논문, 8~10쪽; 2012b, 앞의 논문, 6~8쪽.

96 馮永謙, 2012a, 위의 논문, 10쪽.

성 또한 고구려와 관련한 고고학적 근거가 부족하다고 볼 수 있으므로 신중한 접근이 필요하다.

한편 645년 고구려–당 전쟁 때 등장하는 전장으로 가장 유명한 성곽 가운데 하나가 바로 안시성(安市城)이다. 안시성의 위치에 대해서는 북한 용강현(龍崗縣) 조석산성(鳥石山城), 중국 요령성 봉성시(鳳城市) 봉황산성(鳳凰山城), 대석교시(大石橋市) 해룡천산성(海龍川山城), 해성(海城) 영성자산성(英城子山城) 등 견해가 분분하다. 장사존(張士尊)·소위국(蘇衛國)은 안시성이 군사 중진으로 교통의 요충지에 위치해 있었고 안시성 공격 당시 고구려의 제1선 방어 성곽들이 무너지지 않았다는 점을 감안하면서, 전략적 요충지에 위치하지 않은 해룡천산성이나 제1선 방어체계 안쪽에 위치한 조석산성·봉황산성보다는 영성자산성일 가능성이 크다고 보았다.

아울러 '안시성'이라는 성 명칭의 원류로 추정되는 한대(漢代) 안시현(安市縣)이 영성자산성이 위치한 해성에 있었을 것으로 추정되는 점, 해성에서 석목성(析木城) 등 안시성 전투와 관련한 지명이 등장한다는 점, 해성지역이 요하 평원과 요동 구릉의 결합부면서 한반도에서 요하 평원으로 진입하는 교통 요충지라는 점, 해성에 위치한 조석산(厝石山)이 안시성 전투 당시 당군이 쌓았다는 토산으로 추정되는 등 사료에 보이는 안시성 전투 당시 전장의 모습이 영성자산성 주변의 모습과 부합한다는 점 등을 거론하면서 자신의 주장을 뒷받침하고 있다.[97]

고구려–수·당 전쟁 당시 전쟁에 참전하여 크게 활약했던 인물과 관

---

97 張士尊·蘇衛國, 2013, 앞의 논문, 31~39쪽.

련하여 중국 측 인물로는 이적(李勣), 고구려 측 인물로는 을지문덕(乙支文德)과 안시성주(安市城主)에 대한 연구가 소개되었다. 화양(華陽)은 이적에 대해 요동 지형을 면밀히 파악하고자 하는 등 치밀한 전략·전술을 가지고 있었고, 사병을 위해서라면 최고 통치자였던 당 태종에게 직언을 하는 등 사병을 보호하는 마음을 가지고 있었으며, 몸과 마음을 바쳐 국가에 충성함에 따라 결국에는 전쟁을 승리로 이끌었다고 서술했다.[98] 그는 이적에 대해 치밀하게 분석했다기보다는 전기적인 내용을 토대로 장군으로서의 위대함을 드러내는 데 초점을 맞추었다. 반면 아래의 연구 성과들은 고구려−수·당 전쟁에 참전했던 인물에 대하여 보다 치밀하게 분석하고 있다.

손위염은 612년 고구려−수 전쟁 당시 살수대첩을 이끌었던 을지문덕에 대한 기록들을 토대로 그와 관련한 여러 문제들을 분석했다. 그는 을지문덕을 제외하고 '을지(乙支)'가 붙는 고구려 인물이 보이지 않는다는 점, 기존에 그의 성씨로 보았던 '을지(乙支)'와 고구려 관직 가운데 하나인 정6품 을사(乙奢, 상위사자)의 발음이 비슷하다는 점, 그리고 수 양제가 우중문(于仲文)에게 보낸 밀지에 '고원(高元)과 문덕(文德)'이 함께 언급되었는데 고원이 성과 이름이 합쳐진 전칭이었다는 점 등을 들어, '을지(乙支)'는 '을사(乙奢)'의 이체자로 관명, '문(文)'은 성, '덕(德)'은 이름으로 보았다. 그리고 정6품 을사(乙奢)에 불과한 만큼, 고구려에서 높은 지위와 막강한 권력을 가진 인물이 아니었고, 살수대첩도 그의 지휘 하에 승리한 것이 아니라고 보았다.

---

98 華陽, 2012, 앞의 논문, 61~62쪽.

그럼에도 을지문덕이 영웅으로서 높은 평가를 받은 이유에 대해서는 『삼국사기』 찬자인 김부식이 처한 시대적 배경과 관련이 있다고 보았다. 당시 고려가 요(遼)의 공격을 받은 상황에서 외적의 침략을 막아낸 영웅의 형상을 만들어 고려인의 민족주의 정서를 이끌어 내고자 했고, 이 과정에서 을지문덕이 수 대군을 격파한 영웅으로 변모되어 과대 선전되었는데, 이러한 을지문덕의 형상이 김부식의 저술 과정에도 영향을 미쳐 『삼국사기』에 비중 있게 서술되었기 때문이라고 보았다.[99]

유거(劉炬)는 645년 고구려-당 전쟁 때 안시성 전투를 이끌었던 안시성주의 신상·업적·평가 등을 서술했다. 먼저 안시성주의 이름이 '양만춘(楊萬春)'이라고 전해지는 점에 대해서, '양만춘'이라는 이름이 처음 기록되었던 명대(明代) 『당서연의(唐書衍義)』가 소설류에 가깝고 『삼국사기』에 그 기록이 존재하지 않은 점을 볼 때 그대로 믿기는 어렵다고 보았다. 그리고 소속 및 관직과 관련하여 연개소문과의 갈등을 고려해 보았을 때 연개소문이 소속되었던 '동부(東部)'로 보기는 힘들고, 안시성으로 비정되는 해성 영성자산성의 규모를 고려하여 처려근지(處閭近支)급으로 추정하면서 대사자(大使者) 혹은 대형(大兄)에 속하는 중급 귀족이었을 것으로 파악했다.

안시성주의 업적과 관련하여 안시성 전투 당시 군사들로 하여금 당군을 향해 북을 치고 함성을 지르면서 시위를 하도록 한 행위에 대해서는 당 태종과 당군을 분노케 하면서 고구려군의 투지를 보다 확고히 하려는 목적인, '사지에 처해 있어야만 비로소 승리할 수 있다'는 계책의 변형으

---

99 孫煒冉, 2015b, 앞의 논문, 10~13쪽.

로 보았다. 또한 안시성주가 철군하는 당 태종에게 예를 보인 행동은 당 태종의 체면을 세워 주고 자극하지 않음으로써 고구려 재원정에 대한 야욕을 꺾어 놓기 위한 방책으로 파악했다.

한편 그는 안시성에서 고구려군이 승리한 요인에 대해서 안시성주의 능력을 부각하기보다는 안시성의 견고함, 나쁜 날씨로 인한 당군의 어려움 봉착, 그리고 당 태종의 전술적 착오 및 토산이 무너지는 우연적 요소 등을 제기했다. 그러면서 공로로 따지면 안시성주보다는 612년 고구려-수 전쟁 때 요동성 전투를 이끌었던 요동성주가 더 높지만, 안시성주의 상대가 당 태종이었기 때문에 더 높은 평가를 받게 되었다고 하면서, 안시성주에 대해 과대평가된 면이 있다고 주장했다.[100]

한국 학계가 을지문덕과 안시성주에 대하여 주로 민족사적 관점으로 접근하면서 그들이 활약한 살수대첩과 안시성 전투와 연관시켜 중원 왕조를 격파한 구국의 영웅으로 평가하고 있는데 반해, 위의 연구 성과들은 개인에 초점을 맞춰 그들 본연의 모습을 파악하려고 했다는 점에서 의미가 있다. 하지만 을지문덕과 안시성주에 대한 역사적 평가에서 결국 그들이 과대평가되었다고 결론을 맺음으로써 평가절하하려는 의도를 보여 준다.

그 이외에도 645년 고구려-당 전쟁 때 당군에 의해 당 내지로 끌려간 고구려인의 수를 파악하려는 연구가 있었다. 조지빈(趙智濱)은 『책부원구』 「반사조(班師詔)」의 "극기현도(克其玄菟)·횡산(橫山)·개모(蓋牟)·마미(磨米)·요동(遼東)·백암(白巖)·비사(卑沙)·맥곡(麥谷)·은산(銀山)·

---

100 劉炬, 2011, 앞의 논문, 17~21쪽.

후황등(后黃等), 합일십여성(合一十餘城), 범획호육만(凡獲戶六萬), 구십유팔만(口十有八萬), 복기신성(覆其新城)·주필(駐蹕)·건안(建安), 합삼대진(合三大陣), 전후참수사만여급(前后斬首四萬餘級), 강기대장이인(降其大將二人), 비장급관인추수자제삼천오백(裨將及官人酋帥子弟三千五百), 병사십만인(兵士十萬人)"이라는 기록을 주목하고『구당서』·『신당서』·『자치통감』 등에 나타난 관련 기록을 참고하면서 그 수를 검증하고자 했다.

먼저 일반 민에 대해서는「반사조」기록 그대로 18만 명이었다고 보았다. 그리고 한 호당 세 명으로 구성되어 있었다는 기록에 대해, 진(秦)이 중국 대륙을 통일하기 전 국력을 강화하기 위해 '소가정(小家庭)제도'를 강행하고 분호령(分戶令)을 추진했던 정황과 연관시켜, 고구려도 '소가정제도'를 실행했을 것으로 파악했다. 반면 병사·포로의 경우 농업사회 안에서 인구의 중요성을 언급하면서 당 태종이 10만 명을 다 돌려보냈다는「반사조」의 기록은 믿을 수 없다고 보았다. 그러면서 자발적으로 투항한 고연수(高延壽)와 고혜진(高惠眞) 군대 3만 명만 고구려로 송환되었을 가능성이 크고 말갈 3,300명이 당군에게 죽임을 당했던 점을 감안하면 약 6만 7,000명의 고구려 군사가 당 내지로 끌려갔을 것이라고 보았다. 그리고 이 가운데 도중에 도망가고 병으로 죽은 사람을 고려하면, 내지로 이주한 총 고구려인은 약 24만 명 정도였을 것이라고 추정했다.

그런데 조지빈은 현도 이하의 성에서 당군이 고구려 군사를 사로잡았다는 기록이 나타남에도 불구하고 군사 수에 포함시키지 않고 일괄적으로 민의 수에 포함시켰다. 또한 고구려 군사 10만 명을 검증하는 과정에서 주필산 전투의 살부(殺俘) 비율을 1:2로 파악하여 포로의 수를 4~5만

명으로 파악했는데,[101] 아무런 근거 없이 자신의 주관적인 판단 하에 비율과 숫자를 설정함으로써 설득력을 잃고 있다.

　마지막으로 고구려 멸망 이후 영주 지역에 거주하고 있었던 고구려 무인집단에 주목한 연구가 있었다. 장춘해(張春海)는 당 현종 시기에 부병이 붕괴하고 현지와 현지 부근에서 병력을 보충하는 과정에서 영주에 거주하던 고구려인들이 대거 평로군(平盧軍)에 흡수되었는데, 번병번장(蕃兵蕃將) 임명에서 소외되면서 자신들이 중심이 되는 군대집단을 형성했다고 보았다. 그러다가 안녹산(安祿山)의 난이 발생했을 때 평로군 내에서 안녹산을 따르는 집단과 조정을 따르는 집단이 갈등을 빚으면서 쇠퇴한 틈을 타 세력 확장에 성공했지만, 안녹산과 전투를 벌이는 과정에서 많은 병력을 잃었고, 치청(淄靑)지역으로 진입한 후에는 후희일(侯希逸)과 이정기(李正己) 사이의 갈등으로 분열되면서 결국 와해되었다고 보았다.[102]

고구려의 군사제도 및 무기·방어체계

　다음으로 고구려의 군사제도와 관련하여 고구려 후기 중앙과 지방의 군사제도,[103] 금위군(禁衛軍),[104] 상벌제도[105] 등에 대한 연구 성과를 살펴보

101 趙智濱, 2015, 앞의 논문, 8~12쪽.
102 張春海, 2007, 앞의 논문, 230~232쪽.
103 李爽, 2013, 「高句麗后期軍事制度硏究」, 『東北史地』 2013-5.
104 華陽, 2014, 「高句麗禁衛軍硏究」, 『社會科學戰線』 2014-1.
105 李一, 2013, 「高句麗軍事賞罰制度探析」, 『東北史地』 2013-6.

겠다.

이상(李爽)은 고구려 후기에 중앙 정권이 집권을 강화하기 위해 5부
(部) 소속의 군대를 철저하게 통제하고 관리했다고 보았는데, 5부욕살(五
部褥薩)을 5부의 군대를 통제하고 관리하기 위해 국왕이 직접 파견한 군
주(軍主)로 보았다. 또한 무관 관제체계가 정비되는 과정에서 등장한 대
모달(大模達)을 금위군의 수장으로 보고, 금위군을 국왕의 안전을 확보하
고 군명(軍命)을 받들었던 군대로 보면서, 금위군의 출현을 고구려 중앙
군사권의 강화로 보아야 한다는 견해를 제시했다. 반면 지방에서는 성주
가 병력 이동, 장수 파견, 징병권 등 군사지휘권을 장악하면서 군사자치
권이 훨씬 강화되었다고 보았다. 그리고 고구려 초기부터 이어진 군정(軍
政) 일체화가 후기까지 이어지면서 행정관으로서의 성격을 갖추고 있었
다고 주장했다.[106]

화양은 고구려 금위군의 편성 시기와 편성의 의미 등을 서술했는데,
연씨(淵氏) 일가와 연관해 논지를 전개했다. 그는 6세기 전후에 연자유가
고구려의 내란을 끝내는 상황에서 금위군이 조직되었고, 연씨 일가가 금
위군을 장악함으로써 대대로의 세습 및 연개소문의 정변이 성공할 수 있
었다고 보았다.[107] 전술했듯이 이상은 금위군을 '국왕의 안전을 확보하고
군명을 받드는 군대'로 파악한 반면에, 화양은 '연씨 일가가 편성하고 장
악한 군대'로 파악하고 있는 것이다.

만약에 화양의 견해처럼 연씨 일가가 편성하고 장악한 군대라고 한다

---

106 李爽, 2013, 앞의 논문, 37~39쪽.
107 華陽, 2014, 앞의 논문, 122~124쪽.

면, 왕과 연관시키지 못한 상황에서 금위군이라고 부를 수 있는지 의문이다. 또한 금위군을 편성해서 정치적 혼란기를 극복했다는 것인지, 정치적 혼란기를 극복한 후에 금위군이 편성되었다는 것인지 애매한 태도를 취했고, 구체적으로 어떠한 과정을 통해서 연씨 일가가 금위군을 편성 혹은 장악했는지 언급하지 않았다. 그리고 금위군의 조직은 '5부 군대에 대한 중앙정권의 통제와 관리 강화'를 의미한다고 했는데, 연씨 일가를 중앙정권으로 볼 수 있는지도 의문이다.

이일(李一)은 고구려의 군사 상벌제도에 대해서 서술했는데, 소수림왕의 율령 반포 때 군사 상벌제도도 함께 제정되었을 것이라고 추론했다. 징벌제도에 관련해서는 모반 및 반역에 대해서 기본적으로 화형을 집행하고 재산을 몰수하는 등 가혹한 형벌을 내림으로써 왕권에 도전하지 못하도록 했고, 전투에서 패배한 자는 일률적으로 참형에 처했으며, 적에게 항복하여 아군을 공격한 자는 그의 가속(家屬)들을 처벌했다고 한다. 또한 새롭게 점령한 지역의 민이나 포로는 노예 혹은 수묘인(守墓人)으로 삼거나 죽이기도 했다고 한다. 반면 군사 포상제도와 관련해서는 공이 있는 자에게 식읍이나 관직 혹은 왕성(王姓)을 하사했고, 죽어서는 제사를 지내줌으로써 그 공을 치하했다고 서술했다.[108]

고구려의 무기에 대해서는 고구려 유적 발굴을 통해 꾸준히 출토된 유물과 고구려 고분벽화를 참고하면서 연구를 전개해 가고 있다.[109] 진상(陳爽)은 고구려 유적에서 출토된 병기를 분류·분석하고 고분벽화와 문

108 李一, 2013, 앞의 논문, 36~39쪽.
109 陳爽, 2010, 「高句麗兵器研究」, 吉林大學 碩士學位論文; 張曉晶·張葛, 2008, 「高句麗軍用裝備設計研究」, 『內蒙古民族大學學報』 2008-6.

헌 기록을 참고하면서, 병기에 대한 편년을 시도했다. 그는 고구려 병기 대부분이 중원과 유사하지만 일부 병기에는 고구려적 특색이 명확하게 드러난다고 보았다.

그리고 고구려 병기 사용 시기를 크게 세 시기로 나누면서 1기는 청동제 병기와 철제 병기가 함께 사용된 시기, 2기는 철제 병기가 발전하고 병기의 종류와 수량이 늘어나는 시기, 3기는 철제 병기가 성숙되고 2기보다 훨씬 많은 수가 나타나는 시기로 파악했다. 그는 특히 중원에서는 보이지 않은 산형(鏟形) 화살촉을 주목했는데, 고분이나 주거지 유적에서 주로 출토되고 군사 유적에서는 드물게 보인다는 점과 고구려 고분벽화에서 수렵하는 장면이나 가옥에서 보인다는 점을 들어 전투용이 아닌 사냥용 화살촉으로 추정했다.[110]

장효정(張曉晶)·장갈(張葛) 또한 고구려 유적에서 출토된 유물과 고분벽화를 참고하면서 공격형 병기, 마구(馬具), 방호 용구 등 세 부분으로 나누어 소개했다. 이 연구에서는 고구려가 기본적으로 중원의 영향을 받으면서 무기를 제작했고, 장기간 전쟁을 치르고 험준한 지형에 적응하는 과정에서 가볍고 정교한 병기와 민첩한 말을 선택하여 전쟁을 수행했다고 보았다.[111]

고구려의 방어체계와 관련해서는 주로 성곽과 관련한 연구 성과가 소개되었다.[112] 장수범(張樹範)은 고구려가 요동 및 심양(瀋陽) 지역을 차지

---

110 陳爽, 2010, 앞의 논문, 25쪽.

111 張曉晶·張葛, 2008, 앞의 논문, 111~113쪽.

112 張樹範, 2015, 「試述高句麗對沉陽地區的爭奪與控制」, 『東北史地』 2015-1; 王禹浪·王文軼, 2012, 「高句麗在遼東半島地區的防禦戰略」, 『大連大學學報』 2012-4; 趙曉剛·王海, 2014, 「石臺子山城防禦體系探究」, 『東北史地』 2014-3.

한 시기와 심양 지역에 대한 통치 방식을 분석했다. 그는 고구려가 4세기 말까지는 무순(撫順) 고이산성(高爾山城)으로 추정되는 신성(新城)과 요양(遼陽)·탕하(湯河) 동쪽 일대 등 요동 지역 일부만 차지했지만, 5세기 초에 이르러 심양과 요양을 차지함으로써 요동 지역 전체를 차지했다고 보았다. 그리고 한위진(漢魏晉) 이래의 현도군 옛 성을 그대로 이용하고 한편으로는 행정적 기능과 군사적 기능을 모두 갖춘 산성을 축조·이용하면서 심양 지역을 관할했다고 추정했는데, 현도군 옛 성으로는 심양 상백관둔고성(上伯官屯古城), 그리고 새로 축조한 산성으로는 심양 탑산산성(塔山山城)과 석대자산성(石臺子山城)을 지목했다.

한편 그는 고구려가 요동 점령 후에 북위에게 조공·칭신함으로써 요하 동쪽을 관할하는 지방 행정장관이 되었고 이에 따라 동북지역의 일부 소수민족을 관리하게 되었다고 하면서, 고구려의 요동 관할에 대해 중원 왕조가 해야 하는 지방 관리를 대신한 것뿐이라고 폄하했다. 즉 신속체제론과 조공책봉론에 입각해서 고구려와 북위의 관계를 설정함으로써 고구려가 중국 소수민족이 세운 지방정권이라는 인식을 그대로 표명하고 있는 것이다. 또한 그는 고구려가 관할했을 때의 심양 지역이 저조한 발전 단계에 있었다고 했는데,[113] 어떠한 근거로 그렇게 생각했는지 알 수 없으나 고구려의 국가 발전 단계를 폄하하기 위한 의도적인 언급이라 생각된다.

왕우랑(王禹浪)·왕문질(王文軼)은 요동 반도에 대한 지리적 이점을 소개하면서 요동 반도 지역에 위치한 고구려 성곽들의 중요성을 서술했다.

---

113 張樹範, 2015, 위의 논문, 30~33쪽.

이 연구에서는 고구려가 전략적인 위치 프리미엄이 뛰어나고 산간 구역과 하천이 얽혀 있어 천연의 수로 교통망이 구축되어 있으며 풍부한 염철·농목·어로·수렵·채집·수공업 등을 갖추고 있는 요동 반도를 차지함으로써, 한층 더 발전할 수 있는 계기가 만들어졌다고 서술했다. 그리고 고구려가 5~7세기 사이 요동 반도에 성곽을 구축함으로써, 요동 반도가 중원 왕조와 고구려 도성 사이의 전략적인 방어 완충지대이자 물자 비축지가 되었고, 이를 바탕으로 6~7세기 수·당 등 중원 왕조의 공격을 막아낼 수 있었다고 보았다.[114]

조효강(趙曉剛)과 왕해(王海)는 1997~2006년에 발굴된 심양 석대자산성의 성문과 방어시설 그리고 예보체계 등을 설명하면서, 고구려성 방어체계와 연관시켰다. 이 연구에서는 먼저 고구려 천리장성을 대형 산성이 중심이 되고 중형 산성·소형 산성·평원성 등이 보조하며 일부 구간에 토벽을 구축했던 방어시설로 파악한 다음, 석대자산성을 천리장성을 구성했던 중형 산성 가운데 하나로 보았다. 즉 석대자산성을 서부 변경의 제1방어선인 요하에 이어 제2방어선(천리장성)을 구축하고 있었던 성곽 가운데 하나로 파악한 것이다. 그리고 고구려 서부 국경의 중진(重鎭)이었던 신성과 불과 19km 떨어져 있었다는 점을 근거로 신성을 지날 때 반드시 지나야 했던 문호(門戶) 역할을 했던 것으로 파악했다.

또한 석대자산성이 포하(蒲河) 상류 북안과 요동 산간구역 가장자리에 위치하면서 서부로는 개활한 요하대평원이 이어지고 동부로는 산간구역으로 진입할 수 있는 중요한 전략적 지위를 가지고 있었다고 보면서,

---

114 王禹浪·王文軼, 2012, 앞의 논문, 17~22쪽.

645년 고구려-당 전쟁 당시 당에 빼앗긴 성 가운데 하나인 횡산성(橫山城)으로 비정하기도 했다.[115] 궁극적으로는 고구려가 대성이 중심이 되고 중형·소형 산성이 서로 호위하는 다중의 방어체계와 예보시설을 구축하고, 각각의 성곽도 효율적인 방어시설을 갖춤으로써 전체적으로 막강한 성곽 방어체계를 구축했다고 보았다.[116]

전술했듯이 조효강과 왕해는 석대자산성에 대해 천리장성을 구축했던 성곽 가운데 하나로 파악했다. 고구려는 당의 위협에 대응하기 위하여 영류왕 14년(631년)에 부여성(夫餘城)부터 서남의 바다[西南之海]에 이르기까지 16년의 공사 기간을 거쳐 천리장성을 쌓았다고 한다.[117] 그동안 천리장성의 실체에 대해서 견해가 분분했는데, '노변강(老邊崗)'이라고 불리는 토루 유적이라는 견해[118]와 요동지역의 산성을 연결한 산성 연계선이라는 견해가 제시되었다.[119]

최근에 장복유(張福有) 등은 길림성과 요령성에 있는 57개의 노변강 유적을 조사하고 보고서를 발간했는데,[120] 노변강 유적을 고구려의 천리장성으로 파악했다. 그 근거로는 변강(邊崗)·노변(老邊)·소변(小邊)·토룡(土龍) 등 노변강 유적과 관련된 지명을 연결하면 동북-서남 방향의 선

115 『資治通鑑』권198 唐紀 제14 太宗文武大聖大廣孝皇帝 貞觀 19년 10월.

116 趙曉剛·王海, 2014, 앞의 논문, 26~29쪽.

117 『舊唐書』권199上 列傳 제149上 東夷 高麗; 『新唐書』권220 東夷 高麗; 『冊府元龜』권957 外臣部1 國邑1 高句麗; 『三國史記』권20 高句麗本紀 제8 榮留王 14년 춘2월.

118 李健才, 1987, 「東北地區中部的邊崗和延邊長城」, 『遼海文物學刊』 1987-1, 102~105쪽.

119 梁振晶, 1994, 「高句麗千裏長城考」, 『遼海文物學刊』 1994-2, 84~87쪽.

120 張福有·孫仁傑·遲勇, 2010, 『高句麗千裏長城』, 吉林人民出版社.

을 이루는데 사료 속 천리장성의 방향과 같다는 점, 고구려 천리장성으로 볼 수 있는 다른 유적이 노변강 유적 이외에는 보이지 않는다는 점, 노변강 유적이 덕혜시(德惠市)부터 회덕(懷德)을 지나 영구(營口) 어니하 하구 북안에 이른다는 점, 노변강 유적을 연결해 보면 587km, 즉 1,000리에 가깝다는 점 등을 들고 있다.[121] 아울러 고구려의 천리장성과 명·청대 장성의 차이를 서술하면서 고구려 천리장성 일부분이 명대에도 사용되었다고 언급하고 있다.[122]

반면 최근의 한국 학계에서 노변강 유적 가운데 자연적인 흙더미가 많고, 인공적으로 쌓은 것이라 해도 성벽으로 볼 수 없는 경우가 많으며, 성벽 부속 시설물을 찾기 어렵다고 하면서, 장성 유적으로 보기 힘들다는 견해가 제시되었다.[123] 노변강 유적이 천리장성과 관련된 유적인지에 관해서는 신중한 접근이 필요하다.

한편 성 방어체계를 구축하는 데 있어 가장 중요한 요소라고 할 수 있는, 고구려의 성 구성원에 대한 연구 성과도 소개되었다. 설해파(薛海波)는 645년 고구려-당 전쟁 관련 사료에 등장하는 '성중인(城中人)'과 '성인(城人)'에 대해 당군과 싸운 주체였고 스스로 결정을 내릴 수 있었으며 성주를 압박하기도 했다는 점을 들어 일반 민이 아닌 '군사(軍戶)'로 파악했다. 또한 '성인'으로 볼 수 있는 대형(大兄) 검모잠(劍牟岑)의 예를 들며 형계(兄系) 관원이 '성인'에 포함되어 있었을 것이라고 보면서 성 구성원을

---

121 張福有孫仁傑·遲勇, 2010, 위의 책, 287~288쪽.

122 張福有·孫仁傑·遲勇, 2010, 위의 책, 294~295쪽.

123 이성제, 2014, 「고구려 천리장성에 대한 기초적 검토−장성의 형태와 성격 논의를 중심으로」, 『영남학』 25호, 59쪽.

'부족 무장의 집합체'로 보기도 했다. 아울러 고구려 성곽에 주로 군사 방어시설이 갖추어져 있고 군사 이외의 다른 계층과 관련한 공간이 적다는 점을 들면서 사료 속 '성인'이 군사들을 가리키는 것이라는 자신의 견해를 뒷받침했다.[124]

설해파는 기본적으로 고구려 초기의 부족적인 요소가 고구려 후기까지 이어졌다고 보면서, 그러한 요소들이 고구려 후기 지방에 위치한 성의 자치권이 강화된 배경이라고 보았다. 그는 '성인'을 군사집단으로 한정해서 보고 있는데, 과연 사료 문맥 속에서 특정 계층으로 한정할 수 있는지는 의문이 든다. 즉 '성 안에 있는 모든 사람'을 지칭할 수도 있으므로 이 문제 또한 신중한 접근이 필요하다. 또한 고구려 초기의 부족적인 요소가 고구려 후기까지 이어진다는 인식은 한국 학계의 일반적인 인식과는 다르다.

맺음말

중국 학계는 고구려를 중국 소수민족이 세운 중원 왕조의 지방정권이라고 인식하면서, 고구려사를 중국사의 일부분으로 파악하고 있다. 이러한 인식은 동북공정이 종료된 2007년 이후의 고구려 전쟁사 관련 연구에서도 그대로 표출되고 있는데, 고구려 건국 단계에 대한 연구부터 이를 적용시키고 있다. 고구려와 한(漢)의 충돌에서 고구려가 승리한 부분은

---

124 薛海波, 2008, 「高句麗后期"城人"與"城體制"略探」, 『通化師範學院學報』 2008-9, 4~5쪽.

평가절하고 한(漢)에 비해 군사적으로 항상 열세에 놓여 있었다는 점을 강조하면서, 계속해서 한(漢)의 통제를 받았다고 주장했다. 그리고 5세기 초반 고구려의 요동 지역 점령에 대해서는 중원 왕조가 해야 하는 지방 관리를 대신하는 것뿐이라고 폄하했다. 즉, 한대(漢代)~남북조 시기에 이르기까지 신속체제론·조공책봉론에 입각해서 고구려가 중원 왕조에 속한 지방정권임을 계속해서 주장하고 있는 것이다.

이러한 인식은 고구려−수·당 전쟁 연구에서도 드러난다. 중국 학계는 고구려−수·당 전쟁의 원인으로서 고토의 회복, 중국 중심의 동아시아 질서 구축, 유일한 미복속국의 정벌을 통한 중원 왕조 통일의 완성, 고구려가 동북아시아의 패권을 도모하려는 것에 대한 반발, 정치 예속성이 강한 조공관계 회복, 중화 책봉체제의 동요 방지 등을 제시하고 있는데, 계속해서 번속체제론 및 책봉체제론 등 중국 중심의 천하 질서 구현에서 그 원인을 찾고 있다. 2007년 이전에는 중원 왕조 내부 동향에서 전쟁 원인을 찾는 등 다른 관점에서 접근하려는 시도가 있었으나, 2007년 이후의 연구 성과를 보면 번속체제론 및 책봉체제론 이외의 다른 관점에서 살펴보려는 시도는 거의 보이지 않는다. 번속관계 및 조공·책봉관계 측면을 더욱 부각시킴으로써, 고구려가 중원 왕조에 속한 지방정권임을 주장하려는 동향이 더욱 강해진 것이다.

이러한 동향은 군사 관련 연구에서도 그대로 나타난다. 고구려가 중원 왕조와의 전쟁에서 승리할 수 있었던 요인으로 주로 지형이나 기후 등 인간이 어쩔 수 없는 요소나 중원 왕조 내부의 모순 혹은 전투 당시의 우연적인 요소 등을 제시하면서, 고구려의 군사적 역량은 크게 드러내지 않았다. 이는 전쟁 수행 과정에서 뛰어난 활약을 했던 을지문덕과 안시성주 등 고구려 인물들의 평가에서도 그대로 드러난다. 그들의 뛰어난 활약과 역량을 평가절하함으로써 고구려의 군사적 역량도 함께 끌어내리고 있는 것이다. 즉 고구려의 강력한 군사적 역량을 드러내지 않고 고구려가 건국했을 때부터 멸망에 이르렀을 때까지 중원 왕조보다 항상 군사적 열세에 놓여 있었다는 점을 부각시켜, 계속해서 중원 왕조의 통제를 받았던 지방정권임을 강조하고 있는 것이다.

동북공정이 마무리된 2007년 이후 중국 학계는 고구려와 중원 왕조 사이에 전쟁이 벌어진 원인과 배경에 대해서 주로 번속관계 및 조공·책봉관계 측면에서만 바라보고 있는 등 기존보다 훨씬 좁은 관점을 보인다. 이 같은 관점에서 벗어나 다양한 관점으로 바라보아야만 정확한 전쟁의 원인과 배경을 파악할 수 있을 것이고, 아울러 고구려와 중원 왕조의 관계도 명확하게 규정할 수 있을 것이다.

고구려 전쟁사 가운데 군사 관련 연구 주제로는 앞에서 언급한 고구려와 중원 왕조 간 전쟁에서의 승패 요인과 전쟁을 이끈 인물 분석 이외에 고구려의 전쟁 수행 과정, 병참 지원 모습, 수군(水軍) 운용 양상, 군대의 진군로, 전쟁과 관련된 지명 및 성에 대한 위치 비정 등이 있었다. 그리고 고구려 후기 중앙과 지방의 군사제도, 금위군, 상벌제도 등 고구려의 군사제도와 관련한 연구, 고구려 유적 발굴을 통해 꾸준히 출토된 유물과 고구려 고분벽화를 참고하면서 고구려 병기의 특징을 분석한 연구, 성곽을 중심으로 한 고구려 방어체계에 대한 연구 등도 소개되었다. 고구려의 군사 관련 연구 성과가 그리 많이 소개되었다고 볼 수 없지만, 다양한 주제로 연구 방향을 넓혀 가고 있음을 확인할 수 있다.

하지만 일부 아쉬운 점이 있는 것도 사실이다. 먼저 전쟁 수행 과정을 설명하는 데『수서』·『구당서』·『신당서』·『자치통감』등 한정된 사료만을 활용하면서 사료의 내용을 그대로 인용·나열하는 식의 평면적이고 개설적인 모습을 보여주고 있다. 이를 벗어나 전쟁 수행 과정을 보다 입체적으로 살펴보기 위해서는 이 외에 새로운 사료를 찾아 활용할 수밖에 없는데, 그런 점에서 당대 묘지명이나『당대조령집』등 기존에 잘 활용하지 않던 사료를 바탕으로 논지를 전개한 연구가 의미하는 바가 크다.

또한 고고학적 발굴 성과도 적극적으로 이용할 필요가 있다. 문헌 사료는 한정되어 있기 때문에 현재로서는 그 속에서 새로운 성과를 내기는 쉽지 않다. 반면 중국 내 유적에 대한 발굴 조사를 통해 많은 성곽들이 고구려 성곽으로 판명되었고, 또한 성곽 안에서 많은 유물이 출토되었는데, 그 유물 가운데 무기가 차지하는 비율이 결코 적지 않다. 이러한 고고학적 자료를 적극 활용한다면 좀 더 참신하고 심도 깊은 연구 성과들이 나올 수 있을 것이다.

한편 위와 같은 성곽 발굴 성과를 토대로 고구려 성곽 방어 및 방어체계에 대한 연구 성과들이 꾸준하게 소개되고 있지만, 고구려 무기에 대한 연구 성과는 여전히 적다. 그마저도 무기를 형식 분류한 연구 성과가 대부분이고, 무기의 변화를 가져오게 된 요인이나 배경이 무엇인지 혹은 전투에서 어떻게 활용되었는지에 대한 연구는 거의 보이지 않는다. 기존의 문헌 기록과 고고학적 자료를 유기적으로 결합할 수 있다면 위와 같은 문제는 물론 더 나아가 부대 편성이나 무기체계·방어체계를 이해하는 데도 큰 도움이 될 것이다. 이는 중국 학계뿐 아니라 한국 학계도 같이 고민해야 할 문제라고 하겠다.

고구려 후기 성 구성원을 '부족 무장의 집합체'로 보고 고구려 초기의 부족적인 요소가 고구려 후기까지 이어져 오고 있었다는 인식은 한국 학계의 일반적인 인식과 많은 차이를 보인다. 또한 임나일본부설을 긍정하고 왜의 군사적 역량이 백제나 신라보다 우세했다고 보는 인식 또한 한국 학계의 인식과 큰 차이가 있다. 최근에 삼국과 왜의 관계를 설명한 중국 학계의 연구 성과 모두 위와 같은 인식을 보여주고 있다는 점에서 심각하게 받아들일 필요가 있다. 이러한 인식의 차이를 극복하기 위해서는 한국 학계와 중국 학계의 활발한 학술교류가 있어야 한다고 생각한다. 활발한 학술교류는 고구려사에 대한 양국 견해의 차이를 줄이면서, 연구를 더욱 심화할 수 있을 것이다.

고구려 전쟁사의 연구 범위는 너무나 방대한데, 이 글에서는 어느 특정 시기를 범주로 삼지 않았다. 그러므로 다소 내용이 방만한 것이 사실이다. 다음에는 시기나 주제를 한정하여 보다 치밀하게 분석할 수 있기를 기대한다.

7장

고구려 종교·사상사

이승호

머리말

　고대국가의 종교와 사상에 대한 접근은 당 시대인의 사회 관념과 사후세계 인식에 대해 검토할 수 있을 뿐만 아니라 국가의 지배 이념과 정체성을 살필 수 있는 중요한 연구 주제라 할 수 있다. 잘 알려져 있듯이 고구려에서는 372년 불교 공인을 전후해 불교가 사회 전체에 큰 영향력을 발휘하기 시작했다. 벽화무덤을 비롯한 여러 고고자료에서 확인되는 불교적 색채는 4세기 중반 무렵부터 수용된 불교가 점차 고구려인들의 사후 관념마저 변화시켜 나갔음을 보여준다.

　이와 더불어 고구려는 중국과의 교류 속에서 유교·도교 등 중국에서 발원하고 유행한 종교와 사상 또한 큰 시차 없이 수용하고 이를 자신들의 사상과 이념에 투영시켰다. 흔히 고구려의 유교식 교육기관으로 간주되는 태학(太學)과 사신도로 상징되는 고구려 미술의 도교적 색채는 당대 고구려인에게 불교와 더불어 유교와 도교 등 외래사상이 얼마만큼 위력을 발휘했는지 잘 말해 준다.

　또 한편에서는 고구려 고유의 건국신화에 바탕을 둔 시조신에 대한 신앙 또한 고구려인의 관념 속에 뿌리 깊게 자리 잡고 있었다. 고구려 시조 주몽과 그 탄생 배경이 되는 천제(天帝) 해모수(解慕漱)와 하백녀(河伯女) 유화(柳花)에 대한 추앙의식은 고구려 말기까지도 이어져, 주몽은 등

고신[登高神, 고등신(高登神)]으로 그 어머니 하백녀는 부여신(夫餘神)으로 모셔졌다. 또 시조의 부계(父系)는 천제 혹은 태양(日), 일월(日月), 인격신(人格神) 해모수 등으로 고구려인의 기억 속에 관념화되고 숭배되어 왔다. 그리고 이는 모두 고구려 건국신화인 주몽신화에 그 기반을 두었다. 이처럼 고구려에는 그들 고유의 종교사상이라 할 수 있는 시조신 신앙과 함께 중국에서 전래된 유교·불교·도교에 이르기까지 여러 종교와 사상이 공존했다. 그리고 이들은 고구려의 역사 흐름 속에서 상호 영향을 주고받으며 다양한 양상으로 변화·발전해 갔다.

이 글은 이와 같이 전개된 고구려의 종교와 사상을 최근 중국 학계에서 어떻게 바라보고 분석하고 있는지 검토할 목적으로 준비했다. 동북공정이 공식 종료된 지 10년에 가까운 세월이 지났지만, 중국 학계에서는 여전히 고구려를 중국 중앙왕조의 지방정권이자 소수민족정권으로 간주하고 고구려사를 중국사의 일부분으로 서술하고 있다. 중국 학계의 이와 같은 시각은 고구려의 종교·사상 관련 연구에서도 그대로 반영되어 나타난다. 즉 해당 주제에 대한 치밀한 학술적 분석보다는 고구려의 신화·종교·사상의 기원이 중국에 닿아 있고, 국가 성립 이후에도 지속적으로 중국문화의 직접적인 영향 아래 놓여 있었다는 주장이 큰 흐름으로 전개되고 있다.

한편 중국 학계의 최근 연구 성과만을 놓고 보았을 때, 2007년 1월 중국의 동북공정이 공식적으로 끝나고 이를 기점으로 고구려사 연구 경향에 변화가 나타나고 있음이 주목된다. 특히 이전보다 더욱 다양하고 구체적인 주제와 소재로 연구가 확대되고 있다.[1] 그리고 여기에 발맞춰 고구

---

1   조영광, 2012, 「동북공정과 그 이후 중국의 고구려사 연구 동향」, 『중국의 동북공정
      과 한국고대사』, 주류성, 262~264쪽; 정호섭, 2013, 「중국의 POST 東北工程과 고

려의 건국신화 및 여러 전설, 종교와 사상 등에 대한 연구 또한 2007년을 기점으로 하여 양적으로 확대되고 있다. 따라서 이 글에서는 2007년 이후로 현재까지 진행된 중국 학계의 관련 연구 성과를 일차적 분석 대상으로 한다.

분석은 크게 '종교·사상 및 의례'와 '건국신화 및 기타 전승'으로 나누어 진행하도록 한다. 이는 넓게 보아 '외래사상'과 '고유신앙'이라는 대분류를 염두에 둔 것으로, 전자는 유교·불교·도교 등의 외래사상과 그것에 기반해 전개된 제사·의례 등에 관한 것이며, 후자는 고구려 고유의 신 관념인 시조신(주몽신)과 그 바탕이 되었던 주몽신화 및 기타 관련 전승에 대한 것이라 하겠다. 또한 해당 주제와 관련한 주요 연구 성과에 대해서는 필요에 따라 본문 인용 및 주요 논지를 요약 제시하는 것으로 한다. 그리고 분석을 진행하는 과정에서 관련 주제에 대한 한·중 학계의 최근 연구 경향도 간략하게나마 대비해 봄으로써, 두 학계에서 나타나는 연구 경향의 특색과 시각차도 짚어 볼 것이다.

먼저 2007년 이후 중국 학계의 고구려 종교·사상 관련 연구 성과를 살펴보면, 대략 40여 편에 달하는 연구가 제시되어 있으며, 여기에는 박사학위논문 1편과 석사학위논문 1편이 포함되어 있다. 특히 주목되는 성과로는 '고구려 종교 신앙'에 대해 전론으로 다룬 이낙영(李樂營)의 박사학위논문「고구려 종교 신앙 연구(高句麗宗敎信仰硏究)」를 들 수 있다.[2] 이는 고구려의 초기 신앙에서부터 불교와 도교에 이르기까지 고구려의 종

구려사 관련 동향 분석」,『한국사학보』51호, 48~49쪽.

2 李樂營, 2008,「高句麗宗敎信仰硏究」, 東北師範大學 博士學位論文.

[표 1] 2007년 이후 발표된 중국 학계의 고구려 종교·사상사 연구 주제별 통계

번호	주제 및 유형	편수(편)	비율(%)	연구 특징
1	주몽신화(건국신화)	17	40	연구자 및 연구 주제의 다양성
2	기타 전설 및 전승	8	19	강유동의 연구가 다수 차지
3	불교	7	16	이낙영의 연구가 다수 차지
4	제사·의례	4	10	평면적 서술에 그침
5	유가사상	2	5	중국의 일방적 전파를 강조
6	도교	1	2.5	
7	법률사상	1	2.5	평면적 서술에 그침
8	원시신앙(샤머니즘)	1	2.5	중국의 영향 강조, 원시신앙
9	종교 관련 사료 분석	1	2.5	
–	이낙영(李樂營), 「고구려 종교 신앙 연구」	–	–	총론(이낙영 박사학위논문)
합계		42	100	

교와 신앙에 대한 전반적인 논의를 담고 있어 중국 학계 관련 연구 성과의 총론 격으로 보아도 좋다.

    2007년 이후 발표된 고구려의 종교·사상사 관련 중국 학계의 연구 성과를 단순히 양적인 면에서만 본다면 주몽신화(건국신화) 관련 연구[3]가

---

3 楊軍, 2009, 「高句麗朱蒙神話研究」, 『東北史地』 2009-6; 徐棟梁, 2010, 「從開國傳說看高句麗文化的淵源」, 『通化師範學院學報』 2010-1; 姜維東, 2010, 「高句麗始祖傳說中河伯女內容探源－高句麗傳說考源之四－」, 『東北史地』 2010-4; 張碧波, 2010, 「感日卵生－高句麗族源神話－兼及「東明王篇」的解析」, 『東北史地』 2010-4; 李新全, 2010, 「高句麗建國傳說史料辨析」, 『東北史地』 2010-5; 季南·宋春輝, 2010, 「從朱蒙神話看高句麗民族多元文化因子」, 『山東文學』 2010-7; 鞏春亭, 2011, 「從朱蒙神話看韓國古代女性的地位及自我意識」, 『文學界(理論版)』 2011-10; 黃震雲, 2012, 「夫餘和高句麗神話傳說與族源考」, 『徐州工程學院學報』(社會科學版) 2012-2; 鞏春亭, 2012, 「從朱蒙神話看高句麗的尚武習俗」, 『北方文學』 2012-9; 姜維公·姜維東, 2013, 「高句麗始祖傳說研究」, 『東北史地』

가장 많은 부분을 차지하며, 이를 이어 고구려 시대의 각종 전설 및 전승에 대한 연구[4]가 뒤따르고 있다. 즉 전반적으로 건국신화와 그 외 각종 전설 및 전승에 대한 연구가 다른 연구 주제에 비해 압도적으로 많이 이루어지고 있음을 볼 수 있다. 뒤에서 자세히 살펴보겠지만, 이러한 현상은 동북공정 이후 활발히 논의되었던 고구려의 종족·국가 기원 문제에 대한 중국 학계의 관심이 여전히 지속되고 있음을 보여준다. 그리고 건국신화(주몽신화) 관련 연구의 경우 여러 연구자들이 다양한 주제로 연구하고 있는 반면, 그 외 전설 및 전승 관련 연구는 주로 강유동(姜維東)이 주도하고 있다는 점도 주목된다.

반면 고구려의 종교 신앙관련 연구의 경우 불교[5]·유교[6]·도교[7]를 비롯해 법률사상[8]과 원시신앙(샤머니즘)[9] 등을 주제로 다양한 연구 성과가 제

2013-4; 範恩實, 2013, 「高句麗祖先記憶解析」, 『東北史地』 2013-5; 劉洪峰, 2013, 「高句麗與夫餘建國神話初探」, 『黑龍江史志』 2013-11; 張芳, 2014, 「高句麗建國傳說的神話學內涵」, 『哈爾濱學院學報』 2014-1; 陳健·姜維東, 2014, 「濊貊族建國傳說共用模式研究」, 『東北史地』 2014-4; 呂志國, 2014, 「樸赫居世神話與朱蒙神話對比分析」, 『新聞研究導刊』 2014-6; 王卓·劉成新, 2015, 「高句麗王族的族源神話建構及其歷史影響」, 『東北史地』 2015-2; 祝立業, 2015, 「簡析高句麗始祖傳說的建構與夫餘衰亡之關系」, 『東北史地』 2015-5; 姜維公, 2016, 「好太王碑及其"始祖傳說"模式的意義-以高句麗早期王系爲中心-」, 『東北史地』 2016-1; 祝立業, 2016, 「從碑志看高句麗人的始祖記憶與族群認同」, 『社會科學戰線』 2016-5.

4 姜維東, 2008, 「高句麗黃龍升天傳說」, 『東北史地』 2008-6; 姜維東, 2009, 「高句麗卵生傳說研究」, 『東北史地』 2009-3; 姜維東, 2009, 「高句麗神馬傳說」, 『東北史地』 2009-4; 姜維東, 2010, 「高句麗獻魚卻敵傳說-高句麗傳說考源之三-」, 『東北史地』 2010-1; 姜維東, 2010, 「高句麗延優傳說」, 『博物館研究』 2010-1; 姜維東, 2010, 앞의 글(2010-4); 姜維東, 2013, 「高句麗王室得姓傳說」, 『博物館研究』 2013-3; 姜維公·姜維东, 2013, 「高句麗始祖傳說研究」, 『東北史地』 2013-4; 李大龍, 2015, 「黃龍與高句麗早期歷史-以《好太王碑》所載鄒牟, 儒留王事跡爲中心-」, 『青海民族大學學報』(社會科學版) 2015-1.

출되고 있는데, 주로 불교와 관련해 집중적으로 연구되고 있다. 특히 고구려 불교 관련 연구는 대부분 이낙영이 주도하고 있는 점이 유의된다. 이밖에 고구려 종교 사료에 대한 간단한 분석을 진행한 연구,[10] 고구려 제사 및 의례를 주제로 한 연구,[11] 고구려와 중국 북조 불교조각을 비교한 연구[12] 등이 눈에 띈다.

종교·사상 및 의례

고구려의 종교 신앙에 대한 종합적 성과가 제출된 이후로[13] 이 분야 연구를 이낙영이 주도하고 있으므로 그의 박사학위논문을 먼저 살펴볼

---

5 李樂營, 2008, 「高句麗佛教禮拜對象辨析」, 『中國邊疆史地研究』 2008-2; 李樂營, 2008, 「佛教向高句麗傳播路線的探析」, 『社會科學戰線』 2008-11; 李海濤, 2011, 「略論高句麗的佛教及其影響」, 『世界宗教文化』 2011-6; 李樂營·孫煒冉, 2013, 「佛教對高句麗建築的影響」, 『通化師範學院學報』 2013-11; 齊利毅, 2013, 「佛教初傳高句麗時間探析」, 『黑龍江史志』 2013-21.

6 劉偉, 2006, 「儒家思想在高句麗前期的傳播原因及影響」, 『東北史地』 2006-1; 劉偉, 2011, 「儒家思想在高句麗王國后期的傳播及影響」, 『通化師範學院學報』 2011-3; 李岩, 2014, 「高句麗祭祀習俗中的儒家文化因子」, 『求索』 2014-11.

7 劉偉, 2014, 「論高句麗道教的傳播及其"道"的內涵」, 『通化師範學院學報』 2014-1.

8 陳香紅, 2011, 「高句麗法律思想的文化基礎」, 『通化師範學院學報』 2011-5.

9 張碧波, 2008, 「高句麗薩滿文化研究」, 『滿語研究』 2008-1.

10 劉洪峰, 2013, 「高句麗宗教史料探析」, 『哈爾濱學院學報』 2013-9.

11 孫顥, 2007, 「高句麗的祭祀」, 『東北史地』 2007-4; 李淑英·李樂營, 2008, 「高句麗民族禮儀初探」, 『東北史地』 2008-1; 李岩, 2014, 앞의 글(2014-11); 黃龍順, 2014, 「從史料看高句麗祭祀」, 『韓國研究』 13호.

12 齊利毅, 2014, 「高句麗與中國北朝佛教造像比較研究」, 延邊大學 碩士學位論文.

13 李樂營, 2008, 앞의 글.

필요가 있다. 이낙영의 박사학위논문「고구려 종교 신앙 연구(高句麗宗教信仰研究)」(2008, 東北師範大學 博士學位論文)의 목차를 제시하면 [표 2]와 같다.

이를 통해 알 수 있듯이 논문에서는 고구려의 종교 신앙을 원시종교 · 불교 · 도교 세 부분으로 구분해 연구를 진행했는데, 고구려 종교 신앙과 관련한 다양한 주제들에 대해 폭넓게 접근하고 있는 점이 특징이다. 그뿐만 아니라 본문의 논의로 들어가 보면 같은 시기 중국의 종교문화와 관련된 문헌들을 적극적으로 활용해 가면서 중국과 고구려의 종교문화를 상호 면밀히 비교 · 검토하려는 노력도 눈에 띈다.

우선 본론 1장에서 거론되는 '원시종교'는 곧 고구려 초기 신앙 및 고유 신앙을 말한다. 이에 대해 천(天) · 수신(隧神) · 하신(河神) 등에 대한 숭배를 중심으로 논의를 진행했으며, 대부분『삼국사기』고구려본기의 초기 기사와『삼국지』「위서」고구려전을 기초 사료로 활용했다. 그뿐만 아니라『삼국사기』초기 기사에서 확인되는 무속적 관념에 대한 분석도 이루어지는 등 관련 주제에 대해 넓은 시야에서 다방면으로 접근한 점이 특징이다. 다만 여기서 한 가지 유의할 점은 이와 같은 고구려 초기 종교 신앙이 중국문화, 특히 유교문화의 영향 속에서 발전해 갔다는 시각이 확인된다는 점이다.

고구려 불교와 관련해서는 불교가 처음 고구려에 수용된 시점과 발전 과정에 대한 검토를 비롯해 현전하는 고구려 불교 관련 명문과 불상에 대한 분석을 바탕으로, 고구려 불교의 예배 대상에 대해 구체적인 분석을 진행했다. 더불어 고구려에서 유행한 불교 경전에 대한 논의도 이루어졌다. 그러나 여기에서도 역시 중국 불교문화가 고구려에 전파되어 강력한 영향력을 발휘했다는 시각이 강조되고 있으며, 고구려 불교문화 고유의 특징이나 자체적인 발전 양상을 확인하는 작업이 정치하게 이루어졌다고 평하기는 어렵다. 또 고구려 도교문화와 관련해서도 도교가 수용된 시점과 경로 등을 분석하는 한편, 사신도 등 고고자료에 나타난 고구려의 도교문화, 고구려에 전해진 도교 경전과 예배 대상 등 사료 여건상 분석이 용이치 않은 주제에까지 연구 범위가 미치고 있음을 볼 수 있다.

이상에서 살펴보았듯이 이낙영의 연구는 다채로운 주제 설정과 폭넓은 연구 범위를 자랑하고 있지만, 그럼에도 불구하고 결코 가볍지 않은 문제점을 노출하고 있다. 일단 저자의 주요 논지와 시각은 박사학위논문의 초록이라 할 수 있는 요약문에 잘 나타난다. 아래 자료는 그 번역문이다.

「고구려 종교 신앙 연구」 요약문[摘要]

고구려는 우리나라 고대 동북지역의 일개 변경 소수민족정권이었다. 한대

(漢代)부터 당대(唐代)의 역사에 이르기까지 고구려의 종교 신앙은 시종 중국과 함께했다. 결론부터 말하면, 고구려 종교 신앙은 주로 원시종교·불교·도교 등을 포함한다. 원시종교는 그 민족의 탄생 이후 자생하고 흡수한 천신(天神)·지기(地祇)·인귀(人鬼) 신앙과 숭배를 바탕으로 했다. 또 고구려의 종교 신앙은 중국 고대 사회의 전반적인 변화를 큰 배경으로 하여 발생하고 변화했다. 불교는 서한(西漢) 말기에 중국에 전파된 이후, 위(魏)·진(晉) 시기를 통해 빠르게 발전했고, 동진(東晉)·5호16국 시기에 고구려에 수용되어 흥망성쇠의 발전 과정을 거쳤다. 도교는 중국 동한(東漢) 시대 토착종교로 탄생했는데, 동진·5호16국 시기에 도교의 완성과 발전에 따라 그 내용과 영향이 동북방의 고구려 지역에 전파되었다.

본문에서는 먼저 고구려 원시종교 신앙 대상의 연원과 변화를 탐구했는데, 상천숭배(上天崇拜)·일월숭배(日月崇拜)·성진숭배(星辰崇拜)·사직숭배(社稷崇拜)·하신숭배(河神崇拜)·귀신숭배(鬼神崇拜)·무술숭배(巫術崇拜) 등에 대해 구체적으로 검토했고, 그 가운데 얼마간의 유교화와 도교화가 진행되었음을 밝혔다.

다음으로 본문에서는 고구려 불교의 전파 시기, 전파 경로, 발전 과정, 예배 대상, 불교 경전 문제를 연구했다. 4세기 중기 불교는 해로와 육로를 통해 고구려에 전파되었고, 초기·중기·만기의 3단계를 거치면서 고구려 정권의 멸망과 함께 역사적 사명을 다했다. 불교 숭배의 대상으로는 석가모니·미륵불·아미타불·현겁천불·보살 등을 분석했다. 동시에 석가모니 숭배와 관련된 『중아함경』·『수행본기경』, 미륵 숭배와 관련된 『미륵하생경』·『미륵보살소문본원경』, 천불 신앙과 관련된 『현겁경』 등의 불교 경전을 검토했다.

다음으로 본문에서는 도교가 고구려에 전파된 시점·전파경로·예배의 대상과 경전을 분석했다. 늦어도 4세기를 전후한, 즉 동진·5호16국 시기 이후 도교는 이미 고구려인 사이에 융화되었다. 이와 함께 이때 고구려의 도교 예배대상 천존(天尊)에 대한 분석을 진행했는데, 당조가 고구려에 천존상(天尊像)을 보낸 것은 중원 각 도교 천존의 합각상이었거나, 혹은 원시천존 등 여러 개의 합칭이었다.

마지막으로 본문에서는 종교와 고구려 사회의 관계란 각도에서, 고구려 사회 일상생활·정치생활·문화생활 및 외부관계에 종교가 미친 영향과 작용을 탐구했다. 종교는 고구려 사회의 발전과 중국 고대사의 발전 과정 중 일부로 불가분의 구성 요소로서 중요성을 가진다.

이낙영의 연구에서 우선 지적해야 할 것은 고구려의 문화를 중국문화에 종속된 위치에서 파악하는 관점이 논의의 바탕을 이루고 있다는 점이다. 중심문화(중원 왕조)와 주변문화(고구려)라는 이분법적 시각, 다시 말하면 소수민족 지방정권인 고구려의 문화가 중원 왕조와의 교류를 통해 선진적인 종교와 사상을 수용하게 되었고, 이를 통해 발전을 이루었다는 문화전파론과 사회진화론적 연구 경향이 두드러지게 나타난다. 본론 1장에서 확인되는 "고구려의 원시종교가 중국의 유가사상을 수용하면서 보다 규범적으로 발전했다"는 식의 주장이 대표적이다. 이처럼 중원문화에 대한 고구려의 일방적 수용 양상만을 강조하면서, 고구려의 원시 종교문화가 중국에서 전파된 유교·불교 수용을 통해 단계적으로 발전했다는 식의 이해는 연구의 약점이자 한계로 지적할 수 있다.

한편 위 연구의 또 다른 문제점으로는 고구려의 건국신화에 기반을 둔 시조신앙에 대한 외면을 지적할 수 있다. 그뿐만 아니라 고구려 고유의 토착신앙인 수신(隧神), 천(天) 관념, 하백(河伯) 등의 발생 배경과 자체적 발전 과정에 주목하기보다는 이 신앙들을 고구려 '초기' 혹은 '원시적인' 것으로만 치부하는 시각도 문제다. 결국 당시 외래종교와 병존했던 고구려 고유신앙으로서의 시조신앙을 비롯한 여러 토착신앙 및 천(天) 관념에 대한 무관심은 연구의 한계로 지적할 수밖에 없다. 그 밖에 면밀한 사료 비판이 선행되지 않은 상황에서『삼국사기』고구려본기 초기 사료를 적극적으로 활용한 점도 보완 논의가 필요하다.

이상에서 살펴본 이낙영의 종합적 연구 성과를 시작으로 근래 중국 학계에서는 고구려의 종교와 사상에 대한 연구가 다방면에 걸쳐 이루어지고 있다. 우선 고구려의 불교문화와 관련해서는 고구려에 불교가 처음 들어온 시기에 대한 검토[14]가 이루어졌고, 구체적으로 그 전파 경로에 대해 분석한 논문[15]도 발표되었다. 또 고구려의 불교문화가 동아시아(중원·백제·신라·일본)에 미친 영향을 넓은 시야에서 개관하거나[16] 각론으로 들어가 고구려 불교 예배 대상에 대한 세밀한 검토가 이루어지는 등[17] 다방면에서 새로운 연구 성과들이 제시되고 있다. 나아가 고구려와 중국 북조의 불상 양식을 상호 비교·분석하여 고구려 불교에 대한 북조 불교의 영향을 강조하거나,[18] 불교가 고구려 건축에 끼친 영향에 대한 분석[19]도 제시되었다. 아래는 이상의 연구 중 몇몇 주요 논문을 선별해 그 논지를 정리한 것이다.

---

14 齊利毅, 2013, 앞의 글(2013-21).

15 李樂營, 2008, 앞의 글(2008-11).

16 李海濤, 2011, 앞의 글(2011-6).

17 李樂營, 2008, 앞의 글(2008-2).

18 齊利毅, 2014, 앞의 글.

19 李樂營·孫煒冉, 2013, 앞의 글(2013-11).

「고구려 불교 신앙 관련 주요 연구」(2007년 이후)

李樂營, 2008, 「高句麗佛教禮拜對象辨析」, 『中國邊疆史地研究』 2008 - 2.

이는 이낙영의 박사학위논문 2장 2절의 내용과 대응하는 글로서, 고구려 시기 각종 불상 조상에 대해 분석한 글이다. 여기서는 고구려 불교 신앙이 포괄적이고 다원적이었음을 확인하는 한편, 고구려에서 불조(佛祖) 석가모니 신앙이 존재했을 뿐만 아니라 현겁천불·아미타불·미륵불·보살 등이 숭배되고 신봉되었음을 논했다. 이는 현전하는 고구려의 불상 사례를 다양한 각도에서 검토한 연구로서, 석가모니불·미륵불·아미타불·현겁천불·보살로 분석 대상을 구분하여 불교 관련 지식뿐만 아니라 중국의 관련 사례에 대한 비교 분석을 함께 진행한 연구로 주목된다.

李樂營, 2008, 「佛教向高句麗傳播路線的探析」, 『社會科學戰線』 2008 - 11.

이는 이낙영의 박사학위논문 2장 1절의 일부 내용을 다시 정리한 것으로서, 논문에서는 고구려를 향한 불교의 전파가 육로뿐만 아니라 바닷길로도 이루어졌음을 강조하고 있다. 즉 전진에 의해 육로를 통한 불교 전파뿐만 아니라 동진으로부터 바닷길을 통해서도 전파가 이루어졌다고 하며, 이러한 전파 경로의 발생은 당시 중국사회의 변화와 밀접한 관계가 있다고 한다. 여기에 대한 근거로 안악 3호분 벽화 속 연화도상은 4세기 중엽 이전에 고구려에 불교가 들어왔음을 말해 준다고 하며, 이는 동진 정권의 영향일 가능성이 높다고 보았다. 또 동진의 승려 지둔(支遁)이 고구려 도인(道人)에게 보내는 편지에서 당대의 명승인 축법심(竺法深)의 덕행을 찬탄하고 있는데, 지둔이 입적(入寂)한 것은 366년이므로 이미 372년 이전에 고구려 사람이 불교를 알고 있었다는 것을 의미한다고 한다. 특히 평양에서 발견된 동수묘와 덕흥리묘에 보이는 연화숭배 흔적은 지둔이 숭배한 아미타정토 신앙과 밀접한 관계가 있었던 것으로 보았다. 요컨대 실질적으로 4세기 중기 무렵 불교는 동진에서 고구려 및 기타 지역으로 전파가 진행되었고 당연히 해상 교통 노선으로 교류가 이루어졌다는 것이다.

李樂營·孫煒冉, 2013, 「佛教對高句麗建築的影響」, 『通化師範學院學報』 2013-11.

소수림왕 시기 전후로 고구려에 들어온 불교문화가 고구려 건축에 끼친 영향을 논의한 글이다. 고구려에 불교가 들어오고 나서 불교의 포교 등 종교의식 활동은 일정한 장소를 필요로 하게 되었는데, 이로써 불교 건축의 발전이 이루어졌고 도시 건축의 중요한 구성 부분이 되었다고 한다. 사료와 출토 유적에서 알 수 있듯이 고구려에서 불사 건축의 지위는 궁궐에 버금갔다고 하며, 불사의 건축 부지를 선택하는 데에서는 여건 상 도성 지역이 유리한 지위를 향유했고, 그 외 기타 도성이 아닌 지역의 도시나 촌락에서도 불사 건축이 해당 지역의 중심지에 위치했다고 한다. 이 글에서는 고구려 건축이 선명한 민족적 특징을 지니는 동시에 주변의 여러 민족문화의 특색이 융합된 흔적을 함께 포함하고 있다고 전제하면서도, 이러한 다원일체적 문화 특징은 고구려의 건축 형식에 중원의 불교문화가 흡수되었음을 반영하는 것이라고 하여 중원문화의 영향을 강조하고 있는 점이 유의된다.

齊利毅, 2014, 「高句麗與中國北朝佛教造像比較研究」, 延邊大學 碩士學位論文.

고구려 불교조상의 조형적 특징과 중국 북조 불교조상의 관계를 중심으로 비교연구를 진행한 연구로서, 북조의 불교조상 양식이 고구려 불교조상에 구체적으로 영향을 주었음을 강조하고 있다. 특히 고구려와 북조 불교조상의 양식이 변화해 가는 과정이 기본적으로 일치한다고 주장한 점이 유의된다.

孫煒冉·李樂營, 2015, 「高句麗與渤海佛教建築比較研究」, 『史志學刊』 2015-2.

고구려와 발해의 불교 건축에 대한 비교연구로, 두 나라의 불교 건축이 동일한 불교 건축양식, 건축구조체계를 가지면서도 각자의 특유성이 나타난다고 정리했다. 한편 고구려와 발해의 불교 건축이 중국의 영향을 강하게 받았음을 강조한 점도 유의된다. 즉 불교 건축 상에서 같은 시기 중원 불교 건축양식의 영향이 강하게 나타남을 강조하면서, 두 국가 모두 중원 왕조 종번체계 하에 지방정권으로 존재했기 때문에 중원 왕조에 대한 학습 과정을 피할 수 없었다고 한다.

그런데 여기서 한 가지 짚고 넘어가야 할 부분이 있다. 근래 고구려 불교와 관련한 이낙영을 비롯한 중국 연구자들의 논의를 살펴보다 보면, 이미 한국 학계의 선행 연구에서 충분히 논의된 내용이 많이 포함되어 있음을 발견할 수 있다. 이미 한국 학계에서도 고대 삼국의 불교신앙에 대한 검토가 여러 차례 이루어지면서 고구려 불교와 관련해서도 상당한 연구 성과가 축적되었고, 근래에는 고구려 불교사를 전론으로 다룬 연구서도 출간되었다.[20] 하지만 이와 같은 한국 학계의 연구 성과가 중국 측 연

---

20 정선여, 2007, 『高句麗 佛教史 研究』, 서경문화사. 최근 한국 학계의 고구려 불교사 연구 성과는 같은 책 6~12쪽 및 趙宇然, 2011, 「4~5세기 고구려의 불교 수용과

구자들에 의해 전혀 소개가 되지 않고 있다. 이러한 중국 학계의 연구 관례는 앞으로 개선이 필요한 부분이다.

한편 중국의 유가사상과 도가사상을 수용하면서 고구려 사회에 나타난 영향과 의의에 대해 검토한 연구[21]도 제출되었다. 이 분야에서는 류위(劉偉)가 연구를 주도하고 있는데, 앞서 이낙영의 연구 경향과 마찬가지로 중국의 선진 사상 및 종교문화(유가사상 및 도교)가 고구려의 사상·문화 형성에 큰 영향을 미쳤다는 '일방적 전파론'의 시각이 연구의 바탕을 이루고 있다. 아래는 관련 연구의 주요 논지를 요약·정리한 것이다.

「유교 및 도교문화 관련 류위의 주장」(2006년 이후)

劉偉, 2006, 「儒家思想在高句麗前期的傳播原因及影響」,『東北史地』 2006-1.

고구려가 이른 시기부터 중국의 유가사상을 흡수했음을 논한 글이다. 유가사상이 고구려 전기에 깊은 영향을 미쳤음을 보여주는 주된 근거로『삼국사기』고구려본기 초기 기사에서 확인되는 유가적 논리와 음양재이(陰陽災異)·천인감응(天人感應)·종법(宗法) 등의 사상을 들었다.

劉偉, 2011, 「儒家思想在高句麗王國后期的傳播及影響」,『通化師範學院學報』2011-3.

앞의 글과 마찬가지로 고구려 후기에도 중국에서 전파된 유가사상을 계속

그 성격」,『한국고대사탐구』7호, 50~52쪽에 잘 정리되어 있다.

21 劉偉, 2006, 앞의 글(2006-1); 劉偉, 2011, 앞의 글(2011-3); 劉偉, 2014, 앞의 글(2014-1); 李岩, 2014, 앞의 글(2014-11).

수용해 갔음을 논한 글이다. 고구려와 중원 왕조의 정치·경제·문화 교류
가 깊어짐에 따라 중국의 유가적 논리와 사상이 고구려에 광범위하게 전파
될 수 있었다고 한다. 구체적인 전파 경로는 ① 남북조의 책봉과 조공을 통
해 전파, ② 천도 이후 평양지역 한(漢)문화의 깊은 수용, ③ 고구려 왕실 및
귀족 자제들의 당(唐) 유학 등을 통한 유가 교육의 촉진 등을 들었다. 그 결과
고구려에서는 군신관계에 유가사상이 나타났고, '예(禮)'에 대한 존중이 나
타났으며, 중국과의 조공·책봉관계에서도 수례(守禮)를 행하게 되었다고 한
다. 이를 통해 신용을 무겁게 여기는 사상이 고구려에 나타났다고 하며, 통
치자에게 인정(仁政)과 예치(禮治)가 중시되게 되었다고 한다. 또 중국 측 기
록에 비록 '음사(淫祀)'라고 기록되어 있지만 고구려가 이처럼 제사를 중시했
다는 것 또한 중국의 유가사상이 전파된 결과이며, 이는 혼인 및 상장례 습
속 등 고구려의 사회 풍속에도 큰 영향을 주었다고 한다. 결국 고구려 사회
전반의 문화적 성숙이 중국에서 전파된 유가사상을 수용하면서 이루어졌다
는 일방적인 주장이라 할 수 있다.

劉偉, 2014, 「論高句麗道教的傳播及其"道"的內涵」, 『通化師範學院學報』
2014-1.

고구려가 중국에서부터 도교(道教)를 수용한 배경과 그 내용에 대해 논한 글
이다. 여기에 따르면 도교는 수당(隋唐) 시대에 고구려에 전파되었는데 이것
은 중원 왕조의 주도적인 도교 보급과 고구려 자신의 도교에 대한 갈구가 함
께 추진된 결과라 한다. 또 고구려가 수용한 '도(道)'에 대해 ① 교파 상으로
고구려는 오두미도(五斗米道)를 숭신했으며, ② 도술 상으로 주로 장생(長生)
술법과 금주(禁呪)술법을 학습했고, ③ 도교 경전 상으로 주로 『도덕경(道德
經)』과 『역(易)』 등을 학습했다고 정리했다. 또 고구려가 당으로부터 받은 천

존상은 노자상이 아닌 원시천존이었으며, 당 태종이 파견한 도사가 고구려 지역에 가서 도교를 전파하면서 도교는 고구려에서 한층 발전했다고 한다. 류위의 위의 두 논문과 마찬가지로 고구려에 대한 중국 사상의 일방적 전파 양상만을 강조하고 있다.

위에서 확인되는 것처럼 유가사상과 관련해서는 그 수용 과정을 전기와 후기로 나누어 두 편의 논문으로 정리했다. 구체적으로 전기 고구려 사회에서 유가사상이 음양재이(陰陽災異)·천인감응(天人感應)·종법(宗法) 등의 사상을 발생시켰다고 주장[22]하는 한편, 후기에 이르러서는 중국과의 조공·책봉외교 및 평양천도를 통한 한(漢)문화 수용, 왕실 및 귀족 자제들의 대당(對唐) 유학 등을 통해 중국의 유가사상이 고구려에 폭넓게 전파될 수 있었다고 한다. 그 결과 유가사상은 고구려의 봉건적 발전을 더욱 진전시키고 사회를 안정시켰으며, 이를 통해 경제가 발전했고 국력이 증강되었다는 다소 무리한 주장으로까지 나아가고 있다.[23]

이와 같은 류위의 시각은 고구려의 도교 수용에 대해 검토한 논문에서도 그대로 나타나는데, 중국의 일방적 전파를 강조하면서 유·불·도 3교가 중국에서부터 고구려에 전파되어 그 지역의 문명 발전을 진전시켰다고 주장하고 있다. 고구려 도교의 특징으로 교파(敎派)는 오두미도를 숭신했고, 도술은 주로 장생술법과 금주술법을 학습했으며, 경전은 『도덕경』과 『역』 등을 학습했다고 하면서, 이는 모두 중원 왕조의 대대적인

---

22 劉偉, 2006, 앞의 글(2006-1).
23 劉偉, 2011, 앞의 글(2011-3), 10~11쪽.

도교 보급 과정을 통해 고구려에 전파될 수 있었다고 한다. 그리고 결론에서는 고구려인이 도교를 학습하는 과정에서 그 지역의 문명 발전을 촉진시킬 수 있었다고 주장한다.[24]

　요컨대 류위는 중국에서 전파된 유·불·도를 수용하고 자기화했던 고구려의 주체적인 면모에 주목하기보다는 중국의 일방적 전파를 강조하면서 중국의 고급 종교와 사상이 고구려의 문화 발전을 촉진시켰다는 주장을 일관되게 되풀이하고 있다. 이러한 연구 경향은 앞서 이낙영의 시각과도 궤를 같이한다. 또 고구려 전기 유교문화와 관련한 서술에서는 초기 기사에 대한 사료 비판을 결여한 채, 기록에 나타나는 유가적 색채를 그대로 당대의 사실로 신빙하는 점도 문제가 될 수 있다. 『삼국사기』 고구려본기 초기 기사에 담겨 있는 고구려의 역사상에는 그것이 문자로 정착되고 기록된 시점, 즉 후대 고구려인의 관념이 반영될 소지가 다분하다. 때문에 『삼국사기』 초기 기록을 활용할 때에는 엄격한 사료 비판을 통해 후대적 색채를 가려낼 필요가 있지만, 류위의 연구에서는 그러한 노력을 확인하기 어렵다는 점도 연구의 한계로 지적할 수 있다.

　이 밖에 고구려 법률사상의 문화 기반으로 종교를 주목하여 초기 원시적 천신숭배 사상이 소박한 '왕권 지상(至上)' 사상을 만들어 내었고, 이후 전래된 불교는 고구려 법률사상을 발전시키는 동력의 하나로 작용했으며, 도교는 고구려 왕권의 현실통치와 법률 가치관을 공고화했다는 의견도 볼 수 있다.[25] 흥미로운 시각이지만, 이러한 주장에도 고구려의 종교

24　劉偉, 2014, 앞의 글(2014-1), 22~23쪽.
25　陳香紅, 2011, 앞의 글(2011-5).

와 법률 사상이 중원문화의 요체를 계승했다는 이해가 여지없이 전제되어 있다는 점은 유의할 부분이다.

> 陳香紅, 2011, 「高句麗法律思想的文化基礎」, 『通化師範學院學報』 2011-5.
>
> 이 글에서는 우선 고구려가 중국 동북지구에서 홍기한 오래된 민족 중 하나로서 그 종교 신앙이 중원문화의 요체를 계승했음을 전제로 했다. 법률사상과 관련해서는 고구려에서는 법률을 종교화했던 특징을 지닌다고 하여, 이것이 고구려 정권이 제도와 법률을 시행함에 동력을 제공했다고 한다. 그리고 이러한 종교적 융합과 그것의 법률화는 그 사상적 응집력과 지속력을 가능케 했다고 한다. 구체적으로 원시적 천신숭배 사상은 소박한 '왕권 지상' 사상을 만들었으며, 불교 국가의 힘은 고구려 법률사상을 발전시키는 동력의 하나로 작용했고, 도교는 고구려 왕권의 현실통치와 법률 가치관을 공고화했다고 정리했다.

이상에서 살펴본 바와 같이 아직까지는 초보적 단계라 할 수 있겠지만, 근래 중국 학계에서는 고구려 불교문화부터 유교·도교에 이르기까지 연구가 확장되고 있음을 볼 수 있다. 반면 한국 학계에서는 아직까지 고구려의 유교 및 도교문화를 주제로 한 깊이 있는 연구가 이루어지지 못하고 있다. 유교의 경우 고구려의 정치·제도에 미친 그 영향이 자주 언급되곤 하지만, 고구려 유교 문화를 전론으로 다룬 연구는 찾아보기 어렵다.[26]

---

26 고구려 유교문화와 관련해 근래 한국 학계에서는 다음 연구들이 참고가 된다. 조경철, 2012, 「고려 광개토왕 대 불교와 유교의 전개양상」, 『한국고대사연구』 68호; 이

마찬가지로 고구려의 도교를 주제로 한 연구 또한 그 수용 과정에서 당과의 관계가 고려되거나 연개소문 집권을 배경으로 한 정치적 변동을 지적하는 성과들이[27] 일부 확인될 뿐, 아직까지 연구의 공백으로 남아 있는 실정이다. 이러한 점에서 앞으로 한국 학계에서도 고구려가 중국의 유교 및 도교 등의 문화를 주체적으로 수용하고 고구려화해 나갔던 과정과 구체적인 내용에 대한 깊이 있는 연구가 전개될 필요가 있다고 판단된다.

한편 근래 중국 학계에서는 고구려의 종교·사상에 대한 연구가 심화되면서, 이와 밀접한 연계 속에서 전개되었던 제사·의례 문화와 관련해서도 연구가 진행되기 시작했다.[28] 물론 이 연구들 또한 중원의 문화가 고구려의 사회생활과 정신문화에 다양한 영향을 끼쳤다는 일방적 인식[29]을 전제로 하여 논의가 이루어지고 있다. 즉 고구려의 제사문화가 중국에서 전래된 유교문화에 의해 체계적으로 발전할 수 있었다는 식의 이해[30]나 『의례(儀禮)』·『주례(周禮)』·『예기(禮記)』 등에 기반을 둔 중국의 예학적 전통이 영향을 미쳐 고구려의 의례 규범을 진전·완성시켰다는 관점[31]을

———
정빈, 2014, 「고구려 태학 설립의 배경과 성격」, 『한국교육사학』 36-4.

27 이만열, 1971, 「高句麗 思想政策에 대한 몇 가지 檢討」, 『柳洪烈博士 華甲紀念論叢』, 探求堂; 이내옥, 1983, 「淵蓋蘇文의 執權과 道敎」, 『歷史學報』 99·100; 김수진, 2010, 「7세기 高句麗의 道敎 受容 배경」, 『한국고대사연구』 59호.

28 孫顥, 2007, 앞의 글(2007-4); 李岩, 2014, 앞의 글(2014-11).

29 孫顥, 2007, 앞의 글(2007-4), 130쪽.

30 李岩, 2014, 앞의 글(2014-11).

31 李淑英·李樂營, 2008, 앞의 글(2008-1), 29쪽.

바탕으로 고구려의 제사의례[32] · 혼인의례[33] · 상장례(葬禮)[34] 등이 검토되고
있다.

「고구려 제사와 의례 관련 주요 연구」(2007년 이후)

孫顯, 2007, 「高句麗的祭祀」, 『東北史地』 2007-4.

중원문화가 고구려인의 사회생활과 정신문화에 다양한 영향을 끼쳤다는 인
식을 바탕으로 고구려 제사체계도 중국의 영향 속에서 파악하고자 한 글이
다. 특히 고구려의 수신제가 곧 등고신과 부여신에 대한 제사이며, 이것이
3세기 무렵부터 후기까지 명맥을 이어갔다는 관점이나 고구려 후기에 나타
나는 '가한신(可汗神)'이 주몽 혹은 당시 천가한의 칭호를 가졌던 당 태종일
가능성을 제기한 점 등이 주목된다.

李岩, 2014, 「高句麗祭祀習俗中的儒家文化因子」, 『求索』 2014-11.

이 글에서는 고구려의 제사문화가 중국에서 전래된 유가문화(儒家文化)에 의
해 체계적으로 발전할 수 있었다고 주장한다.

李淑英 · 李樂營, 2008, 「高句麗民族禮儀初探」, 『東北史地』 2008-1.

이 또한 위의 여러 논의와 마찬가지로 고구려 제사를 중국의 영향 속에서 파
악하고자 한 글이다. 『의례』 · 『주례』 · 『예기』 등에 기반을 둔 중국의 예학적
전통이 고구려에 영향을 미쳐 고구려의 의례 규범을 진전 · 완성시켰다는 관

---

32 李淑英 · 李樂營, 2008, 앞의 글(2008-1); 李岩, 2014, 앞의 글(2014-11).

33 李淑英 · 李樂營, 2008, 앞의 글(2008-1).

34 李淑英 · 李樂營, 2008, 앞의 글(2008-1).

점에서 고구려의 혼인의례·상장례·제사의례 등을 검토했다.

黃龍順, 2014, 「從史料看高句麗祭祀」, 『韓國研究』 13.
위와 달리 고구려 제사 자체에 주목하고 있는 글이다. 고구려인에게는 그들
만의 고유한 사상과 신앙이 있었고, 여기에 바탕한 조상 숭배와 경천사상,
산천숭배와 오행사상 등이 있었음을 전제한 뒤, 사료에 보이는 고구려 제사
의 여러 사례를 대략적으로 개관했다. 구체적으로 고구려는 매년 정기적으
로 '동맹', '낙랑 언덕에서의 회렵'을 거행했는데, 이는 곧 '천과 산천신'에 대
한 제례 기능을 발휘했다고 하며, 고구려 통치자는 이런 과정을 통해 경천사
상을 고취하고, 아울러 이를 조상숭배와 결합하여 자신의 왕권을 더욱 공고
히 하는 목적을 달성했다고 한다.

하지만 이상에서 거론한 연구들은 대체로 문헌에 보이는 고구려의 제
사 및 기타 의례 관련 기록을 하나하나 나열해 가며 피상적으로 논하는
수준에서 그친다. 따라서 그것의 체계적 변화·발전 과정에 대한 깊이 있
는 논의가 이루어졌다고 평가하기는 어렵다. 특히 고구려 왕릉 묘제와 왕
실 제사체계는 상호 밀접한 관련 속에서 변화·발전해 가는데,[35] 아직 중
국 학계에서 여기에 대한 천착이 이루어지지 않고 있다는 점은 한계로 지
적할 수 있다. 또 고구려의 제사 및 신앙 대상을 억지로 중국과 연결하려
다 보니 고구려 후기에 나타나는 가한신(可汗神)에 대해 당시 '천가한(天可

---

35 강진원, 2015, 「高句麗 國家祭祀 研究」, 서울대학교 박사학위논문.

汗)'의 칭호를 가졌던 당 태종일 가능성까지 제기[36]하는 등 다소 무리한 주장도 일부 확인된다.

한편 한국 학계에서는 근래에 들어 고구려의 제사체계에 대한 이해가 상당한 진척을 보이는 상황이다. 즉 고구려의 왕권과 국가체제가 확립되는 과정에서 제사체계 또한 변화해 가는 흐름을 전반적으로 검토한 연구[37]가 제기된 이래 능묘제사에서 종묘제사로 옮겨 가는 고구려 제사체계의 자체적 발전 과정에 대한 탐색[38]이 이루어지는 한편, 고구려의 정치권력 변동에 따른 시조묘 제사의 변천 과정도 상세히 검토[39]되었다.

건국신화 및 전승

중국 학계의 고구려 종교 및 사상 관련 연구의 흐름을 살피다 보면 가장 눈에 띄는 경향은 고구려 건국신화, 즉 주몽신화와 관련된 연구 성과가 다수를 점하고 있다는 점이다. 즉 주몽신화 및 그와 연관된 여러 설화에 대한 연구[40]가 다채롭게 이루어지고 있으며, 부여와 고구려의 건국신

---

36 孫顥, 2007, 앞의 글(2007-4), 134쪽.
37 조우연, 2010, 「4~5세기 高句麗 國家祭祀와 佛敎信仰 研究」, 인하대학교 박사학위논문.
38 강진원, 2015, 앞의 글.
39 최일례, 2015, 「고구려 시조묘 제사의 정치성 연구」, 전남대학교 박사학위논문.
40 楊軍, 2009, 앞의 글(2009-6); 徐棟梁, 2010, 앞의 글(2010-1); 姜維東, 2010, 앞의 글(2010-4); 張碧波, 2010, 앞의 글(2010-4); 李新全, 2010, 앞의 글(2010-5); 季南·宋春輝, 2010, 앞의 글(2010-7); 鞏春亭, 2011, 앞의 글(2011-10); 黃震雲, 2012, 앞의 글(2012-2); 鞏春亭, 2012, 앞의 글(2012-9).

화를 비교 분석한 연구[41]도 제시되었다. 하지만 대체로 고구려 건국신화에 나타난 신화적 요소(모티프)의 기원을 중국 고대신화에서 찾으려는 논의들이 많다는 점은 유의할 필요가 있다. 특히 '하백'이나 '난생' 등의 설화적 모티프가 중국에서 기원했다는 의견이 여러 연구에서 반복적으로 주장되고 있다. 또한 이러한 시각을 바탕으로 고구려의 건국신화는 중국 소수민족 신화의 한 유형이라는 시각을 일관되게 주장하고 있다.[42]

「고구려 건국신화 관련 주요 연구」(2007년 이후)

張碧波, 2008, 「高句麗薩滿文化研究」, 『滿語研究』 2008-1.

초기 고구려인의 시조 관련 인식을 샤먼문화(巫史文化)로 바라보고 논의를 전개한 글로서, 여기서는 고구려의 감일난생(感日卵生) 신화를 '중화 고족(古族) 창생문화 양식'이자 '중화문화 다원일체적(中華文化多元一體的) 특징'으로 규정하고 있다. 고구려의 천신숭배[천(天) 관념과 일자(日子)로서의 주몽 숭배], 영성숭배, 무사문화(巫史文化)가 모두 중화문화라는 문화 모체 속에서 문화적 일치성과 문화적 동질감 및 소속감을 드러내는 '중화샤먼문화체계'의 중요 구성 부분이 되었다고 한다. 구체적으로 난생신화의 연원이 중국의 우주창세 신화[반고신화(盤古神話)]와 전욱 고양씨 문화에서 비롯한 것이며, 주몽의 난생 전승은 후직(后稷)의 탄생전설에 영향을 받았다는 등 고구려의 주몽신화가 명백히 중국의 영향을 받았다고 주장한다.

---

41 黃震雲, 2012, 앞의 글(2012-2); 劉洪峰, 2013, 앞의 글(2013-11).

42 張碧波, 2008, 앞의 글(2008-1); 徐棟梁, 2010, 앞의 글(2010-1); 張碧波, 2010, 앞의 글(2010-4).

楊軍, 2009, 「高句麗朱蒙神話硏究」, 『東北史地』 2009 - 6.

고구려 주몽신화에 보이는 주몽의 출신과 남하와 관련하여 새로운 해석을 제시한 글이다. 그 내용을 간략히 정리하면 다음과 같다. ① 부여가 동부여와 북부여로 나뉘고 해부루 부족이 동천했다는 신화 내용은 부여의 왕위계승 분쟁과 관련이 있는 것으로, 이후 금와왕이 분쟁의 최후 승자가 되어 왕위를 계승하고 혼란을 종식시켰다. ② 당시 해모수는 분쟁 중에 다른 정치세력에 의해 죽임을 당했고, 분쟁을 끝낸 금와는 해모수의 미망인 유화와 혼인하여 해모수의 유복자 주몽을 받아들였다. 당시 고구려에서는 북방민족에게서 보편적으로 실행되었던 취수혼[접속혼(接續婚)]이 존재했으며, 금와왕이 유화와 주몽을 거둔 것으로 보아 해모수와 금와가 형제였을 가능성이 높다. ③ 취수혼 풍속에서는 부인으로 맞아들인 형수의 자녀와 친자녀들 간에 서로 동일한 상속권을 가지는데, 때문에 금와의 자녀들은 주몽의 능력이 출중하여 왕위를 계승할까봐 염려했고 이것은 주몽이 부여를 이탈하는 배경이 되었다. ④ 주몽의 아버지가 정쟁 중에 죽고 그 어머니는 옛 풍속에 따라 재가를 했으니, 이러한 사정을 후세 고구려 왕실은 숨기려 했다. 그러므로 왕실이 공개적으로 서술한 5세기의 신화에는 이 내용들이 삭제되고 "북부여(北夫餘) 천제지자(天帝之子), 모(母) 하백여랑(河伯女郞)"이라는 구절로 시조의 부모를 모호하게 서술했던 것이다.

徐棟梁, 2010, 「從開國傳說看高句麗文化的淵源」, 『通化師範學院學報』 2010 - 1.

고구려 건국신화가 중원문화의 영향 속에 성립했다는 이해를 전제로 신화를 분석하여 중원문화가 고구려문화의 기원임을 주장한 글이다. 구체적으로 『논형』·『후한서』·광개토왕비·『위서』 등에 보이는 고구려 건국전설의 변천 양상을 분석한 결과, 주몽신화는 중국 내지의 다양한 전설을 계승하고 발전시키면서 형성되었던 것이라 한다. 특히 신화의 주요 구성 성분인 난생신화·하백전설 등 다양한 신화의 모티프는 모두 중원의 은·주문화의 영향 속에 만들어진 것이라 주장한다.

張碧波, 2010, 「感日卵生－高句麗族源神話－兼及〈東明王篇〉的解析－」, 『東北史地』 2010－4.

위와 마찬가지로 주몽신화 속 감일난생 신화를 중원의 신화 요소로 전제한 뒤, 고구려의 족원신화가 중화문화에서 연원했음을 주장한 글이다. 특히 이규보의 『동명왕편』에서 주몽신화의 일부 내용을 의도적으로 고쳤으며, 이는 왕씨 고려에 앞선 역사를 창작할 의도에서 신화를 미화한 것이라 한다. 이 글에서는 "족원신화의 문화 내용과 문화 형태 및 문화 연원은 민족문화의 특질로 인식되며, 그 민족의 귀속 문제에서 중요한 원칙이자 근거"라 전제하고 있어, 주몽신화의 연원을 중국에서 찾고자 하는 중국 학계의 의도를 짐작케 한다.

李新全, 2010, 「高句麗建國傳說史料辨析」, 『東北史地』 2010－5.

이 글의 주요 논지는 부여의 동명신화와 고구려의 주몽신화가 본래 동일한 신화라는 것으로 근래에는 좀처럼 보이지 않던 학설이다.

季南·宋春輝, 2010, 「從朱蒙神話看高句麗民族多元文化因子」, 『山東文學』 2010－7.

이 글의 주요 논지는 "고구려인은 고예맥족, 고조선인 후예, 한인, 선비인, 숙신인, 거란인, 백제인 등이 융합된 다원적 소수민족"이므로 고구려 건국

신화인 주몽신화 또한 다양한 방면에서 동이문화와 샤먼문화 인자가 혼합된 신화라고 보아야 한다는 주장이다. 즉 고구려 주몽신화는 여러 민족 문화의 융합을 바탕으로 형성된 것이라 한다.

黃震雲, 2012,「夫餘和高句麗神話傳說與族源考」,『徐州工程學院學報(社 會科學版)』2012-2.

이 글에서는 부여와 고구려의 기원을 중국에서 이주한 은인(殷人)으로 파악하면서, 고구려인이 시조로 삼고 존숭한 추모왕도 본래는 주(周) 목왕(穆王)이었다는 다소 황당한 주장을 한다. 한대(漢代)부터 명대(明代)에 이르기까지 고구려의 신화전설에는 시종 모두 황제의 자손, 은상(殷商)으로부터의 출자, 주(周)에서의 성장 등의 조합 방식과 표현이 나타난다는 납득하기 어려운 견해들이 보인다.

範恩實, 2013,「高句麗祖先記憶解析」,『東北史地』2013-5.

고구려 내부의 정치적 변동 속에서 주몽신화 형성 과정을 탐색하고자 한 글이다. 먼저 주몽신화는 태조대왕 이후 고구려의 부여인(연나부)과 계루부가 혼인을 통해 국가 정치권력을 장악한 아래에서 자신들의 정치적 지위를 은유하기 위해 창작한 것으로 본다. 그리고 6세기 중엽 이후 신구 귀족 간에 권력교체가 발생하면서 신흥 귀족 천씨(연씨) 일족의 주도로 고구려 선조에 대한 기억이 재차 창작되었다고 한다. 이때 창작된 기억에는 주몽과 동부여 수신 간의 관계에 대한 새로운 줄거리가 첨가되었는데, 이는 "스스로 물에서 태어났다"는 천씨 일가와 왕실의 관계를 가깝게 만들고자 의도한 것이라는 주장이다. 한국 학계에서 노태돈에 의해 제기된 학설과 유사하다.

대표적으로 주몽신화의 주요 모티프 중의 하나인 감일난생 전승은 본래 중국의 우주창세신화(반고신화)에 그 연원을 두고 있다고 하면서, 그 구체적 내용인 '난생(卵生)'의 신화적 화소(話素)는 전욱 고양씨 문화에서 비롯되었다는 주장을 들 수 있다. 또 주몽의 난생 전승과 후직(后稷)의 탄생 전설이 유사한 점을 지적하며 주몽신화 속 난생 전승 또한 고대 중국의 다양한 감일난생신화 중 하나로 이해하는 한편, 고구려뿐만 아니라 고대 중국 및 주변 지역에서 확인되는 여러 난생신화 관념을 '중화문화 다원일체적 특징'으로 규정하고 있다.[43] 혹은 여기서 더 나아가 부여와 고구려의 종족 기원을 은상(殷商) 시대 말기에 북상한 은인(殷人)의 한 지파로 규정하는 상당히 독특한 시각에서 신화를 분석한 연구도 보이는데, 이를 통해 광개토왕비문에 보이는 '천제지자(天帝之子)'·'황천지자(皇天之子)'로부터의 출자 인식 등을 근거로 고구려인이 황제를 숭배했고, 고구려 추모왕은 다름 아닌 주(周) 목왕(穆王)이라는 다소 황당한 주장까지 제시한다.[44]

이와 같은 주장의 이면에는 중국 고대신화에서 고구려 건국신화의 기원을 찾고자 하는 연구 경향이 강하게 작용하고 있는 것으로 판단된다. "족원신화의 문화 내용과 문화 형태 및 문화 연원은 민족문화의 특질로 인식되며, 그 민족의 귀속 문제에서 중요한 원칙이자 근거"[45]라는 장벽파(張碧波)의 주장에서도 알 수 있듯이, 결국 고구려 족원 정체성을 중국에 귀속시키고자 하는 중국 학계의 의도가 깔려 있다. 그리고 이러한 연구

---

43 張碧波, 2008, 앞의 글(2008-1).
44 黃震雲, 2012, 앞의 글(2012-2).
45 張碧波, 2010, 앞의 글(2010-4).

경향 속에서 부여와 고구려의 계승관계가 강조되는 『삼국유사』 북부여조 · 동부여조 및 고구려조 기사는 분석 대상에서 배제된 상황이다.

그러나 위와 같은 중국 학계의 주장은 고구려 건국신화, 즉 주몽신화의 고유성과 자체적 발전 과정을 지나치게 간과하는 것이므로 객관적인 연구 접근이라 평하기는 어렵다. 더구나 부여의 동명신화와 고구려 주몽신화에 공통적으로 나타나는 일광감응(日光感應) 요소는 선비족을 비롯한 북방 몽골계 유목민족 시조설화에서 폭넓게 공유되고 있는 모티프이다.[46] 따라서 주몽신화의 감일난생 전승이 반드시 중원문화의 영향 속에 발생하였다고 볼 근거도 없다.

또한 이들 연구에서는 시조 주몽에 대한 고구려인의 숭앙 의식(시조신앙) 내면에 대한 세밀한 연구를 찾아보기 어렵다는 점도 문제이며, 고구려 중후기 관련 자료에 등장하는 주몽신(등고신) · 하백녀(부여신) 등에 대한 심도 있는 연구가 없는 점도 한계로 지적된다. 고구려의 시조 관념과 이를 바탕으로 한 왕가의 혈연의식 · 종묘 · 제사 등에까지 논의가 진척되고 있는 한국 학계의 상황에 비추어 볼 때, 이 분야에서 이루어진 중국 학계 연구에는 분명 취약점이 존재한다.

이 밖에 『논형』에 처음 확인되는 동명신화는 곧 고구려 고유의 신화라는 전통적인 견해,[47] 고구려의 주몽신화는 여러 민족 문화의 융합을 바탕으로 형성된 것이라는 의견[48] 등이 개진되었지만, 논의의 주류를 점하고 있지는 못하다. 그리고 주몽신화 속 난생 전승과 주몽에 대한 일자(日

46 박원길, 2001, 『유라시아 초원 제국의 샤머니즘』, 민속원, 264~265쪽.
47 李新全, 2010, 앞의 글(2010-5).
48 季南 · 宋春輝, 2010, 앞의 글(2010-7).

子) 인식, 고구려인의 천(天) 관념과 영성 숭배 등 고구려 고유의 신화와 신앙 관념을 모두 고구려의 샤먼문화로 이해하는 독특한 견해도 찾아볼 수 있다.[49] 그러나 이 또한 중화샤먼문화체계라는 하나의 문화 모체 속에 고구려의 샤먼문화가 포함되어 있다는 이해를 전제로 하고 있다.

한편 주몽의 생부 해모수와 해부루가 형제지간으로 해모수가 부여 사회 내부의 정치 투쟁 중에 사망하자 취수혼의 풍속에 따라 해부루가 유화를 부인으로 맞아들이고 유복자가 된 주몽을 거두어들였다는 다소 흥미로운 주장도 제기되었다.[50] 또 고구려 주몽신화의 변천을 고구려의 정치 상황 변천 혹은 권력구도 변화와 관련지어 분석한 연구도 제시되었는데, 특히 고구려 후기에 권력을 장악한 연개소문 가문의 등장이 신화의 줄거리를 바꾸어 놓았다는 이해[51]는 한국 학계의 관련 연구 성과[52]와도 맥을 같이하는 주장으로 주목된다. 이처럼 근래 중국 학계에서 제시되고 있는 주몽신화(건국신화) 관련 연구들에서는 각양각색의 견해가 다채롭게 제기되고 있다는 특징이 있다. 하지만 한국 학계에서 이미 제시된 견해와 유사한 주장을 개진하면서도 선행 연구에 대한 인용이나 언급이 없다는 점은 지적하고 넘어가지 않을 수 없다.

이 밖에도 중국 학계에서는 고구려의 각종 전설 및 전승과 관련하여 다방면에서 연구가 이루어지고 있는데, 이 분야에서는 단연 강유동의 연

---

49 張碧波, 2008, 앞의 글(2008-1).

50 楊軍, 2009, 앞의 글(2009-6).

51 範恩實, 2013, 앞의 글(2013-5).

52 노태돈, 1993, 「朱蒙의 出自傳承과 桂婁部의 起源」, 『韓國古代史論叢』 5; 노태돈, 1999, 『고구려사연구』, 사계절, 40~44쪽.

구가 압도적이다. 그는 고구려의 황룡승천전설(黃龍升天傳說)[53]에 대해 분석한 연구를 시작으로 신마전설(神馬傳說)[54]·난생전설(卵生傳說)[55]·연우전설(延優傳說)[56]·헌어각적(獻魚卻敵)[57]·하백녀(河伯女)신화[58]·득성전설(得姓傳說)[59] 등 고구려 초기사와 관련된 다양한 전승들을 전설(傳說)로 규정하여 연구를 진행하고 있다. 한국과 중국 상호 간에 '전설'이라는 단어가 내포하는 어감이 다소 미묘한 차이가 있을 수 있다는 점을 고려한다 하더라도, 『삼국사기』 고구려본기에 보이는 초기 설화적 기사를 전설로서 취급하며 분석을 진행한 연구 접근 방식은 일단 유의해야 할 부분이다.

「고구려 각종 전설 및 전승 관련 주요 연구」(2007년 이후)

姜維東, 2008, 「高句麗黃龍升天傳說」, 『東北史地』 2008-6.

고구려 시조신화 중에서도 주몽이 황룡을 타고 하늘로 올라갔다는 이른바 황룡승천전설에 주목하여 고구려 시기부터 조선 시대까지 전설의 전승과 변용·소멸 과정을 검토한 글이다. 고구려 신화 속 주요 모티프가 중국 전설의 영향 속에 성립했다는 인식을 전제로, 고구려 주몽신화의 난생전설과 황룡승천전설이 중국의 황제(黃帝)승천전설과 서언왕(徐偃王)승천전설의 영향

---

53 姜維東, 2008, 앞의 글(2008-6).
54 姜維東, 2009, 앞의 글(2009-4).
55 姜維東, 2009, 앞의 글(2009-3).
56 姜維東, 2010, 앞의 글(2010-1).
57 姜維東, 2010, 앞의 글(2010-1).
58 姜維東, 2010, 앞의 글(2010-4).
59 姜維東, 2013, 앞의 글(2013-3).

을 받은 것이라 주장한다. 이후 주몽의 황룡승천전설은 고구려가 멸망하면서 소멸되었지만, 그 한편에서 고려 시대에 기린마전설이 등장하게 되었는데, 이는 실전되어 불완전한 고구려 신마전설이 혼입되어 만들어진 것이라 한다.

姜維東, 2009, 「高句麗神馬傳說」, 『東北史地』 2009 - 4.

이는 고구려의 여러 신화 속에서 보이는 말과 관련된 모티프를 사례별로 분석한 글이다. 고구려 신화 속 다양한 신마(神馬) 모티프의 원형은 『삼국지』 동이전에 처음 보이는 과하마이며, 과하마 산지가 고구려에 병합되면서 신마와 고구려 시조 간에 연관성이 나타나게 되었다고 한다. 또 『한원』 소인 『고려기』에 보이는 마다산전설 또한 과하마에서 기원한 전설이고, 『삼국사기』 대무신왕 3년조에 보이는 신마거루전설도 이와 관련이 있다고 보았다. 특히 '말이 동굴에서 나왔다'는 전설의 모티프는 고대 중국 호북성 일대에서 많이 찾아볼 수 있는데, 이러한 정보가 남북조 시기 고구려에 유통·수용되면서 새롭게 발전된 것이 고구려의 신마전설이라고 한다. 이후 고구려 멸망 후에도 이러한 모티프의 전설은 여러 형태로 변화하여 동명왕이 탔다는 기린마전설 등 다양한 전설이 발생·유통하게 되었다고 이해하고 있다. 특히 과하마에서 기원한 고구려 당대의 신마전설은 주몽과 관련되어 마다산전설 등으로 유통되었고, 대무신왕과 관련된 신마거루전설은 고려 시대의 전설이며, 주몽이 탔다던 기린마전설은 조선 시대에 유통된 전설로 보는 것이 특징적이다.

姜維東, 2009, 「高句麗卵生傳說研究」, 『東北史地』 2009 - 3.

이 글 또한 고구려 난생전설의 기원을 중국에서 찾고자 한 것으로 그 주요 논지를 살펴보면 다음과 같다. ① 고구려의 난생전설은 서언왕(徐偃王) 전설에 기원을 두고 있으며, 부여의 시조전설은 은상(殷商)의 탄난이잉(呑卵而孕)전설에 기원을 두고 있다. ② 고구려의 난생전설은 비록 고구려에서 자연 발생하여 형성된 것은 아니지만, '유모무부(有母無父)'가 일반적이었던 고구려 사회 환경에서 나타난 시대적 산물이다. 고구려의 음란한 풍속과 데릴사위 풍습 및 수많은 유녀의 존재는 고구려에서 '어머니는 알지만 아버지가 누군지 모르는' 사람들이 많이 태어나게 된 배경이 되었고, 이러한 사회 분위기 속에서 난생전설이 보편화되었다. ③ '조우삽관(鳥羽揷冠)' 풍습에서 알 수 있듯이 큰 산과 깊은 계곡이 많은 고구려의 자연환경은 필연적으로 새(鳥)에 대한 숭배사상을 만들었는데, 이런 점은 고구려의 난생전설이 성행하게 하는 한 요인으로 작용했다. ④ 고구려 시조전설은 부여의 그것을 계승하는 한편 중국 내지의 여러 전설을 수용하면서 새로운 내용을 더해 갔고, 그중 난생전설은 서언왕 전설을 수용하여 만들어진 것으로 이것이 동이 시조전설에 큰 영향을 주게 되었다고 했다.

姜維東, 2010, 「高句麗延優傳說」, 『博物館研究』 2010 - 1.
『삼국사기』에 기재된 산상왕(山上王)과 고국천왕(故國川王)을 동일인으로 파악한 뒤, 사료 상에 오류가 발생하게 된 원인을 분석한 글이다. 먼저 『삼국사기』에 기재된 산상왕 연우(延優)와 고국천왕 이이모(伊夷模) 두 왕의 사적을 분석하여 두 사람이 실은 한 사람임을 전제한 뒤, 이와 같은 착오가 발생한 이유를 『삼국사기』 찬자 김부식의 실수 때문으로 보았다. 즉 김부식은 구비전승 자료 위주의 「해동고기」를 우선 이용하는 한편 중국 측 정사 기록도 버리기를 원치 않았기 때문에 한 사건을 두 사건으로 나누어 서술했던 것이 혼동의 원인이 되었다고 보았다.

姜維東, 2010, 「高句麗獻魚卻敵傳說-高句麗傳說考源之三-」, 『東北史地』 2010-1.

이른바 '을두지의 잉어계책'으로 잘 알려진 대무신왕 11년 고구려와 한(漢)의 충돌사건이 역사적 사실이 아닌 허구임을 논한 글이다. 구체적으로 대무신왕 11년은 곧 후한 광무제 유수 4년(건무 4년)으로 이때 후한은 중원 통일 전쟁에 힘을 쏟고 있어 고구려를 토벌할 여력이 없었다는 이유로 이 기록이 허구라고 한다. 또 중국 내지에는 이른 시기 이와 관련한 유사한 전설이 있는데, 고구려의 이 전설 또한 실제 중국 내지 전설의 영향으로 발생한 것이며, 이를 후세 고구려인들이 역사화한 것이라 보았다.

姜維東, 2010, 「高句麗始祖傳說中河伯女內容探源-高句麗傳說考源之四-」, 『東北史地』 2010-4.

고구려 주몽전설 속 하백녀 관련 내용이 중국 전설의 영향 속에 성립한 것임을 논한 글이다. 구체적으로 하백은 본래 춘추전국 시대의 저작물에 보이는 황하의 신으로 황하 양안에 거주했던 사람들이 숭배했던 우신(雨神)이라고 전제한 뒤, "큰 산과 깊은 계곡이 많고 들판이 없어 산곡에 따라 거주했다"는 초기 고구려의 자연환경으로 보아 하백은 고구려에서 자연 발생적으로 형성된 시조전설의 일부분으로 볼 수 없다고 한다. 따라서 이는 고구려가 현도군 지배 하에 있었을 때 한(漢)문화의 깊은 영향을 받았고, 이때 하백을 포함한 중국 내지 전설을 받으면서 나타난 것이라 주장하고 있다.

姜維東, 2013, 「高句麗王室得姓傳說」, 『博物館研究』 2013-3.

고구려 왕실의 성씨인 고씨(高氏)의 연원이 북연(北燕)의 고운(高雲) 가문에서 왔다고 주장하는 글이다. 여기서는 먼저 고구려라는 국명에 대해 고구려현 영역 안에서 형성된 고구려 민족을 한(漢)이 고구려라 불렀고 이를 고구려가 받아들여 국호로 삼은 것에 불과하다고 전제한 뒤, 『위서』 고구려전에 있는 "高句麗者, 出於夫餘, 自言先祖朱蒙 …… 號曰高句麗, 因以爲氏焉"이라는 기록도 착오라고 주장한다. 중국 사서에서는 오랫동안 고구려왕과 관련하여 성 없이 이름만 전하며 왕의 이름이 세 글자인 경우까지 있는데, 이런 정황 속에서 당시 고구려 왕실이 고도로 한화(漢化)된 성씨인 고씨를 칭했다고 상상하기 어렵다는 것이다. 그리고 『진서(晉書)』에 북연왕 고운 가족의 출자(出自)에 대해 "慕容雲, 字子雨, 寶之養子也. 祖父高和, 句驪之支庶. 自云高陽氏之苗裔. 故以高爲氏"라고 하고 있음을 주목하고, 고구려 왕실이 고운을 '종족(宗族)'의 예로 대하는 등 친밀한 관계를 유지했기에, 여러 사서에서 고구려 왕실을 고양씨의 후예로 이야기하게 된 것이라 보았다. 즉 고구려 유민의 후손인 북연왕 고운 가문이 먼저 고씨 성을 취했고, 이후 고구려가 그에 따라 고씨를 칭했다는 것으로, 고구려 왕실이 '고(高)'를 성씨로 삼은 것은 장수왕 시대부터라 주장한다.

姜維公·姜維東, 2013, 「高句麗始祖傳說研究」, 『東北史地』 2013-4.
강유동의 2009년 논문(「高句麗神馬傳說」, 『東北史地』 2009-4)에서 논의를 더 진척시킨 것으로 『한원』에 보이는 마다산전설에 대해 분석한 글이다. 당초 (唐初) 진대덕의 『봉사고려기』에 기록된 마다산전설은 중국 내지의 '동굴에서 말이 나오는 전설'에서 연원하는 것으로 이것이 고구려 시조 주몽과 고구려 초기에 그 모습을 보이는 국동대혈 및 해동명마 과하마가 서로 관계되어 고구려 후기에 신마전설로 발전했다고 한다. 이후 고려 시대와 조선 시대를 거치면서 전설이 그 본래 모습을 잃어버리고 바뀌게 되는 과정도 논했다.

위의 정리된 내용을 바탕으로 강유동 연구의 특징과 문제점을 짚어보면 다음과 같다. 먼저 강유동은 고구려의 황룡승천전설에 대해서 중국의 황제승천전설과 서언왕승천전설의 영향을 받은 것이라는 견해를 제기했다. 즉 주몽신화의 난생전설이 서언왕전설의 영향을 받은 것이라 보고, 여기에 더해 황룡승천전설 또한 서언왕승천전설의 영향을 받은 것이라는 주장이다.[60] 하지만 이는 주몽신화가 부여의 동명신화 영향 속에 성립했다는 사실을 간과한 주장이다. 더구나 주몽신화 속 난생의 화소(話素)는 동명신화 단계에서부터 확인 가능하다는 견해가 한·일 학계에서 이미 제기되었고,[61] 또 난생신화 자체가 동아시아 여러 지역에 널리 퍼져 있는 신화적 화소이기 때문에[62] 이 모티프가 반드시 중국의 서언왕전설에서 유래했다고 단언하기는 어렵다.

반면 강유동은 중국 동북지역 난생전설과 중국 내지의 난생전설을 상호 비교하여 고구려 난생전설이 부여의 '탄난전설(吞卵傳說)'을 계승한 것이 아니라 그와 유사한 중국 내지의 다양한 전설 내용을 여러 차례 받아들이면서 전설이 중복·변화하며 성립했다고 주장했다. 나아가 고구려의 음란한 풍속과 데릴사위 풍습 및 수많은 유녀의 존재는 고구려에서 '어머니는 알지만 아버지가 누군지 모르는' 사람들이 많이 태어나게 된 배경이

60 姜維東, 2008, 앞의 글(2008-6).

61 神崎勝, 1995, 「夫餘·高句麗の建國傳承と百濟王家の始祖傳承」, 『(左伯有淸古稀記念)日本古代の傳承と東アジア』, 吉川弘文館, 270~271쪽; 김화경; 1998, 「高句麗 建國神話의 硏究」, 『진단학보』 86호, 39~40쪽; 이승호, 2011, 「광개토왕비문에 보이는 天帝之子 관념 형성의 史的 배경」, 『역사와 현실』 81호, 113쪽.

62 三品彰英, 1971, 『神話と文化史』, 平凡社, 378~381쪽; 박시인, 1966, 「東明王 卵生移住說話의 硏究-알타이계 시조신화-」, 『서울대학교논문집』 12호, 438쪽; 김화경, 1998, 앞의 논문, 39~40쪽.

되었고, 이러한 사회 분위기 속에서 난생전설이 보편화되었다는 다소 황당한 의견을 제시했다. 즉 난생전설은 비록 고구려에서 자연 발생하여 형성된 것은 아니지만, 유모무부(有母無父)가 일반적이었던 고구려 사회 환경에서 나타난 시대적 산물로서 그러한 환경이 고구려에서 난생전설이 유행하고 변화·발전할 수 있게 했다는 것이다.[63]

이러한 시각은 주몽신화 속 '하백' 혹은 '하백녀'에 대해서도 마찬가지로 나타난다. 즉 하백은 본래 춘추전국 시대부터 황하신(黃河神)이었는데, "큰 산과 깊은 계곡이 많고 들판이 없어 산곡에 따라 거주했으며, 양전(良田)이 없어 힘써 농사를 지어도 먹고 살기 힘들었던" 초기 고구려의 자연환경으로 보아 하백에 대한 신 관념이 고구려에서 자연 발생적으로 형성될 수는 없다는 것이다. 결국 주몽신화 속에서 주몽의 어머니로 등장하는 하백녀 관념은 중국의 하백전설에서 영향을 받아 형성된 것으로 수중동물을 부리는 주몽의 신이한 능력[魚鼈架橋]을 강조하기 위해 고구려인이 그들의 시조전설에 하백녀의 내용을 첨가했다고 주장한다.[64]

일면 일리 있는 주장이지만, 역시 이 또한 주몽신화가 부여의 동명신화의 영향 속에 성립했다는 사실을 간과한 주장이라 할 수 있다. 『논형』의 동명신화에서 "활로 물을 내리치자 물고기와 자라가 떠올라 (동명이) 건널 수 있었다"[65]는 동명의 신적 권능은 '물을 나라로 하고 물고기와 자

---

63 姜維東, 2009, 앞의 글(2009-3).

64 姜維東, 2010, 앞의 글(2010-4).

65 『論衡』권2, 吉驗篇, "東明走 南至掩水 以弓擊水 魚鼈爲橋 東明得渡 魚鼈解散 追兵不得渡."

라를 백성으로 한다[66]는 하백의 권능을 연상시킨다.[67] 즉 『논형』이 성립한 시점에서 동명신화는 중국의 하백설화에 일정 정도 영향을 받았던 것으로 볼 수도 있으며, 고구려인이 시조 주몽의 어머니로 하백녀를 설정한 배경 또한 동명신화의 영향 속에서 나타난 것으로 볼 여지가 있다. 물론 '물고기와 자라가 떠올라 다리를 만든다'는 어별부교(魚鼈浮橋)설화는 북방계 유목민족 설화에 흔히 등장하는 모티프로서,[68] 이를 반드시 중국의 하백전설과 관련지어 설명할 필요도 없다. 한편 근래 한국 학계에서는 국가형성과 더불어 고구려 건국신화에 하백녀신화가 자체적으로 형성되어 가는 과정을 정치하게 검토한 연구[69]가 제시되어 참고할 만하다.

강유동은 고구려 신마전설을 주제로 한 연구에서도 중국문화의 영향을 강조하고 있다. 우선 『삼국지』「동이전」고구려조에 처음 보이는 과하마를 전승의 기원으로 보고 『삼국사기』 대무신왕 3년조에 보이는 신마거루전설이나 『한원』 소인 『고려기』에 보이는 마다산전설 등을 모두 여기서 파생한 전설로 보았다. 그러나 말이 동굴에서 나왔다는 전설의 모티프는 고대 중국 내지의 유사 전설에서 유래한 것으로, 이것이 고구려에 수용되면서 전설에 변용이 나타났다고 주장했다. 즉 과하마에서 기원한 고구려 신마전설은 말이 동굴에서 나왔다는 중국 기원의 전설을 수용하면

---

66 『晏子春秋』권1, 內篇 諫 上 제1, "景公欲詞靈山河伯禱雨, 晏子曰, 河伯以水爲國以爲魚鼈爲民."

67 박승범, 2009, 「夫餘國의 신화적 변동과 東明神話의 시·공간적 推移」, 『한국사학보』 37호, 482쪽; 이승호, 2011, 앞의 글, 112쪽.

68 三上次男, 1966, 「'漁の橋'の話と北アジアの人々」, 『古代東北アジア史研究』, 吉川弘文館, 485~489쪽.

69 조영광, 2006, 「河伯女 신화를 통해서 본 고구려 국가형성기의 상황」, 『동북아역사논총』 12호.

서 주몽이 동굴에서 신마를 얻었다는 전승을 발생시켰고, 고구려 멸망 이후로도 이러한 전승이 변용·발전하여 고려 시대에는 대무신왕이 얻었다는 신마거루전설이, 조선 시대에는 동명왕이 탔다는 기린마전설이 나타나는 등 다양한 전설이 발생·유통되었다고 한다.[70]

이러한 연구는 그간 한국 학계에서 주목하지 않았던 고구려의 '말'과 관련한 전승을 주제로 하여 그것의 창출과 전승 과정에서의 변용을 포착·분석했다는 점에서 의미가 있다. 하지만 역시 고구려 전설 속 주요 모티프의 기원을 중국에서 찾으려는 시각이 유지되고 있는 점은 유의할 필요가 있다.

한편 고구려 왕실의 성씨인 고씨의 유래를 북연왕 고운에서 찾는 독특한 견해도 확인된다. 장수왕 이전까지 고구려왕은 중국 사서에 성 없이 이름만 전하기에 그 성씨를 확인하기 어려움을 지적하고, 이러한 정황에서 당시 고구려 왕실이 고도로 한화(漢化)된 성씨인 고씨를 칭했다고는 상상하기 어렵다고 주장했다. 그리고 광개토왕 시기 고구려는 고구려 유민의 후손 고운이 북연의 왕이 되었음을 알고 사신을 보내 조빙하며 '종족(宗族)'의 예로 대했는데, 당시 고운 가문은 고양씨의 후예임을 자처하고 있었고,[71] 때문에 중국의 여러 사서에서는 고구려 왕실 또한 고양씨의 후예로 인식하게 되어 그들의 성씨도 고씨로 적게 되었다고 한다. 그리고 이러한 분위기 속에서 고구려 또한 장수왕 시대부터 고씨를 왕실의 성씨로 채택했다는 것이다. 요컨대 고구려의 고씨 왕성은 중국의 영향을 받아

---

70 姜維東, 2009, 앞의 글(2009-4); 姜維公·姜維東, 2013, 앞의 글(2013-4).
71 『晉書』卷124, 載記 24, 慕容雲條, "慕容雲, 字子雨, 寶之養子也. 祖父高和, 句驪之支庶. 自云高陽氏之苗裔. 故以高爲氏."

성립한 것으로 고구려가 한문화(漢文化)를 받아들이며 차츰 한화(漢化)되어 가는 과정을 반영한다는 것이다.[72] 고구려 왕실의 성씨마저 중국에서 그 유래를 찾고자 하는 시각으로, 앞서 여러 연구와 유사한 경향이 확인된다.

이 밖에 대무신왕 11년 을두지가 잉어계책으로 한의 군대를 물리쳤다는 고사는 역사적 사실이 아닌 허구이며 이 또한 중국 고사의 영향 속에서 만들어졌다는 견해나, 산상왕 연우가 즉위할 때 그 형 발기와 벌인 왕위쟁탈에 관한 기사 등도 '전설'의 범주에 놓고 연구를 진행하는 등 고구려 초기 기록을 대상으로 다양한 연구 성과를 제시하고 있다.

이상에서 살펴본바, 강유동의 연구에는 특징적인 면도 있지만 몇 가지 문제점도 있음을 알 수 있다.

첫째, 앞에서도 지적했지만 『삼국사기』에 전하는 고구려 초기 기록 중 많은 고사들을 전설로 규정하고 접근하는 것이 강유동 연구의 가장 큰 특징이다. 대표적으로 대무신왕 11년 '을두지의 잉어계책'이라든지 산상왕 연우가 형 발기와 벌인 왕위쟁탈 기록 등을 모두 전설의 범주에서 다루고 있다. 그러나 초기 기사에 대한 엄밀한 사료 비판을 결여한 채 이를 모두 전설로 규정할 경우 고구려 초기 역사를 바라보는 전체상에도 균열이 생길 수밖에 없다. 결국 『삼국사기』 초기 기사에 대한 활용 측면에서 중국 학계는 지속적으로 약점을 노출하고 있다.

둘째, 고구려 고유의 신화 혹은 전설 속 모티프의 연원이 대부분 중국에서 비롯했다고 보는 시각이다. 즉 주몽신화 속 난생설화나 하백녀신

---

72 姜維東, 2013, 앞의 글(2013-3).

화, 신마전설과 황룡승천전설 등 고구려인 고유의 신 관념이 포착되는 여러 신화 및 전설의 주요 스토리가 모두 중국 문화의 영향 속에서 만들어지고 발전했다는 주장들이다. 한 국가 내지 사회에서 유행했던 신화나 전설 등은 당대 구성원의 관념 및 가치관을 반영하는 일종의 '정신문화'라 볼 수 있다. 즉 강유동은 그러한 고구려인의 정신문화가 대체로 중국 문화의 영향 속에서 발생했음을 강조하고 있는 것이다.

강유동의 이러한 논조는 앞서 중국 학계의 여러 연구자들 논리와 맥을 같이하는 것으로, 20세기 전반 전형적인 제국주의 학문 논리였던 문화전파론과 사회진화론적 연구 경향을 답습하고 있는 것처럼 보인다. 특히 신화나 전설에 주목하는 연구 방법은 동아시아 신화에 대한 유형별 구분을 바탕으로 문화권을 설정하고, 다시 그 안에서 중심과 주변을 나누고자 했던 미시나 쇼에이(三品彰英)의 연구 오류를 다시 보는 듯한 착각이 들 정도다.[73]

'선진문화를 꽃피운 중심 지역과 그 세례를 받는 주변 지역'이라는 제국주의 시대의 역사지리적 설정은 곧 중심문화의 진보를 근거로 삼아 침략과 종속을 강요하는 명분으로 작용했다. 결국 이와 같은 '일방적 문화전파론'에 근거한 논리를 강조할 경우, 고구려인 고유의 신화·전설이라는 시각이 배제되고 마는 것은 당연한 귀결이다. 물론 고구려 문화가 많은 부분 중국의 영향을 받았다는 점을 부인할 수는 없다. 하지만 이와 같

---

73 문화전파론과 사회진화론에 근거했던 미시나 쇼에이의 연구 오류에 대해서는 근래 다음의 글들이 참고가 된다. 이정빈, 2009, 「미시나 쇼에이의 문화경역 연구와 만선사 인식」, 『일제시기 만주사·조선사 인식』, 동북아역사재단; 심희찬, 2016, 「미시나 쇼에이의 신화연구와 근대역사학」, 『역사문제연구』 36호.

은 일방적인 문화전파론적 시각만을 강조할 경우 해당 사회 구성원의 관념과 가치관, 세계관 등을 면밀하게 파악할 기회를 상실할 우려가 있다는 점은 지적하지 않을 수 없다.

셋째, 관련 주제에 대한 한국·일본 학계의 연구 성과를 전혀 언급하지 않는다는 점이다. 일례로 강유동은 「고구려 연우전설(高句麗延優傳說)」을 통해 『삼국사기』에 기재된 산상왕 연우와 고국천왕 이이모가 동일인임을 지적하며 그러한 착오가 나타난 이유를 밝히고 있는데,[74] 사실이 문제와 관련해서는 이미 한·일 학계에서 여러 연구가 제시되었고 특히 한국 학계에서는 『삼국사기』 자체 기사에 대한 신뢰성을 확인하고 이를 통해 산상왕에 앞서는 고국천왕의 존재를 인정하고 있다.[75] 하지만 이러한 기존의 연구 성과들에 대한 언급 없이, 그와 유사한 논의를 마치 처음 거론하는 의견인 것처럼 제시하는 연구 방식은 문제가 크다.

맺음말

이상의 검토를 바탕으로 최근 중국 학계에서 진행된 고구려 종교·사상사 연구의 특징을 정리하고, 그에 대한 한국 학계의 대응 방안에 대해

---

74 姜維東, 2010, 앞의 글(2010-1).

75 노태돈, 1994, 「高句麗의 初期王系에 대한 一考察」, 『李基白先生古稀紀念 韓國史學論叢』 上, 一潮閣; 노태돈, 1999, 앞의 책, 70~75쪽. 한편 일본에서는 고국천왕의 존재를 부정하는 견해가 견지되고 있다. 池內宏, 1951, 「高句麗王家の上古の世系について」, 『滿鮮史研究』(上世篇) 第一册; 武田幸男, 1989, 『高句麗史と東アジア』, 岩波書店, 293~305쪽.

서도 간단하게나마 짚어보도록 한다.

첫째, 고구려 종교·사상사 분야에 대한 중국 학계 연구의 양적 확대가 확인되며, 다양한 주제로 연구 범위가 확장되고 있음을 볼 수 있다. 특히 건국신화와 기타 전설, 유교·불교·도교 등 전통적인 연구 분야뿐만 아니라 제사·의례·법률사상·샤머니즘 등 다양한 주제로 연구가 확장되는 경향은 주목할 만하다. 따라서 한국 학계에서도 이에 발맞춰 고구려의 종교·사상사 분야에 대한 폭넓은 연구 노력이 필요한 상황이다. 특히 그동안 깊이 연구되지 못했던 고구려 유교·도교문화에 대한 연구 확장이 요구된다. 중국 학계의 주장에 대한 단순한 비판 및 대응논리 마련에 골몰할 것이 아니라, 세밀하고 체계적인 연구를 통해 중국으로부터 받아들인 유교·불교·도교 등의 문화를 고구려가 어떻게 그들 문화에 녹여갔으며, 자기화해 나갔는지 적극적으로 검토할 필요가 있다.

둘째, 고구려의 종교와 사상 및 신화·전설의 연원을 고대 중국문화에서 찾고자 하는 경향이 강하게 확인된다. 물론 중국문화가 고구려문화에 많은 영향을 끼쳤음을 부인할 필요는 없다. 그러나 고구려 주몽신화속 난생설화나 하백녀신화, 신마전설과 황룡승천전설 등 고구려 고유의 신 관념이 포착되는 여러 신화 및 전설의 주요 모티프가 중국문화의 영향 속에서 형성되었다는 일방적인 시각은 앞으로 여러 논쟁을 피할 수 없을 것이라 전망된다. 결국 이러한 학문적 괴리를 극복하기 위해서라도 한·중 학계의 지속적인 학술교류를 통해 상호 간 견해의 간극을 좁혀 나갈 필요가 있다.

셋째, 관련 분야에 대한 한국·일본 학계의 연구 성과가 충분히 반영되지 못하고 있는 점은 큰 약점이다. 특히 고구려의 불교문화나 건국신화와 관련해서는 이미 한·일 학계에서 상당한 연구가 축적되어 있는 상황이다. 그러나 중국 학계의 연구 성과를 검토하다 보면, 근래까지도 관련 연구에 대한 한·일 학계의 선행 연구를 충분히 파악하지 못하고 있음을 볼 수 있다. 그뿐만 아니라 중국 학계 내에서도 비슷한 연구 주제와 주장들이 매년 저자를 달리해서 반복적으로 제기되고 있는 현상도 확인된다. 이와 같은 연구의 중복 현상을 피하기 위해서는 관련 분야의 선행 연구 성과에 대해 체계적으로 정리하고 집적하는 한편, 학계 간 교류의 활성화를 통해 꾸준히 중국 학계에 소개할 필요가 있다.

참고 문헌

 1장 동북공정 후 중국의 고구려사 연구

이인철, 2006, 『중국의 고구려 연구』, 백산자료원.

_____, 2010, 『동북공정과 고구려사』, 백산자료원.

한국고대사학회·동북아역사재단, 2012, 『중국의 동북공정과 한국고대사』, 주류성.

윤휘탁, 2008, 「포스트 동북공정: 중국 동북변강전략의 새로운 패러다임」, 『역사학보』 197호.

김승일, 2010, 「동북공정 이후 중국학계의 한국사 연구 동향」, 『한국근현대사연구』 55호.

송기호, 2012, 「중국의 동북공정, 그 후」, 『한국사론』 57호.

임기환, 2012, 「동북공정과 그 이후, 동향과 평가」, 『중국의 동북공정과 한국고대사』.

조영광, 2012, 「동북공정 이후 중국의 고구려사 연구 동향」, 『중국의 동북공정과 한국고대사』.

정호섭, 2013, 「중국의 POST 東北工程과 고구려사 관련 동향 분석」, 『한국사학보』 51호.

耿鐵華·李樂營, 2012, 『高句麗研究史』, 吉林大學出版社.

_____, 2013, 『高句麗研究文獻目錄』, 吉林大學出版社.

 2장 초기 고구려사

박경철, 1992, 「부여사 전개에 관한 재인식 시론」, 『백산학보』 40호.

정호섭, 2013, 「중국의 POST 동북공정과 고구려사 관련 동향 분석」, 『한국사학보』 51호.

조영광, 2012, 「동북공정과 그 이후 중국의 고구려사 연구 동향」, 『중국의 동북공정과 한국고
     대사』, 주류성.

耿鐵華 등, 1997, 『中國學者高句麗研究文獻目錄』, 通化師範學院出版社.

耿鐵華·李樂營, 2012, 『高句麗研究史』, 吉林大學出版社.

高福順·劉炬·姜維東, 2014, 『東北亞研究論叢8-高句麗官制研究』, 東北師範大學出版社.

高福順, 2015, 『高句麗中央官制研究』, 吉林大學出版社.

劉炬·付百臣, 2008, 『高句麗政治制度研究』, 香港亞洲出版社.

楊軍, 2006, 『高句麗民族與國家的形成和演變』, 中國社會科學出版社.

_____, 2011, 『高句麗與拓拔鮮卑國家起原比較研究』, 吉林文史出版社.

楊軍・高福順・姜維公・姜維東, 2014, 『高句麗官制研究』, 吉林大學出版社.

李德山・欒凡, 『中國東北古民族發展史』, 中國社會科學出版社, 2003.

張博泉, 1995, 『箕子與朝鮮論集』, 吉林文史出版社.

姜維東, 2008, 「高句麗黃龍升天傳說」, 『東北史地』 2008-6.

_____, 2009, 「高句麗卵生傳說研究」, 『東北史地』 2009-3.

_____, 2009, 「高句麗神馬傳說」, 『東北史地』 2009-4.

_____, 2010, 「高句麗始祖傳說中河伯女內容探源-高句麗傳說考源之四」, 『東北史地』 2010-4.

_____, 2010, 「高句麗獻魚卻敵傳說-高句麗傳說考源之三」, 『東北史地』 2010-1.

季南・宋春輝, 2010, 「從朱蒙神話看高句麗民族多元文化因子」, 『山東文學』 2010-7.

劉炬, 2012, 「高句麗的伯固王及相關史事整理」, 『東北史地』 2012-3.

劉炬, 季天水, 2007, 「高句麗侯騶考辨」, 『社會科學戰線』 2007-4.

劉洪峰, 2013, 「高句麗與夫餘建國神話初探」, 『黑龍江史志』 2013-11.

_____, 2013, 「高句麗與夫餘文化關系芻議」, 『吉林師範大學學報』(人文社會科學版) 2013-3.

_____, 2013, 「高句麗與夫餘關系問題研究綜述」, 『黑河學刊』 2013-9.

_____, 2013, 「高句麗與夫餘政治經濟對比分析」, 『蘭台世界』 2013-30.

裴呂佳, 2015, 「秦漢東北民族關系研究綜述」, 『新西部』(理論版) 2015-18.

氾犁, 「高句麗族源駁議」, 『高句麗研究文集』, 延邊大學出版社, 1993.

範恩實, 2011, 「高句麗"使者", "皂衣先人"考」, 『東北史地』 2011-5.

_____, 2015, 「高句麗早期地方統治體制演化歷程研究」, 『東北史地』 2015-1.

徐棟梁, 2010, 「叢開國傳說看高句麗文化的淵源」, 『通化師範學院學報』 2010-1.

孫煒冉, 2014, 「高句麗王系問題研究綜述」, 『博物館研究』 2014-3.

_____, 2016, 「高句麗的王位繼承方式及王儲制度」, 『史志學刊』 2016-5.

_____, 2017, 「高句麗'尉那岩城'考辨」, 『北方文物』 2017-1.

王綿厚, 2009, 「試論桓仁'望江樓積石墓'與"卒本夫餘"-兼論高句麗起源和早期文化的內涵與分布」, 『東北史地』 2009-6.

王文光・江也川, 2016, 「先秦, 秦漢時期的東夷研究-以《后漢書》東夷列傳爲中心」, 『學術

探索』2016-12.

王培新, 2017, 「從玄菟徙郡解析"高句麗"由國名到族稱的演變」, 『史學集刊』2017-1.

王禹浪·王俊錚, 2016, 「穢貊研究述評」, 『渤海大學學報』2016-2.

王天姿·王禹浪, 2016, 「西漢南閭穢穢君, 滄海郡與臨穢縣考」, 『黑龍江民族叢刊』2016-1.

李樂營·孫煒冉, 2014, 「也談高句麗"侯驕"的相關問題」, 『社會科學戰線』2014-2.

李新全, 2009, 「高句麗的早期都城及遷徙」, 『東北史地』2009-6.

張芳, 2013, 「高句麗民族起源問題史料評析-以十二家正史爲中心」, 『吉林師範大學學報』
        (人文社會科學版) 2013-4.

張碧波, 2010, 「感日卵生-高句麗族源神話-兼及〈東明王篇〉的解析」, 『東北史地』2010-4.

張士東, 2010, 「"夫餘"與"句麗"語義考釋」, 『東北師大學報』(哲學社會科學版) 2010-6.

_____, 2015, 「高句麗語名詞的語音和語義重建」, 『東北史地』2015-2.

朱尖, 2016, 「高句麗琉璃明王遷都原因探析」, 『通化師範學院學報』2016-9.

陳健·姜維東, 2014, 「濊貊族建國傳說共用模式研究」, 『東北史地』2014-4.

何海波, 2008, 「國內高句麗族源研究綜述」, 『長春師範學院學報』(人文社會科學版) 2008-7.

何海波·魏克威, 2009, 「國內高句麗五部研究綜述」, 『長春師範學院學報』2009-9.

合燦溫·張士東, 2015, 「高句麗及語言與周邊民族及語言的關系」, 『蘭台世界』2015-21.

_____, 2015, 「從高句麗民族的濊系來源及其與周邊民族關系看高句麗語」, 『通化
        師範學院學報』2015-3.

華陽, 「高句麗太祖大王禪位與遂成繼位真相」, 『東北史地』2011-6.

黃震雲, 2012, 「夫餘和高句麗神話傳說與族源考」, 『徐州工程學院學報』(社會科學版) 2012-2.

 3장 고구려 유민사

갈계용·이유표, 2015, 「신출토 入唐 고구려인 〈高乙德墓誌〉와 고구려 말기의 내정 및 외교」,
        『한국고대사연구』79호.

권덕영, 2010, 「한국고대사 관련 中國 金石文 조사 연구-唐代 자료를 중심으로-」, 『史學研
        究』97호.

김수진, 2014, 「당으로 이주한 고구려 포로와 지배층에 대한 문헌」, 『한국 고대사 연구의 자료와 해석』, 사계절.

루정호, 2013, 「高句麗遺民 高牟에 대한 考察」, 『한국사학보』 53호.

_____, 2015, 「高句麗遺民 李隱之 家族의 出自 의식에 대한 考察 – 새로 발견된 〈李隱之 墓誌銘〉을 중심으로 –」, 『韓國古代史探究』 21호.

리문기, 2010, 「墓誌로 본 在唐 高句麗 遺民의 祖先意識의 變化」, 『大邱史學』 100호.

박한제, 1996, 「東晉·南朝史와 僑民」, 『東洋史學研究』 53호.

배근흥, 2010, 「唐 李他仁 墓誌에 대한 몇 가지 고찰」, 『忠北史學』 24호.

안정준, 2016, 「당대(唐代) 묘지명에 나타난 중국 기원(起源) 고구려 유민(遺民) 일족(一族)의 현황과 그 가계(家系) 기술 – 고구려 유민(遺民)의 개념과 범주에 대한 제언 –」, 『역사와 현실』 101호.

안정준·최상기, 2016, 「당대(唐代) 묘지명을 통해 본 고구려·백제 유민(遺民) 일족(一族)의 동향」, 『역사와 현실』 101호.

이규호, 2016, 「당의 고구려 유민 정책과 유민들의 동향」, 『역사와 현실』 101호.

이동훈, 2014, 「고구려·백제유민 誌文構成과 撰書者」, 『한국고대사연구』 76호.

이성제, 2014, 「高句麗·百濟遺民 墓誌의 出自 기록과 그 의미」, 『한국고대사연구』 75호.

葛劍雄, 1997, 『中國移民史』, 福建人民出版社.

姜淸波, 2010, 『入唐三韓人研究』, 暨南大學出版社.

苗威, 2011, 『高句麗移民研究』, 吉林大學出版社.

拜根興, 2012, 『唐代高麗百濟移民研究』(以西安洛陽出土墓志爲中心), 中國社會科學出版社.

杜文玉, 2002, 「高句麗泉氏家族研究」, 『渭南師院學報』 2002–4.

連勛名, 1999, 「唐代高麗泉氏墓誌史事考述」, 『文獻』 1999–3.

樓正豪, 2014, 「新見唐高句麗遺民 高牟墓誌銘」, 『唐史論叢』(第十八輯) 18호.

馬一虹, 2006, 「從唐墓誌看入唐高句麗遺民歸屬意識的變化 – 以高句麗末代王孫高震一族及權勢貴族爲中心 –」, 『北方文物』 2006–1.

苗威, 2009, 「從高雲家世看高句麗移民」, 『博物館研究』 2009–1.

_____, 2010, 「高句麗移民后裔高仙芝史事考」, 『通化師範學院學報』 2010–11.

_____, 2011, 「高肇家族的移民及其民族認同」, 『民族學刊』 2011–5.

_____, 2011, 「泉男生及其后代移民唐朝述論」, 『東北史地』 2011–3.

_____, 2011, 「泉男生移民唐朝史事梳正」, 『北華大學學報』(社會科學版) 2011–5.

_____, 2015, 「渤海國的高句麗遺民」, 『通化師範學院學報』 2015-3.

拜根興, 2010, 「唐李他仁墓志研究中的幾個問題」, 『陝西師範大學學報』(哲學社會科學版) 2010-1.

王其禕·周曉薇, 2013, 「國內城高氏: 最早入唐的高句麗移民-新發現唐上元元年《泉府君 夫人高提昔墓志》釋讀-」, 『陝西師範大學學報』(哲學社會科學版) 2013-3.

王連龍, 2015, 「唐代高麗移民高乙德墓志及相關問題研究」, 『吉林師範大學學報』(人文社會 科學版) 2015-7.

王菁·王其禕, 2015, 「平壤城南氏: 入唐高句麗移民新史料-西安碑林新藏唐大歷十一年 《南單德墓志》」, 『北方文物』 2015-1.

李雲五 主編, 1974, 『雲五社會科學大辭典』 11호, 台灣商務印書館.

張彥, 2010, 「唐高麗遺民〈高鐃苗墓志〉考略」, 『文博』 2010-5.

曹文柱, 1991, 「兩晉之際流民問題的綜合考察」, 『歷史研究』 1991-2.

 4장 고구려 대외관계사

김미경, 2009, 「고구려 건국 문제를 통해 본 '지방정권론'의 내용과 비판」, 『중국의 통일국가 론으로 본 고구려사』, 동북아역사재단.

김병준, 2010, 「3세기 이전 동아시아 국제질서와 한중관계-조공·책봉의 보편적 성격을 중심 으로-」, 『동아시아 국제질서 속의 한중관계사-제언과 모색-』, 동북아역사재단.

김영심, 2011, 「남한 학계의 동북공정 대응논리에 대한 비판적 검토」, 『역사문화연구』 39집, 한국외국어대학교 역사문화연구소.

김성한, 2010, 「당대의 세계 인식과 번속제도」, 『중국 번속이론과 허상』, 동북아역사재단.

노태돈, 2006, 「고구려와 북위 간의 조공·책봉관계에 대한 연구」, 『한국 고대국가와 중국 왕 조의 조공·책봉관계』, 고구려연구재단.

박대재, 2007, 「고대 '동아시아 세계론'과 고구려사」, 『고대 동아시아 세계론과 고구려의 정체 성』, 동북아역사재단.

방향숙, 2010, 「한대의 세계인식과 번속제도」, 『중국 번속이론과 허상』, 동북아역사재단.

여호규, 2003, 「中國學界의 고구려 對外關係史 硏究現況」, 『한국고대사연구』 31호, 한국고대사학회.

———, 2004, 「중국의 東北工程과 高句麗史 인식체계의 변화」, 『한국사연구』 126호, 한국
　　사연구회.

———, 2010, 「楊軍의 《고구려 민족 및 국가의 형성과 변천》에 대한 비판적 검토」, 『중국 '동
　　북공정' 고구려사 연구논저 분석』, 동북아역사재단.

이석현, 2010, 「중국의 번속제도 이론에 대한 비판적 검토」, 『중국 번속이론과 허상』, 동북아
　　역사재단.

이성제, 2005, 「중국의 고구려 '冊封·朝貢' 문제 연구 검토」, 『중국의 한국 고대사 연구분석』,
　　고구려연구재단.

이인철, 2004, 「중국 학계의 고구려 사회경제 및 대외관계 분야 연구 동향 분석」, 『중국의 고
　　구려사 연구 동향 분석』, 고구려연구재단.

임기환, 2006, 「중국의 동북공정과 한국 역사학계의 대응: 고구려사 인식을 중심으로」, 『사
　　림』 26호, 수선사학회.

———, 2012, 「동북공정 그 이후, 동향과 평가」, 『중국의 동북공정과 한국고대사』, 주류성.

조인성, 2010, 「《고대중국고구려역사속론》에 대한 비판적 검토」, 『중국 '동북공정' 고구려사
　　연구논저 분석』, 동북아역사재단.

조영광, 2012, 「동북공정과 그 이후 중국의 고구려사 연구 동향 - 문헌사를 중심으로 - 」, 『중
　　국의 동북공정과 한국고대사』, 주류성.

정호섭, 2013, 「중국의 POST 東北工程과 고구려사 관련 동향 분석」, 『한국사학보』 51호.

정병준, 2007, 「중화인민공화국의 번속이론과 고구려 귀속문제」, 『고구려연구』 29호.

———, 2008, 「중화인민공화국의 '藩屬理論'과 그 비판」, 『동북공정과 한국 학계의 대응논
　　리』, 여유당.

최광식, 2008, 「동북공정 이후 중국 연구서에 보이는 고구려·발해 인식」, 『선사와 고대』
　　29호, 한국고대학회.

피터 윤, 2002, 「서구 학계 조공제도 이론의 중국 중심적 문화론 비판」, 『아세아연구』 45권
　　3호.

홍승현, 2012, 「중국 학계의 동아시아사 인식과 국제관계사 서술」, 『중국의 동북공정과 한국
　　고대사』, 주류성.

葛兆光, 2012, 『宅玆中國』.

馬大正 等, 2001, 『古代中國高句麗歷史叢論』.

_____, 2003, 『古代中國高句麗歷史續論』.

楊軍 外, 2006, 『中國與朝鮮半島關係史論』.

_____, 2006, 『東亞史』.

劉信君 主編, 2008, 『中國古代治理東北邊疆思想研究』.

李雲泉, 2004, 『朝貢制度史論－中國古代對外關係體制研究』.

李大龍, 2006, 『漢唐藩屬體制研究』.

黃松筠, 2008, 『中國古代藩屬制度研究』.

金錦子, 2007, 『五至七世紀中葉朝鮮半島三國紛爭與東北亞政局』, 延邊大學 博士學位論文.

金洪培, 2011, 「略論高句麗與慕容鮮卑的早期關係」, 『人文科學研究』.

_____, 2012, 「高句麗與北燕關係略論」, 『樸文一教授80周年壽辰紀念史學論集』.

呂文秀, 2014, 「兩漢時期的高句麗－高漢爭遼的研究」, 『新課程學習』(中) 2014－4.

劉子敏, 2008, 「也談大武神王伐扶餘」, 『東北史地』 2008－3.

劉洪峰, 2013, 「高句麗與夫餘關係問題研究綜述」, 『黑河學刊』 2013－9.

常樂, 2014, 「高句麗與北魏交涉關系研究」, 延邊大學 博士學位論文.

孫煒冉・李樂營, 2014, 「契丹與高句麗關系考述」, 『通化師範學院學報』 2014－1.

孫顥, 2014, 「高句麗與慕容鮮卑關系解讀－以陶器爲視角」, 『北華大學學報』(社會科學版)
    2014－6.

王綿厚, 2008, 「西漢時期郡"幘溝婁"城與高句麗早期"南北二道"的形成－關於高句麗早期歷
    史文化的若干問題之六」, 『東北史地』 2008－5.

王飛峰, 2012, 「三燕高句麗考古劄記」, 『東北史地』 2012－4.

王成國, 2007, 「略論高句麗與中原王朝的關系」, 『東北史地』 2007－1.

王志敏, 2010, 「高句麗故地與第二玄菟郡考」, 『東北史地』 2010－5.

魏存成, 2009, 「高句麗的興起及其與玄菟郡的關系」, 『東北史地』 2009－6.

_____, 2010, 「玄菟郡的內遷與高句麗的興起」, 『史學集刊』 2010－5.

李大龍, 2015, 「騶被殺后的高句麗與東漢統治秩序的建立－以高句麗政權的發展和東漢統
    治秩序的建立爲中心」, 『通化師範學院學報』 2015－7.

劉文健, 2007, 「高句麗與南北朝朝貢關系研究」, 吉林大學 碩士學位論文.

_____, 2009, 「南北朝時期朝貢關系對高句麗的影響」, 『北華大學學報』(社會科學版) 2009－5.

_____, 2010, 「高句麗與南北朝朝貢關系變化研究」, 『東北史地』 2010-2.

張芳, 2013, 「試析北魏與高句麗的封貢關系」, 『黑龍江史志』 2013-11.

_____, 2014, 「高句麗與北魏關系史料辨析-以《魏書·高句麗傳》爲中心」, 『佳木斯大學社會科學學報』 2014-1.

張哲·何方媛, 2010, 「南北朝之前高句麗與中元王朝關係研究」, 『東北史地』 2010-5.

趙紅梅, 2007, 「玄菟郡經略高句麗」, 『東北史地』 2007-5.

趙欣, 2009, 「夫餘與高句麗的關系探略」, 『東北史地』 2009-6.

程尼娜, 2008, 「古代中國藩屬體制的探索-讀《漢唐藩屬體制研究》」, 『史學集刊』 2008-3.

_____, 2015, 「高句麗與漢魏晉及北族政權的朝貢關系」, 『安徽史學』 2015-4.

祝立業, 2011, 「略談流入高句麗的漢人群體」, 『北方文物』 2011-3.

_____, 2011, 「流入高句麗的漢人群體的分期分類考察」, 『東北史地』 2011-3.

韓昇, 2008, 「論魏晉南北朝對高句麗的冊封」, 『東北史地』 2008-6.

侯震, 2015, 「魏晉南北朝時期高句麗遣使赴日研究」, 『雞西大學學報』 2015-3.

 5장 고구려 문헌사료 및 사학사

마다정 외 지음, 서길수 옮김, 2006, 『동북공정 고구려사』, 사계절출판사.

_____, 2007, 『중국이 쓴 고구려 역사』, 여유당.

이강래, 2007, 『三國史記 形成論』, 신서원.

_____, 1996, 『三國史記 典據論』, 民族社.

이기백, 2011, 『한국사학사』, 일조각.

이석현 외, 2010, 『중국 번속이론과 허상』, 동북아역사재단.

임기환, 2004, 『고구려 정치사 연구』, 한나래.

전해종, 1980, 『東夷傳의 文獻的 研究-魏略·三國志·后漢書 東夷關係記事의 檢討-』, 一潮閣.

정구복, 1985, 『高麗時代 史學史 研究-史論을 中心으로-』, 西江大學校 博士學位論文.

조인성 외, 2010, 『중국 '동북공정' 고구려사 연구논저 분석』, 동북아역사재단.

한국고대사학회·동북아역사재단 편, 2013, 『중국의 동북공정과 한국고대사』, 주류성.

한국사연구회 편, 1985, 『韓國史學史의 硏究』, 乙酉文化社.

한국정신문화연구원, 1995, 『三國史記의 原典 檢討』(硏究論叢 95-17), 한국정신문화연구원.

김석형, 1981, 「구《삼국사》와《삼국사기》」, 『력사과학』 4호.

김현숙, 2016, 「동북공정 종료 후 중국의 고구려사 연구동향과 전망」, 『동북아역사논총』 53호.

송기호, 2012, 「중국의 동북공정, 그 후」, 『한국사론』 57호, 서울대학교 국사학과.

윤용구, 1998, 「3세기 이전 中國史書에 나타난 韓國古代史像」, 『한국고대사연구』 14호.

_____, 2011, 「《翰苑》蕃夷部의 注文構成에 대하여」, 『백제문화』 45호, 공주대학교 백제문화연구소.

_____, 2015, 「국립중앙도서관 소장《翰苑》抄寫本 2종」, 신라사학회 제146회 학술발표회.

윤휘탁, 2008, 「포스트 동북공정: 중국 동북변강전략의 새로운 패러다임」, 『역사학보』 197호.

임기환, 2006, 「고구려본기 전거 자료의 계통과 성격」, 『한국고대사연구』 42호.

전덕재, 2016, 「《三國史記》高句麗本紀의 原典과 完成 -광개토왕 대 이전 기록을 중심으로-」, 『東洋學』 64호, 檀國大學校 東洋學硏究院.

정병준, 2007, 「중화인민공화국의 蕃屬理論과 고구려 귀속 문제」, 『고구려연구』 29호.

정호섭, 2011, 「《삼국사기》 고구려본기 4~5세기의 기록에 대한 검토 -국내 전승의 원전에서 채록한 기록을 중심으로-」, 『신라문화』 38호, 동국대학교 신라문화연구소.

_____, 2013, 「중국의 POST 東北工程과 고구려사 관련 동향 분석」, 『한국사학보』 51호.

최광식, 2008, 「동북공정 이후 중국 연구서에 보이는 고구려·발해 인식」, 『先史와 古代』 29호.

姜維公 主編, 姜維東 編著, 2016, 『高句麗歷史編年』, 科學出版社.

_____, 鄭麗娜 編著, 2016, 『夫餘歷史編年』, 科學出版社.

_____, 趙智濱 編著, 2016, 『百濟歷史編年』, 科學出版社.

姜維公, 2005, 『高句麗歷史硏究初編』, 吉林大學出版社.

姜維東·鄭春穎·高娜, 2005, 『正史高句麗傳校注』, 吉林人民出版社.

馬大正·李大龍·耿鐵華·權赫秀, 2003, 『古代中國高句麗歷史續論』, 中國社會科學出版社.

李大龍, 2009, 『《三國史記·高句麗本紀》硏究』, 中央民族大學 博士學位論文.

_____, 2013, 『《三國史記·高句麗本紀》硏究』, 黑龍江教育出版社.

李樂營·章永林 主編, 2015, 『高句麗硏究論文選』, 東北師範大學出版社.

李春祥, 2015, 『《魏書·高句麗傳》研究』, 黑龍江大學出版社.

姜維公, 2007, 「《高麗記》的發見, 輯逸與考證」, 『東北史地』2007-5.

高福順, 2008, 「《高麗記》所記高句麗中央官位研究」, 『北方文物』2008-4.

_____·姜維公·戚暢, 2003, 『高麗記研究』, 吉林文史出版社.

劉洪峰, 2010, 「唐史研究中所涉及高句麗史事研究綜術」, 『通化師範學院學報』2010-6.

李大龍, 2008, 「《三國史記》高句麗本紀史料價值辨析-以高句麗和中原王朝關係的記載爲中心-」, 『東北史地』2008-2.

李春祥, 2010, 「《三國史記》史論研究」, 『通化師範學院學報』2010-5.

苗威, 2004, 「從金富軾的高句麗觀看高句麗政權的性質及其歷史歸屬」, 『中國邊疆史地研究』2004-4.

____, 2009, 「《三國史記》的歷史影响探析」, 『北京理工大學學報』(社會科學版) 2009-2.

____, 2012 「關于金富軾歷史觀的探討」, 『社會科學戰線』2012-3.

徐健順, 2005, 「論《三國史記》對原典的改造與儒家思想觀念」, 『東疆學刊』22-1.

孫遜, 2015, 「朝鮮"三國"史傳文學中的儒學蘊蓄及其本土特色-以《三國史記》·《三國遺事》爲中心」, 『复旦學報』(社會科學版) 2015-2.

王綿厚, 2009, 「《漢書》王莽傳中"高句麗侯鄒"其人及其"沸流部"-關于高句麗早期歷史文化的若干問題之七」, 『東北史地』2009-5.

李大龍, 2007, 「高句麗與東漢王朝戰爭雜考-以《三國史記》高句麗本紀的記載爲中心」, 『東北史地』2007-1.

_____, 2015, 「黃龍與高句麗早期歷史-以〈好太王碑〉所載鄒牟, 儒留王事跡爲中心-」, 『青海民族大學學報』(社會科學) 2015-1.

李爽, 2015, 「陳大德出使高句麗與《奉使高麗記》」, 『東北史地』2015-2.

李巍, 2012, 「《资治通監》中隋唐高句麗史料研究」, 福建師範大學 碩士學位論文.

李俊方, 2008, 「東漢南朝文献中所見高句麗稱貊問題探討」, 『貴州民族研究』2008-4.

李春祥, 2016, 「《三國史記》與《三國遺事》比較研究」, 『東北史地』2016-1.

____, 2011, 「《三國史記》高句麗本紀論解析」, 『白城師範學院學報』2011-4.

____, 2011, 「《三國史記》高句麗本紀史料價值評析」, 『通化師範學院學報』2011-1.

____, 2012, 「高句麗"古史"辨: 一則史料引發的思考」, 『東北史地』2012-1.

____, 2013, 「《魏書·高句麗傳》史料學價值探析」, 『通化師範學院學報』2013-9.

____, 2013, 「高句麗民族起源問史料評析－以十二家正史爲中心－」, 『吉林師範大學學報』 (人文社會科學) 2013-4.

____, 2014, 「《魏書・高句麗傳》疆域與人口史料辨析」, 『北方文物』 2014-1.

____, 2014, 「《魏書・高句麗傳》口述史料探析」, 『唐山師範學院學報』 2014-1.

____, 2014, 「《魏書・高句麗傳》史料勘誤」, 『蘭台世界』 2014-23.

____, 2014, 「高句麗與北魏關係史料辨析－以《魏書・高句麗傳》爲中心－」, 『佳木斯大學社會科學學報』 2014-1.

____, 2014, 「高句麗王系傳承問題再檢討－兼談《魏書・高句麗傳》所載王系的價値與缺失」, 『博物館研究』 2014-3.

張鳳英, 2000, 「略論杜佑的《通典》」, 『湘潭師範學院學報』 2000-1(總第21期).

鄭春穎, 2008, 「魏志・高句麗傳與魏略・高句麗傳比較研究」, 『北方文物』 2008-4.

趙楊, 2012, 「《通典・邊防典》研究」, 安徽大學 碩士學位論文.

趙紅梅, 2008, 「略析《漢書》王莽傳王中的高句麗記事」, 『東北史地』 2008-4.

韓昇, 2006, 「杜佑及其名著《通典》新論」, 『傳統中國研究集刊』 2006-1(總第2期).

高寬敏, 1996, 『三國史記の原典研究』, 雄山閣.

田中俊明, 1977, 「《三國史記》撰進と《舊三國史》」, 『朝鮮學報』 83호.

武田幸男, 1994, 「《高麗記》と高句麗情勢」, 『于江權兌遠教授定年紀念論叢 民族文化의 諸問題』, 江權兌遠教授定年紀念論叢 刊行委員會.

末松步和, 1966, 「舊三國史と三國史記」, 『朝鮮學報』 39호.

吉田光男, 1977, 「《翰苑》註所引〈高麗記〉について－特に筆者と作成年次－」, 『朝鮮學報』 85호, 朝鮮學會.

E. J. Shultz, 1991, 「金富軾과 《三國史記》」, 『韓國史研究』 73호.

John C. Jamieson, 1969, 「羅唐同盟의 瓦解: 韓中記事 取捨의 比較」, 『역사학보』 44호.

 6장 고구려 전쟁사

이인철, 2000, 『고구려의 대외정복 연구』, 백산연구원.

김영천, 2008, 「중국 학계의 고구려 대외관계 연구 동향」, 『사총』 66호.

김창석, 2007, 「고구려·수 전쟁의 배경과 전개」, 『동북아역사논총』 15호.

문상종, 2001, 「광개토왕릉비 영락17년조 기사에 대한 재검토」, 『호서고고학』 5호.

徐建新, 1996, 「唐麗戰爭期間麗倭交往述析」, 『고구려연구』 2호.

서영수, 1988, 「廣開土大王陵碑文의 征服記事 再檢討」, 『역사학보』 119호.

_____, 1996, 「신묘년기사의 변상과 원상」, 『고구려연구』 2호.

여호규, 2005, 「광개토왕릉비에 나타난 대중인식과 대외정책」, 『역사와 현실』 55호

王健群, 1996, 「廣開土王碑文中 "倭"의 實體」, 『고구려연구』 2호.

劉永智, 1996, 「好太王碑의 發見과 釋文硏究」, 『고구려연구』 2호.

이도학, 1996, 「광개토왕릉비문에 보이는 전쟁 기사의 분석」, 『고구려연구』 2호

이성제, 2013, 「고구려의 서부 국경선과 무려라」, 『대구사학』 113호.

_____, 2014, 「고구려 천리장성에 대한 기초적 검토-장성의 형태와 성격 논의를 중심으로」,
『영남학』 25호.

이승수, 2009, 「요동지역 고구려 관련 설화의 문헌 및 현장 조사 연구」, 『고구려의 등장과 그
주변』, 동북아역사재단.

이인철, 2004, 「중국 학계의 고구려 사회 경제 및 대외관계 분야 연구 동향 분석」, 『중국의 고
구려사 연구 동향 분석』, 고구려연구재단.

임기환, 1996, 「광개토왕릉비문에 보이는 '民'의 성격」, 『고구려연구』 2호.

_____, 2014, 「7세기 동북아 전쟁에 대한 연구동향과 과제-고구려와 수, 당의 전쟁을 중심
으로」, 『역사문화논총』 8호, 신구문화사.

천관우, 1979, 「廣開土王陵碑文再論」, 『全海宗博士華甲紀念史學論叢』.

楊秀祖, 2010, 『高句麗軍隊與戰爭硏究』, 吉林大學出版社.

張福有·孫仁傑·遲勇, 2010, 『高句麗千裏長城』, 吉林人民出版社.

姜明勝, 2008, 「隋唐與高句麗戰爭原因及影響探析」, 延邊大學 碩士學位論文.

金金花, 2009, 「試析隋朝與高句麗關系由"和"到"戰"變化的原因」, 『黑龍江史志』 2009-3.

董健, 2015a, 「試析隋朝首次東征高句麗之原因」, 『通化師範學院學報』 2015-11.

_____, 2015b, 「楊諒東征高句麗失敗原因探析」, 『東北史地』 2015-4.

呂蕾, 2014, 「隋煬帝征伐高句麗失敗原因及其影響探析」, 『蘭臺世界』 2014-15.

呂文秀, 2014, 「兩漢時期的高句麗-高漢爭遼的研究」, 『新課程學習』(中) 2014-4.

劉炬, 2011, 「試論"安市城主"」, 『東北史地』 2011-5.

劉軍, 2009, 「地緣政治視野下的隋唐征高句麗之戰」, 『黑龍江史志』 2009-2.

劉琴麗, 2012, 「碑志所見唐初士人對唐與高句麗之間戰爭起因的認識」, 『東北史地』 2012-1.

劉子敏, 2008, 「也談大武神王伐扶餘」, 『東北史地』 2008-3.

劉洪峰, 2013, 「高句麗與夫餘軍事關系探析」, 『白城師範學院學報』 2013-4.

李大龍, 2007, 「高句麗與東漢王朝戰事雜考-以《三國史記·高句麗本紀》的記載爲中心」, 『東北史地』 2007-1.

李爽, 2013, 「高句麗后期軍事制度研究」, 『東北史地』 2013-5.

李一, 2013, 「高句麗軍事賞罰制度探析」, 『東北史地』 2013-6.

馬正兵, 2008, 「唐太宗三次東征的軍事失誤」, 『文史春秋』 2008-9.

薛海波, 2008, 「高句麗后期"城人"與"城體制"略探」, 『通化師範學院學報』 2008-9.

孫煒冉, 2014, 「五世紀的麗倭戰爭述論」, 『東北史地』 2014-3.

_____, 2015a, 「遼東公孫氏征伐高句麗的原因分析」, 『通化師範學院學報』 2015-11.

_____, 2015b, 「乙支文德考」, 『通化師範學院學報』 2015-7.

楊秀祖, 1996, 「隋煬帝征高句麗的幾個問題」, 『通化師院學報』 1996-1.

梁振晶, 1994, 「高句麗千裏長城考」, 『遼海文物學刊』 1994-2.

王禹浪·王文軼, 2012, 「高句麗在遼東半島地區的防禦戰略」, 『大連大學學報』 2012-4.

王春強, 2007, 「隋唐五代時期幽州地區戰爭與軍事研究」, 首都師範大學 碩士學位論文.

李健才, 1987, 「東北地區中部的邊崗和延邊長城」, 『遼海文物學刊』 1987-1.

張國亮, 2008, 「唐征高句麗之戰的戰略研究」, 吉林大學 碩士學位論文.

張士尊·蘇衛國, 2013, 「高句麗"安市城"地點再探」, 『鞍山師範學院學報』 2013-3.

張樹範, 2015, 「試述高句麗對沉陽地區的爭奪與控制」, 『東北史地』 2015-1.

張豔, 2015, 「朝貢關系下隋唐對高句麗戰爭的原因分析」, 『周口師範學院學報』 2015-6.

張春海, 2007, 「試論唐代營州的高句麗武人集團」, 『江蘇社會科學』 2007-2.

張曉東, 2011, 「唐太宗與高句麗之戰跨海戰略-兼論海上力量與高句麗之戰成敗-」, 『史林』 2011-4.

張曉晶, 2008, 「高句麗軍用裝備設計研究」, 『內蒙古民族大學學報』 2008-6.

曹柳麗, 2013, 「隋煬帝·唐太宗征高句麗的軍事后勤建設比較研究」, 江西師範大學 碩士學位論文.

趙智濱, 2015, 「唐太宗親征之役高句麗人移民內地人數考」, 『通化師範學院學報』 2015-9.

趙紅梅, 2007, 「玄菟郡經略高句麗」, 『東北史地』 2007-5.

趙曉剛·王海, 2014, 「石臺子山城防禦體系探究」, 『東北史地』 2014-3.

趙欣, 2009, 「夫餘與高句麗的關系探略」, 『東北史地』 2009-6.

周向永, 2007, 「何處梁口」, 『東北史地』 2007-3.

拯救夢想, 2013, 「隋唐皇帝禦駕親征爲何屢屢失敗」, 『時代青年』 2013-9.

陳爽, 2010, 「高句麗兵器研究」, 吉林大學 碩士學位論文.

秦升陽·梁啟政, 2007, 「高句麗軍事問題述略」, 『東北史地』 2007-2.

天行健, 2012, 「隋唐爲何一定要征服高句麗」, 『工會博覽』(下旬刊) 2012-6.

崔豔茹, 2012, 「貞觀十九年唐軍攻打高句麗建安城的進軍路線考」, 『東北史地』 2012-1.

祝立業, 2014, 「略論唐麗戰爭與唐代東亞秩序構建」, 『社會科學戰線』 2014-5.

_____, 2015a, 「唐麗戰爭期間麗倭交往述析」, 『北方文物』 2015-1.

_____, 2015b, 「唐麗戰爭期間的麗倭關系」, 『陝西學前師範學院學報』 2015-2.

馮永謙, 2012, 「武厲邏新考(上)」, 『東北史地』 2012-1.

_____, 2012, 「武厲邏新考(下)」, 『東北史地』 2012-2.

華陽, 2012, 「論李勣東征事跡考」, 『黑河學刊』 2012-11.

____, 2014, 「高句麗禁衛軍研究」, 『社會科學戰線』 2014-11.

堀敏一, 1993, 『中國と古代東アジア-中華的世界と諸民族』, 岩波書店.

宮崎市定, 1987, 『隋の煬帝』, 中央公論社.

山崎宏, 1965, 「隋朝官僚性格」, 『東京教育大學教文學部紀要』 6호, 東京大學出版部.

 7장 고구려 종교·사상사

김복순, 2002, 『한국 고대불교사 연구』, 민족사.

김영태, 1990, 『삼국시대 불교신앙 연구』, 불광출판부.

노태돈, 1999, 『고구려사 연구』, 사계절.

정선여, 2007, 『高句麗 佛教史 研究』, 서경문화사.

강진원, 2015, 「高句麗 國家祭祀 研究」, 서울대학교 박사학위논문.

김수진, 2010, 「7세기 高句麗의 道教 受容 배경」, 『한국고대사연구』 59호.

김화경, 1998, 「高句麗 建國神話의 研究」, 『진단학보』 86호.

노태돈, 1993, 「朱蒙의 出自傳承과 桂婁部의 起源」, 『韓國古代史論叢』 5호.

_____, 1994, 「高句麗의 初期王系에 대한 一考察」, 『李基白先生古稀紀念 韓國史學論叢』 上, 一潮閣.

박승범, 2009, 「夫餘國의 신화적 변동과 東明神話의 시·공간적 推移」, 『한국사학보』 37호.

박시인, 1966, 「東明王 卵生移住說話의 研究-알타이계 시조신화-」, 『서울대학교논문집』 12호.

박원길, 2001, 『유라시아 초원 제국의 샤머니즘』, 민속원.

심희찬, 2016, 「미시나 쇼에이의 신화 연구와 근대역사학」, 『역사문제연구』 36호.

이내옥, 1983, 「淵蓋蘇文의 執權과 道敎」, 『歷史學報』 99·100호.

이만열, 1971, 「高句麗 思想政策에 대한 몇 가지 檢討」, 『柳洪烈博士 華甲紀念論叢』, 探求堂.

이승호, 2011, 「〈광개토왕비문〉에 보이는 天帝之子 관념 형성의 史的 배경」, 『역사와 현실』 81호.

이정빈, 2009, 「미시나 쇼에이의 문화경역 연구와 만선사 인식」, 『일제시기 만주사·조선사 인식』, 동북아역사재단.

_____, 2014, 「고구려 태학 설립의 배경과 성격」, 『한국교육사학』 36권 4호.

정호섭, 2013, 「중국의 POST 東北工程과 고구려사 관련 동향 분석」, 『한국사학보』 51호.

조경철, 2012, 「고려 광개토왕 대 불교와 유교의 전개양상」, 『한국고대사연구』 86호.

조영광, 2006, 「河伯女 신화를 통해서 본 고구려 국가형성기의 상황」, 『동북아역사논총』 12호.

_____, 2012, 「동북공정과 그 이후 중국의 고구려사 연구 동향」, 『중국의 동북공정과 한국고대사』, 주류성.

조우연, 2010, 「4~5세기 高句麗 國家祭祀와 佛敎信仰 研究」, 인하대학교 박사학위논문.

_____, 2011, 「4~5세기 高句麗의 佛敎 수용과 그 성격」, 『한국고대사탐구』 7호.

최일례, 2015, 「고구려 시조묘 제사의 정치성 연구」, 전남대학교 박사학위논문.

姜維公·姜維東, 2013, 「高句麗始祖傳說研究」, 『東北史地』 2013-4.

姜維公, 2016, 「好太王碑及其"始祖傳說"模式的意義-以高句麗早期王系爲中心-」, 『東北史地』 2016-1.

姜維東, 2008, 「高句麗黃龍升天傳說」, 『東北史地』 2008-6.

_____, 2009, 「高句麗卵生傳說研究」, 『東北史地』 2009-3.

_____, 2009, 「高句麗神馬傳說」, 『東北史地』 2009-4.

_____, 2010, 「高句麗延優傳說」, 『博物館研究』 2010-1.

_____, 2010, 「高句麗獻魚卻敵傳說-高句麗傳說考源之三-」, 『東北史地』 2010-1.

_____, 2010, 「高句麗始祖傳說中河伯女內容探源-高句麗傳說考源之四-」, 『東北史地』 2010-4.

_____, 2013, 「高句麗王室得姓傳說」, 『博物館研究』 2013-3.

季南·宋春輝, 2010, 「從朱蒙神話看高句麗民族多元文化因子」, 『山東文學』 2010-7.

鞏春亭, 2011, 「從朱蒙神話看韓國古代女性的地位及自我意識」, 『文學界』(理論版) 2011-10.

_____, 2012, 「從朱蒙神話看高句麗的尚武習俗」, 『北方文學』 2012-9.

範恩實, 2013, 「高句麗祖先記憶解析」, 『東北史地』 2013-5.

三上次男, 1966, 『古代東北アジア史研究』, 吉川弘文館.

徐棟梁, 2010, 「從開國傳說看高句麗文化的淵源」, 『通化師範學院學報』 2010-1.

孫顥, 2007, 「高句麗的祭祀」, 『東北史地』 2007-4.

楊軍, 2009, 「高句麗朱蒙神話研究」, 『東北史地』 2009-6.

呂志國, 2014, 「樸赫居世神話與朱蒙神話對比分析」, 『新聞研究導刊』 2014-6.

王卓·劉成新, 2015, 「高句麗王族的族源神話建構及其歷史影響」, 『東北史地』 2015-2.

劉偉, 2006, 「儒家思想在高句麗前期的傳播原因及影響」, 『東北史地』 2006-1.

_____, 2011, 「儒家思想在高句麗王國后期的傳播及影響」, 『通化師範學院學報』 2011-3.

_____, 2014, 「論高句麗道教的傳播及其"道"的內涵」, 『通化師範學院學報』 2014-1.

劉洪峰, 2013, 「高句麗宗教史料探析」, 『哈爾濱學院學報』 2013-9.

_____, 2013, 「高句麗與夫餘建國神話初探」, 『黑龍江史志』 2013-11.

李大龍, 2015, 「黃龍與高句麗早期歷史-以《好太王碑》所載鄒牟, 儒留王事跡爲中心-」, 『青海民族大學學報』(社會科學版) 2015-1.

李樂營, 2008, 「高句麗宗教信仰研究」, 東北師範大學 博士學位論文.

_____, 2008, 「高句麗佛教禮拜對象辨析」, 『中國邊疆史地研究』 2008-2.

_____, 2008, 「佛教向高句麗傳播路線的探析」, 『社會科學戰線』 2008-11.

李樂營·孫煒冉, 2013, 「佛教對高句麗建築的影響」, 『通化師範學院學報』 2013-11.

李淑英·李樂營, 2008, 「高句麗民族禮儀初探」, 『東北史地』 2008-1.

李新全, 2010, 「高句麗建國傳說史料辨析」, 『東北史地』 2010-5.

李岩, 2014, 「高句麗祭祀習俗中的儒家文化因子」, 『求索』 2014-11.

李海濤, 2011, 「略論高句麗的佛敎及其影響」, 『世界宗敎文化』 2011-6.

張芳, 2014, 「高句麗建國傳說的神話學內涵」, 『哈爾濱學院學報』 2014-1.

張碧波, 2008, 「高句麗薩滿文化硏究」, 『滿語硏究』 2008-1.

_____, 2010, 「感日卵生-高句麗族源神話-兼及「東明王篇」的解析-」, 『東北史地』 2010-4.

齊利毅, 2013, 「佛敎初傳高句麗時間探析」, 『黑龍江史志』 2013-21.

_____, 2014, 「高句麗與中國北朝佛敎造像比較硏究」, 延邊大學 碩士學位論文.

陳健·姜維東, 2014, 「濊貊族建國傳說共用模式硏究」, 『東北史地』 2014-4.

陳香紅, 2011, 「高句麗法律思想的文化基礎」, 『通化師範學院學報』 2011-5.

祝立業, 2015, 「簡析高句麗始祖傳說的建構與夫餘衰亡之關系」, 『東北史地』 2015-5.

_____, 2016, 「從碑志看高句麗人的始祖記憶與族群認同」, 『社會科學戰線』 2016-5.

黃龍順, 2014, 「從史料看高句麗祭祀」, 『韓國硏究』 13호.

黃震雲, 2012, 「夫餘和高句麗神話傳說與族源考」, 『徐州工程學院學報』(社會科學版) 2012-2.

武田幸男, 1989, 『高句麗史と東アジア』, 岩波書店.

三品彰英, 1971, 『神話と文化史』, 平凡社.

神崎勝, 1995, 「夫餘·高句麗の建國傳承と百濟王家の始祖傳承」, 『(左伯有淸古稀記念)日本
        古代の傳承と東アジア』, 吉川弘文館.

池內宏, 1951, 「高句麗王家の上古の世系について」, 『滿鮮史硏究』(上世篇) 第一冊.

ㄱ